Jack Maguire:

Traumarbeit und Transformation

Aus dem Amerikanischen von Bettine Braun

Knaur

Meiner Schwester Kelli Maureen Maguire

Esoterik

Herausgegeben von Gerhard Riemann

Träume sind nicht »Schäume«, wie der Volksmund zu wissen meint Ihre bedeutsame Rolle im energetischen Geschehen unseres Geistkörpers kann man bereits daraus ersehen, daß Menschen, die länger als eine Woche systematisch am Träumen gehindert werden, schwere psychische Störungen erleben. Durch Träume verarbeiten wir psycho-physiologische Reize und seelische Spannungen, die wir mit unserem Tagbewußtsein nicht wahrnehmen oder nicht wahrnehmen wollen. Natürlich sind nicht alle Träume wichtig, ebensowenig wie die zahllosen Gedanken, die uns tagtäglich durch den Kopf gehen. Aber es gibt auch »große« Träume – insbesondere in Umbruchphasen und Zeiten seelischen Wachstums. C. G. Jung erkannte dies und setzte Traum- und Symbolinterpretation gezielt im Rahmen seiner Therapie ein.
Jack Maguires »Traumarbeit und Transformation« setzt den Jungschen Ansatz fort und weist uns Wege, wie wir Träume als Sprache unseres Unterbewußtseins verstehen und für unsere Entwicklung einsetzen können.

Jack Maguire ist ehemaliger Herausgeber von The Dream Network Bulletin. Er lebt gegenwärtig in Brooklyn, New York.

Deutsche Erstausgabe Januar 1991

Titel der Originalausgabe »Night And Day«

Originalverlag Simon and Schuster, Inc., New York
Umschlaggestaltung Peter F. Strauss
Satz MPM, Wasserburg
Druck und Bindung Ebner Ulm
Printed in Germany 5 4 3 2 1
ISBN 3-426-04242-8

Danksagung

Ich bin Marsha Melnick, Susan Meyer und Meg Ross von Roundtable Press dankbar für ihre unschätzbare Hilfe und ihren Rat bei der Zusammenstellung dieses Buches. Dank schulde ich auch Barbara Gess von Simon & Schuster, deren Glaube an die Botschaft dieses Buches seine Veröffentlichung ermöglichte.

Inhalt

1. KAPITEL

Träume und Traumarbeit

Manchmal, wenn wir an einem klaren, sonnigen Tag draußen sind, sehen wir vielleicht den Mond — ein blasses, mattes Abbild seiner leuchtenden nächtlichen Erscheinung, aber dennoch ein eindrucksvolles Bild am Himmel. Immer wenn ich dieses Phänomen sehe, denke ich daran, wie mein Vater seine zauberische Ausstrahlung mit der fortlebenden Wirkung von Träumen verglich. »Hast du nicht manchmal«, so fragte er mich, »einen Traum, der dich noch den ganzen Tag begleitet, dich verwirrt, glücklich oder traurig macht?« Ja, solche Träume hatte ich und habe ich noch.

Auch wenn der Vergleich meines Vaters nicht dazu diente, mir zu erklären, warum ich den Mond am Tag sehen konnte (was meine ursprüngliche Frage gewesen war), machte sie mir dennoch plötzlich etwas klar: Ich begriff auf einmal, daß Träume ein zweites Leben bilden. Wie der Mond, der das Licht der Sonne reflektiert, so spiegeln unsere Träume unser Leben im Tageslicht wider, haben aber darüber hinaus ein unabhängiges Dasein. Sie sind selbst eine starke Kraft wie der Mond mit seiner Gravitation. Und durch diese Kraft können sie sowohl in unseren wachen Stunden wie auch im Schlaf auf uns einwirken.

In den folgenden Jahren hielt ich mich an diese Grundbegriffe davon, was Träume sind und was sie bewirken können; sie halfen mir, meine Orientierung nicht zu verlieren, als ich mich mit der immensen Fülle wissenschaftlicher Traumliteratur beschäftigte, die sich im Lauf der Zeiten angesammelt hat. So amüsant und anregend sie manchmal sein kann, hat diese Lektüre doch auf die Dauer gesehen etwas geradezu Deprimierendes. Einerseits konzentrieren sich die meisten Werke dieser Art ausschließlich auf die Ursachen der Träume, wobei sie ihre Wirkungen vernachlässigen; und da sich die Ursachen von Träumen wie die Ursachen des Lebens selbst immer wieder allen Definitionen entziehen, hinterlassen auch die klügsten Autoren beim durchschnittlich gebildeten Leser ein Gefühl der Verwirrung und des Unbefriedigtseins. Andererseits wurden die herrschenden Theorien über das Wesen der Träume mit der Zeit immer uninspirierter, je mehr das moderne technologische Denken um sich griff.

Seit dem Beginn der Geschichtsschreibung und in den Jahrtausenden danach wurden Träume fast in jeder religiösen Tradition als Botschaften betrachtet. Die Sphinx von Gizeh trägt auf der Brust eine Aufschrift, mit der eines Traums des damals zukünftigen Pharaos Thutmosis IV. gedacht wird, der zwischen den ausgestreckten Pranken der Sphinx schlief und den Befehl hörte, dieses Monument wiederherzustellen. In der biblischen Überlieferung benutzt Jahwe häufig Träume, um sich seinem auserwählten Volk mitzuteilen, und bei Hiob kann man nachlesen: »Denn auf eine Weise redet Gott und auf eine zweite; nur beachtet man's nicht. Im Traum, im Nachtgesicht, wenn der Schlaf auf die Menschen fällt ... da öffnet er das Ohr der Menschen und schreckt sie auf und warnt sie« (Hiob 33, 14–16). Im Neuen Testament erfährt Joseph durch einen Traum, daß Maria die Mutter Jesu werden soll, während Maya, die Mutter des Buddha, ihren heiligen Sohn sogar im Traum empfängt. Mohammed erfährt seine Mission in einer Reihe von Traumbesuchen des Erzengels Gabriel, und ein Traum des Gefährten von Mohammed, Abdullah ben Said, war die Inspiration für den Adhan, den täglichen Gebetsruf, ebenso wie für die Worte, die der Muezzin spricht: »Es gibt keinen Gott außer Gott, und Mohammed ist sein Prophet.«

Mit der zunehmenden Säkularisierung der Gesellschaft und der Verdrängung von Offenbarungen durch »heilige« Dogmen wurde auch den Träumen immer weniger Wert beigemessen. Die Gebildeten wußten nicht mehr, was sie mit Träumen anfangen sollten, und so wurden sie zum Gut der Volksweisheit. Im besten Fall beschäftigten sich Dichter und Heiler mit der Orakelfunktion von Träumen, die die Identität und das Schicksal des einzelnen Träumers widerspiegelten; im schlimmsten Fall wurden Träume als Halluzinationen oder Besessenheit durch Dämonen herabgewürdigt. Zugleich aber hielt sich auch noch im Zeitalter der Aufklärung und bis zum Ende des letzten Jahrhunderts unter den Menschen der Glaube, daß Träume im Grunde übernatürliche Mysterien seien.
Ein grundsätzlicher Wandel trat mit der Veröffentlichung der »Traumdeutung« von Sigmund Freud im Jahre 1900 ein. Freud, der seine eigenen Träume als Wegweiser benutzte, entwickelte eine faszinierende Theorie, die besagt, daß die Träume der Menschen ein Abbild ihrer besonderen Verbindung unterdrückter (meist infantiler) sexueller Triebe seien, oft in verschleierter Form, da das Material zu schockierend wäre, um sich unmittelbar mit ihm auseinanderzusetzen. Mit Hilfe dieser Art von Traumdeutung und ihrem Fundament, der Psychoanalyse, wurde eine teils wissenschaftliche, teils künstlerische therapeutische Disziplin rasch zur allgemein anerkannten neuen Autorität, die über Geist und Seele des Menschen Bescheid wußte. Wieder nahmen die Menschen ihre Träume ernst, nun aber nur noch als Symptome des Abnormalen.
Etwa zwanzig Jahre später brach Carl Gustav Jung, ein Schüler Freuds, mit seinem Lehrer und begründete eine umfassendere und positivere Theorie des Traumes. Nach den Jungschen Vorstellungen sind Träume spontane und unmittelbare schöpferische Akte, die sich auf allen Menschen gemeinsame symbolische Bilder beziehen, Bilder, die innerste Bestandteile der

menschlichen Psyche sind (Jung nannte diesen Bereich der Seele das kollektive Unbewußte). Träume waren nun plötzlich nicht mehr nur »schmutzige« Sexualität, blieben aber dennoch der untersten Ebene zugehörig — waren also eher Material für anthropologische und archäologische Ausgrabungen als Leitern zum Himmel.

Nun wagen es einige Wissenschaftler sogar, die Möglichkeit in Erwägung zu ziehen, daß Träume nichts als neurologischer »Abfall« seien. Der Psychiater Robert McCarley und J. Allan Hobson von der Harvard Medical School behaupten, es gäbe einen »Generator von Traumzuständen« im Stammhirn, der wahllos Nervenimpulse durch Neuronen in höhere Gehirnzentren schießt, die Funktionen wie Sehen, Hören, Gleichgewichtssinn, Bewegungen und Emotionen kontrollieren. Gezwungen, aus diesen schwachen, zusammenhanglosen Signalen etwas Sinnvolles zu machen, versucht das Gehirn, die bestmögliche Geschichte herauszukombinieren — eine Art bruchstückhaftes Märchen. »Sie (die Träume) sind vieldeutige Stimuli«, stellt Hobson fest, »die auf jede einem Therapeuten geeignet erscheinende Weise interpretiert werden können.«

In Weiterführung der McCarley-Hobson-Theorie vertreten Dr. Francis Crick vom Salk Institute in La Jolla, Kalifornien, und sein Mitarbeiter Dr. Graeme Mitchison von der Cambridge University in England die Ansicht, daß es die Funktion der Träume sei, falsche oder unproduktive Zusammenhänge, die das Gehirn während des Tages hergestellt hat, zu »verlernen«, damit es ungehindert weiterarbeiten kann. Demnach wäre ein Traum — in der Computersprache — eine Art von »off-line processing«, und damit könnte der Bemühung, sich an Traumbilder zu erinnern, sogar schädlich sein. »Wir träumen, um zu vergessen«, schreiben Crick und Mitchison.

Dieses Buch beschäftigt sich mit den tatsächlichen Auswirkungen von Träumen im Leben des Träumers und nicht mit den möglichen Ursachen des Traumprozesses im menschlichen Gehirn. Jede der genannten Theorien könnte gültig sein. Ich nehme sogar an, daß sie alle Gültigkeit haben, wobei einzelne Träume aus einer Kombination verschiedener Ursachen entstanden sein werden, und verschiedene Arten von Träumen auf verschiedene Kombinationen von Ursachen zurückgehen mögen. Doch das ist eine andere Frage.

Was mich an dieser ursachenbezogenen Behandlung der Träume (vor allem im 20. Jahrhundert) stört, ist die Tatsache, daß sie immer wieder versteckte Behauptungen zum Inhalt haben, die den durchschnittlichen Träumer auf subtile Weise entmutigen können, mit seinen Träumen zu arbeiten.* Die drei hinderlichsten Annahmen sind:

1. daß die Ursache eines Phänomens seinen Sinn und seine Bedeutung diktiere,
2. daß man einem Phänomen, dessen Sinn sich nicht eindeutig feststellen läßt, keine Aufmerksamkeit schenken könne oder solle, selbst wenn es im eigenen Leben immer wieder und auf sehr eindrucksvolle Weise auftritt, und
3. daß ein Traum, der zahllose Interpretationsmöglichkeiten hat, von denen einige sich widersprechen, keine »wirkliche« Bedeutung haben könne.

* Im volkstümlichen Gebrauch wie auch in diesem Buch beziehen sich das Wort »Traumarbeit« und der Ausdruck »mit einem Traum arbeiten« auf die bewußte und oft auch methodische Bemühung, einen Traum zu verstehen. Dieser Wortgebrauch darf nicht mit der Freudschen Definition der »Traumarbeit« verwechselt werden, mit der das Hervorbringen eines Traumes durch unbewußte seelisch-geistige Tätigkeit gemeint ist.

Was Träume für uns bedeuten

In diesem Buch geht es darum, zu zeigen, daß Träume in dem Maß in der Welt des oder der Träumenden an Wert gewinnen, wie er oder sie mit diesen Träumen umgeht. Wie jede Episode des wachen Lebens kann ein Traum eine magische Botschaft oder auch eine Vielzahl möglicher Botschaften enthalten, von denen einige magisch sind, andere nicht. Man sollte dabei nicht vergessen, daß ein Traum schließlich das bedeutet, was man aus ihm macht, und daß dies sehr viel sein kann.
Die hier vorgestellten Gedanken sind aus dem abgeleitet, was ich durch meine eigenen Traumerfahrungen gelernt habe, ebenso aber durch Erfahrungen anderer Menschen, die sie mir mitgeteilt haben. Was Träume meiner Meinung nach für jeden von uns bedeuten können und was dieses Buch für Sie tun kann, ist folgendes:

Träume können eine Beziehung zu Gefühlen herstellen, die sonst vielleicht nicht ausgedrückt oder empfunden werden.

Wenn wir uns an einen Traum erinnern, sind wahrscheinlich die Emotionen, die er auslöste, das dominierende Element in unserem Gedächtnis. Oft empfinden wir diese Emotionen als angenehm, da sie durchdrungen sind von der Freiheit von Zeit und Umständen, die nur unser Traumleben aufweist. Häufiger jedoch treten uns diese Emotionen so nackt, überwältigend, undefinierbar und unvertraut entgegen, daß unser rationaler Verstand sie ablehnt, ebenso wie er das im Wachleben tut. Aus diesem Grund neigen wir dazu, eine Vielzahl unserer Träume zu vergessen oder sie in Bausch und Bogen als beunruhigend und chaotisch abzutun.
Die spielerischen und ernsten Emotionen, die das Traumleben uns zeigt, können aber viel zur Bereicherung unseres Daseins

beitragen. Tag für Tag beschränkt sich unser Wachleben, das von bewußten Bestrebungen dominiert wird, auf einen streng begrenzten Bereich von Emotionen; unser Traumleben kann das Nacht für Nacht ausgleichen. Es kann uns daran erinnern, was es für ein Gefühl ist, zu triumphieren, besiegt zu sein, geliebt zu werden, zu lieben, gesellig, einsam, kindlich, reif, aufrichtig, falsch usw. zu sein, damit wir emotional darauf vorbereitet sind, ein reicheres und produktiveres Leben zu führen, gleichgültig, was geschieht.

Träume können uns auch eindrucksvolle Bilder unseres augenblicklichen oder dauernden inneren Klimas liefern — sie zeigen uns, wie wir uns wirklich fühlen, was dem bewußten Verstand zu unaussprechlich, zu kompliziert, zu unangenehm oder zu irrational erscheinen mag, um es ohne inspirierte Eingebung auszudrücken. Wenn Sie beispielsweise in einem Traum gezwungen sind, barfuß Basketball mit einer Mannschaft zu spielen, die sich einen Spaß daraus macht, Ihnen Reißnägel unter die Füße zu streuen, könnte das Ihre Aufmerksamkeit für ein ernsthaftes Problem wecken, das Sie mit Arbeitskollegen haben. Sie hatten sich mit diesem Problem aber im Wachleben nie auseinandergesetzt, weil Sie es nicht in Bilder und noch viel weniger in Worte umsetzen konnten. In dieser Hinsicht sind Träume wie ein sechster Sinn: eine Quelle der Intuition ebenso wie ein Kommunikationsmittel.

Dieses Buch bietet Ihnen systematische Möglichkeiten zur Erforschung Ihrer Gefühle im Wachzustand wie im Traumleben, damit Sie die Möglichkeit haben, sinnvolle Beziehungen zwischen beiden herzustellen. Da auch einzelne Fallgeschichten berichtet werden, kann es Ihnen zudem helfen, aus Beispielen zu lernen. Wenn Sie diese Fallgeschichten als Modelle verwenden, können Sie Ihre eigenen Methoden entwickeln, mehr emotionale Flexibilität zu erreichen, um Ihre Gefühle in konstruktives Handeln umzusetzen.

Träume sprechen für sich selbst – sie sind anregende und erhellende Erfahrungen, die ihren Wert in sich haben.

Einfach gesagt, sind Träume Abenteuer, die wir bestehen, wenn wir schlafen. Und inzwischen beginnen auch Wissenschaftler zu bestätigen, was die Humanisten immer geglaubt haben, daß nämlich Träume ebenso zu unseren Erinnerungen, Gedanken, Gefühlen und Verhaltensweisen beitragen wie unsere Erfahrungen des Wachlebens. Der entscheidende Unterschied besteht darin, daß Träume uns in Welten führen, die ganz deutlich außerhalb des Gewöhnlichen und Alltäglichen liegen und in denen wir alle Arten von neuen Eindrücken erleben können, die uns in unserer alltäglichen Wirklichkeit nicht zugänglich sind. Dr. Thomas Cowan, Gründer der Brooklyn Dream Community, sagt:

> »Träume sind Pforten zu anderen Wirklichkeiten. Ob wir den Sinn unserer Träume am nächsten Morgen verstehen oder nicht, ist nicht wirklich entscheidend. Sie haben uns jedenfalls dorthin geführt. Alice fand nie heraus, nach welchen Gesetzen das Wunderland funktionierte. Doch darum ging es nicht. Es geht vor allem darum, im Wunderland zu sein. Die entscheidende Wahrheit über das Land Oz ist, daß es nicht mehr Kansas ist.«

Etwas aus einem Traum zu gewinnen ist sehr ähnlich, wie etwas von einem Kunstwerk zu haben. Natürlich wird man, je mehr kritische Intelligenz man beim Lesen eines Romans, beim Betrachten eines Gemäldes oder beim Hören eines Gedichtes anwendet, desto tiefere Einsichten gewinnen und eine um so stärkere Wirkung spüren. Am wichtigsten ist jedoch das Aufnehmen eines Kunstwerkes selbst. Sie müssen beispiels-

weise nicht wissen, wer Mona Lisa im Leben Leonardo da Vincis war, wieso er sie malte oder welche kompositorischen Gesetze ihre Haltung bestimmten, um ihr Porträt zu bewundern und von ihrem Lächeln fasziniert zu sein.
Dieses Buch will Ihnen sowohl von einer wissenschaftlichen als auch von einer allgemeinverständlich grundlegenden Betrachtungsweise her den Blick dafür öffnen, warum das, was Träume *bewirken*, ebenso wichtig ist wie das, was sie *bedeuten*. Es will Ihnen ermöglichen, Vergnügen an Ihrem Traumleben zu haben; Sie werden sich klarer an Träume erinnern, verschiedene Traumarten kennenlernen, mit Alpträumen umgehen lernen, Träume über Themen, die Sie sich selbst gewählt haben, herbeiführen können, während des Träumens bewußter (oder »luzider«) sein und sogar über den Verlauf von Träumen die Regie übernehmen können. Das Buch will zudem Möglichkeiten entwerfen, wie Sie anderen helfen können, ein erfreulicheres Traumleben zu haben, und wie Sie sich auf vergnügliche und produktive Weise in einer Gruppe über Träume austauschen können.

Träume können uns helfen, persönliche Pläne zu entwickeln und Ziele zu erreichen.

Wir erleben den Beginn dessen, was Carl Sagan das »Zeitalter des Geistes« nennt. Eine immer raffiniertere Technologie entdeckt und vermittelt neue Einsichten in die Funktion des menschlichen Verstandes und in die Möglichkeiten, unsere geistigen Leistungen zu verbessern. Dazu gehört auch die Erkenntnis, wie wertvoll der Umgang mit unseren Träumen sein kann. Im persönlichen, sozialen, akademischen und Geschäftsleben legt man immer mehr Gewicht auf Kreativität und auf die Fähigkeiten zur Problemlösung, was viele Menschen dazu führt, auf ihren »Traumgenius« zurückzugreifen, um Inspirationen und tiefere Einsichten zu gewinnen. Und während Psychiater und Psychotherapeuten schon seit Jahrzehnten auf die Traumanalyse als therapeutisches Hilfsmittel zurückgriffen, entschließen sich jetzt auch immer mehr Laien dazu, ihren Träumen auf eigene Faust nachzugehen, um mehr Selbsterkenntnis zu gewinnen, sich den Umgang mit anderen zu erleichtern und besser mit den Schwierigkeiten des Lebens zurechtzukommen.

Die Annalen der Traumliteratur sind voll mit Geschichten über große Träume, die es dem Träumer ermöglichten, erstaunliche Dinge zuwege zu bringen. Albert Einstein zum Beispiel sagte, die Ursprünge seiner berühmten Relativitätstheorie lägen in einem Traum, den er als junger Mann gehabt habe. In dem Traum fuhr er nachts mit einem Schlitten den Berg hinunter, und der Schlitten begann so schnell zu rasen, daß die Sterne plötzlich ganz andere, wunderbare Muster bildeten und neue Farben annahmen. Seine ganze wissenschaftliche Laufbahn, so behauptete er später, könnte man als Meditation über diesen einen Traum betrachten; und er betonte bei den verschiedensten Gelegenheiten, daß der Zugang zu den eigenen Träumen der Schlüssel zu einfallsreichem Denken sei.

Dieses Buch wurde geschrieben, um Ihnen zu helfen, das Beste aus Ihren Erfahrungen des Tages und des Traums zu machen. Es berichtet davon, wie einzelne Träumer praktische Ergebnisse erzielten, indem sie ihre Träume entsprechend ihren eigenen Interessen, Plänen und Lebensauffassungen interpretierten und ihren eigenen Weg fanden, diese Interpretationen konkret umzusetzen.

Vor allem befaßt sich dieses Buch mit den verschiedenen Lebenszielen, bei denen es um persönliche Erfüllung, menschliche Beziehungen, Problemlösungen und schöpferisches Tun geht, und es will Ihnen helfen, in jedem dieser Bereiche Ihre eigene Zielsetzung zu finden und durch die Arbeit mit Träumen das zu verwirklichen, was Sie sich vorgenommen haben.

Je mehr wir unser Traumleben kultivieren, desto reicher und lohnender wird es.

Träume erfüllen das, was wir von Ihnen erwarten. Wenn wir Ihre Bedeutung schmälern, uns keine Mühe geben, uns an sie zu erinnern, oder nie mit ihnen umgehen, werden sie auch nicht sehr bedeutend sein, außer durch Zufall. Das gilt natürlich ebenso für das, was wir im Wachzustand erleben, wobei es einen wesentlichen Unterschied gibt. Im Wachzustand werden äußere Faktoren uns dahin gehend beeinflussen, daß wir unsere Erfahrungen nutzen, um mehr Erfüllung zu gelangen, unsere Beziehungen zu pflegen, Probleme zu lösen und unsere schöpferischen Fähigkeiten zu üben. Doch was unser Traumleben anbelangt, liegt die Verantwortung ganz allein bei uns. Es ist verständlich, daß wir dazu neigen, uns einer Verantwortung zu entziehen, für die die Außenwelt keine Rechenschaft fordert. Doch wenn wir unsere Träume ignorieren, so tun wir das zu unserem eigenen Schaden. Träume sind keine sporadischen, zufälligen Ereignisse, sondern systematische Beschreibungen unseres Schlaflebens, das wir Nacht für Nacht führen. Wir übergehen sie vielleicht, aber sie verschwinden trotzdem nicht; und ob wir sie akzeptieren oder nicht — sie spielen eine wichtige Rolle bei der Bildung unserer Persönlichkeit und der Gestaltung unserer Lebensgeschichte.

Im Jahr 1953 fand man durch klinische Studien an der Universität Chicago, die von Professor Nathaniel Kleitman und seinem Schüler Eugene Aserinsky durchgeführt wurden, heraus, daß Menschen — und übrigens auch die meisten Tiere — im Schlaf sogenannte REM-Phasen (»*r*apid *e*ye *m*ovements«, »schnelle Augenbewegungen«) haben. Wir reagieren also mit der gleichen physischen Augenaktivität auf unsere Traumvisionen wie auf das, was wir in unserem Wachleben wahrnehmen. Indem sie den »REM-Schlaf« zahlreicher freiwilliger Versuchspersonen, die nachts in ihrem Laboratorium schliefen, immer wieder unterbrachen, zeigten Kleitman und Aserinsky zum erstenmal in der Geschichte, daß *alle* Menschen jede Nacht im Schlaf träumen. Ihre Studien bewiesen sogar, daß es für den Menschen typisch ist, vier- oder fünfmal nachts in Zyklen von etwa neunzig Minuten zu träumen. Vorher hatte man angenommen, daß die Menschen ein radikal verschiedenes Traumverhalten hätten — ein verständlicher Irrtum angesichts der Tatsache, daß die Fähigkeit, sich an Träume zu erinnern, bei den Menschen außerordentlich unterschiedlich ausgebildet ist.

Da wir auf jeden Fall ein ausführliches Traumleben haben und da unser Traumleben untrennbar mit unserem Wachleben verflochten ist, verschenken wir nicht nur eine wertvolle Lebensmöglichkeit, wenn wir uns nicht aktiv mit unseren Träumen befassen, sondern wir lassen es auch zu, Opfer unserer Träume zu werden, indem wir passiv sich wiederholende, möglicherweise destruktive Traummuster ablaufen lassen, wo wir die Möglichkeit hätten, aktiv zu werden und gestaltend zu wirken.

Vor allem geht es in diesem Buch darum, Ihre Aufmerksamkeit für Ihre Träume zu wecken und Sie zu einem neuen Nachdenken darüber anzuregen, damit Sie nicht wegen Vergeßlichkeit oder Nachlässigkeit die Hälfte Ihres Lebens versäumen. Dafür bietet es Ihnen zahlreiche Übungen und Experimente, die Sie systematisch mit Ihren Träumen und dem darin enthaltenen Material durchführen können; es genügt jedoch, wenn Sie sich daraus Anregungen holen, die Sie für Ihre gewohnte Arbeit mit Ihren Träumen brauchen, und daß Sie einzelne Übungen immer dann durchführen, wenn Sie gerade das Bedürfnis danach haben.

Dieses Buch möchte Ihnen nicht weismachen, daß Sie sich verändern oder verbessern sollten. Es hilft Ihnen nur, zu erkennen, daß Sie es sich selbst schuldig sind, Ihren Träumen ein wenig liebevolle Anteilnahme zukommen zu lassen.

Mein Weg mit den Träumen

Der Weg, der mich zum Schreiben dieses Buches führte, ist voller Windungen und Kurven, und das paßt ja auch zu seinem Thema. Es ist ein Weg, den zu beschreiben sich lohnt, nicht nur, um den Hintergrund darzustellen, auf dem dieses Buch entstand, sondern auch, um einige seiner Hauptthemen zu erläutern. Der Weg beginnt und endet mit dem Führen eines Traumtagebuches, eine Gewohnheit, die ich seit meinem zwölften Lebensjahr fast regelmäßig gepflegt habe — also beinahe seit der Zeit, in der ich begonnen hatte zu fragen, warum man manchmal den Mond am Tag sehen kann.
Mein Traumtagebuch hielt während der Zeit in der High-School und im College mein Interesse an der Geistesgeschichte und Literatur wach und führte dazu, daß ich in den letzten Studienjahren für meine Dissertation das Thema *Der Einfluß von Träumen auf den Roman des 20. Jahrhunderts* wählte. Damals hatte ich schon ein Jahrzehnt lang regelmäßig Träume mit bekannten Dichtern ausgetauscht und Gespräche über Träume geführt, und so konnte ich diese Schrift gleichsam traumwandlerisch verfassen.
In groben Zügen betrachtet, begann diese Arbeit mit James Joyce und endete mit Jack Kerouac. Die Frage, ob Joyce absichtlich versuchte, die Sprache des träumenden Geistes in seinem 1939 verfaßten Werk *Finnegan's Wake (Finnegans Nachtwache)* einzuführen — wodurch er dem Wort »Wake« im Titel noch mehr symbolische Bedeutung gab —, wird in literarischen Krei-

sen heiß diskutiert; die Theorie gründet sich immerhin unmittelbar auf die Worte des Autors, der in einem Brief von 1926 über das entstehende Werk schrieb: »Ein großer Teil jeder menschlichen Existenz wird in einem Zustand verbracht, den man durch bewußt wache Sprache, schablonenhafte Grammatik und eine zielstrebige Handlung nicht nachvollziehbar machen kann.«

Ich tendiere dazu, die »Traumsprachentheorie« in Zusammenhang mit *Finnegan's Wake* für richtig zu halten; und es erscheint mir immer noch außerordentlich hilfreich, mir vorzustellen, daß mein träumender Geist eine fremde Sprache spricht — eine Sprache, die zu beherrschen mein Wachbewußtsein zwar Schwierigkeiten hat, die es aber wert ist, sich mit ihr zu befassen, denn es ist die Ursprache eines großen Teils meines Selbst. Diese Anschauung verleiht mir die Geduld, meine Träume so niederzuschreiben, wie sie selbst sprechen, und nicht in der geglätteten und eingängigen Sprache der Vernunft, und mehr Energie darauf zu verwenden, das zu übersetzen, was meine Träume wirklich sagen, anstatt ihnen eine vorschnelle Erklärung überzustülpen oder sie als unverständlich abzutun.

Bei Kerouac nun ist eine starke Beziehung zwischen seinen Träumen und seinen Romanen unleugbar. In seinem 1961 veröffentlichten Werk *Book of Dreams* (deutsch: *Traumtagebuch*), das Auszüge aus seinem über zwanzig Jahre lang geführten persönlichen Traumtagebuch enthält, entschlüsselt er seine Romangestalten durch die in seinen Träumen auftretenden Charaktere. Es liefert zudem die faszinierende Entstehungsgeschichte bestimmter dramatischer Bilder, die sein Traumleben wie sein bewußtes Dasein dominieren und als Katalysator seiner Kunst wirken — eindringliche Bilder, die etwas Vertrautes und zugleich Magisches haben: wie der kühl-warme Schein roten Neonlichts auf einer alten Ziegelsteinmauer, grelle Sterne, die sanft in den Tränen nach oben gewandter Augen erblühen, und die Masse eines Kontinents, der einem vor die Füße rollt. Durch Kerouac lernte ich ferner zwei weitere wichtige Dinge über Träume. Erstens erfrischen sie unseren Geist und erhalten ihm seine Kreativität, da sie das Gewöhnliche immer geheimnisvoll und das Geheimnisvolle immer gewöhnlich erscheinen lassen können. Zweitens bewahren sie unsere Lieblingsbilder, unsere persönlichen Lebenssymbole, und lassen sie immer wiederkehren, um unserem Leben in seiner Ganzheit seinen besonderen Charakter zu verleihen.

Aber Joyce und Kerouac inspirierten mich auch noch auf andere Weise. Ich war so begeistert von der Idee für einen Roman, daß ich beschloß, mich sofort an die Arbeit zu machen, anstatt meine Dissertation zu beenden. In dieser Zeit arbeitete ich nachts in der Notfallstation der Bostoner Universitätsklinik als technischer Fachmann bei der Blutbank und erlebte damals ganz unerwartet meine intensivste Traumperiode, die ich je gehabt hatte.

Meine Stelle erforderte es, daß ich nachts im Krankenhaus schlief und jederzeit abrufbar war, wenn Blutgruppen festgestellt oder Transfusionen vorgenommen werden mußten. Ich wurde alle ein bis zwei Stunden in der Nacht durch einen Anruf geweckt, und fast immer wurde ich mitten in einem Traum unterbrochen. Viele meiner damaligen Träume drehten sich um Gestalten, Stimmungen, Situationen oder Orte meines Romans, und ich merkte, daß ich, wenn ich mich dazu entschloß, diese Träume fortsetzen konnte, sobald ich wieder einschlief. Bald begann ich bewußt, Einfluß auf meine Träume zu nehmen. Ich führte bestimmte Szenarien ein und prüfte sie. Einige Wochen später entdeckte ich, daß ich sogar mit der Zeit über meine Träume ganz nach Wunsch Regie führen konnte (ein Phänomen, das als »luzides Träumen« bekannt ist — man ist sich, während man träumt, bewußt, daß man träumt).

Ebenso wie ich meine Doktorarbeit meinen Träumen opferte, geschah dies auch bei meinem Roman. Die Geschichte entglitt mir immer mehr — in dem Maß, wie mein Geist sie im Traum immer phantastischer ausschmückte. Ich bemerkte schließlich, daß ich mit mehr Lust und Liebe phantastische Geschichten erfand, statt meinen Roman zu beenden. Deshalb zwang ich mich nicht mehr, ein Manuskript zu produzieren, das man veröffentlichen konnte. Diese Entscheidung befreite mich und gab mir ein Gespür dafür, was wirklich wichtig für mich war. Trotz all der scheinbar falschen Spuren, die ich in dieser Zeit in meinem Wachleben verfolgte, war es im Grunde eine sehr glückliche und produktive Periode. Sie bescherte mir faszinierende, sehr unmittelbare Traumabenteuer und lenkte mich in eine Richtung, die eingeschlagen zu haben ich nie bereute: Ich wurde Lehrer, Schriftsteller und Verfechter der Kunst des Träumens.

Nach dem Studium lehrte ich einige Jahre lang Literatur an der Memphis State University. Ich führte Kurse für kreatives Schreiben durch, bei denen auch mit Träumen gearbeitet wurde, und ermutigte meine Studenten immer, Traumtagebücher zu führen und sie als Anregung für Aufsatzthemen zu benutzen. Die Arbeit meiner Studenten zeigte mir, daß das regelmäßige Führen eines Traumtagebuches eigentlich jedem helfen kann, seine schriftstellerische Begabung auszubauen. Der Verfasser eines Traumtagebuches muß sich ja nicht durch die Notwendigkeit hemmen lassen, einer bestimmten Struktur oder Syntax gerecht zu werden, auch muß er sich keine Sorgen darüber machen, ob er ein Thema finden wird — vorausgesetzt, er kann sich von Zeit zu Zeit an seine Träume erinnern. Meine Studenten zeigten mir zudem, daß der Umgang mit den eigenen Träumen eine ausgezeichnete Möglichkeit ist, seine Einsicht in das Funktionieren des symbolischen Ausdrucks zu vertiefen. Je genauer wir beobachten, wie unser Geist im

Traum bestimmte Bilder mit besonderem Sinn füllt und dann aus solchen Bildern Muster webt, desto mehr vertieft sich auch unser Verständnis für die schöpferischen Bemühungen anderer Menschen.

Später zog ich nach New York City und arbeitete als Schriftsteller und Kommunikationsberater. Hier begann sich mein Interesse an Träumen nun entsprechend zu vertiefen. In Seminaren, die von Dr. Montague Ullman, Gründer des Dream Laboratory im Maimonides Medical Center, durchgeführt wurden, lernte ich die Techniken und den Wert experimenteller Traumarbeit kennen — also Traumanalysen, die vor allem auf den eigenen Beurteilungen, Emotionen und Instinkten des Träumers beruhen und weniger auf irgendeiner äußeren Traumtheorie. Ich wendete die Methode Ullmans und anderer Wissenschaftler an und begann, an kleinen wöchentlichen Traumgruppen teilzunehmen, bei denen ich nicht nur dazu angeregt wurde, tiefer in meine Träume einzudringen, als ich das allein getan hätte, sondern auch die erstaunlich vielfältigen Möglichkeiten kennenlernte, wie die verschiedenen Menschen träumen und diese Träume verarbeiten.

Neben Ullman begegnete ich noch anderen vielseitigen, mutigen und außerordentlich interessanten »Traumaktivisten«, die ihre eigenen Zentren für Traumarbeit eingerichtet hatten. Zu diesen ersten Begegnungen gehörte John Perkins, der Leiter der »New York Dream Community«, eines Workshop-Zentrums für die wachsende Anzahl von einzelnen und Gruppen, die sich in New York City mit Traumarbeit beschäftigten; Barbara Shor, Begründerin von »Dreamgates«, einer der besonders innovativen Traumgruppen in Manhattan, die mit allem experimentierte, vom einfachen Gespräch über Träume bis zur Traumdivination sowie -rückführung und zur Telepathie; und schließlich Bill Stimson, Begründer des *Dream Network Bulletin*, eines international verbreiteten Blatts, in dem professionelle Traumarbeiter wie Amateure ihre Erfahrungen austauschen und Werbung machen für Traumgruppen und -projekte. Im Laufe der Zeit beschäftigte ich mich immer intensiver mit meiner Liebhaberei. 1983 gründete und leitete ich gemeinsam mit Tom Cowan die »Brooklyn Dream Community«, die Perkins' »New York Dream Community« zum Vorbild hatte, und hielt drei Jahre lang monatlich Workshops über Träume und Traumarbeit ab. Im Rahmen dieser Organisation begegnete ich Chris Hudson, dem Nachfolger Bill Stimsons als Herausgeber des *Dream Network Bulletin*. Zwei Jahre lang (1983 bis 1985) war ich unter Hudsons dynamischer Führung Herausgeber des *Dream Network Bulletin* und gewann durch diese Position Einblicke in den innersten Bereich dessen, was heute allgemein als »dreamwork movement« bekannt ist.

Das »dreamwork movement«, hervorgegangen aus den Selbsthilfegruppen, den alternativen Therapiebewegungen, den Bewußtseinserweiterungs- und »Human-potential«-Bewegungen der sechziger und siebziger Jahre, leistet weitgehend Basisarbeit. Ihren Schwerpunkt hat die Bewegung im Großstadtbereich, wo der einzelne eher dazu gedrängt wird, sich auf der Suche nach Sinn und Führung nach innen zu wenden, da sich hier der Druck der Massengesellschaft und die Technologie besonders stark auswirken. Natürlich findet auch im ländlichen Bereich intensive Traumarbeit statt, vielleicht weil hier der Kontrast zwischen Natur und Zivilisation deutlicher ins Auge fällt. Nach Dick McLeester, der im Bereich von New England Traum-Workshops konzipiert und anleitet, »suchen die Menschen in der heutigen Gesellschaft nach Möglichkeiten, ihr Innenleben mit der Umwelt in Einklang zu bringen. Es gehen große Veränderungen vor, und die Menschen versuchen, einen Sinn darin zu finden.«

Vater des modernen »dreamwork movement« ist unbestritten Henry Reed, der inzwischen professionell als anerkannter Be-

rater in Virginia Beach, Virginia, arbeitet. Reed begann sich in den späten sechziger Jahren für Träume zu interessieren, während er an der University of California in Los Angeles Traumpsychologie studierte und an seiner Doktorarbeit schrieb. Er hatte damals mit dem Alkohol zu kämpfen. Als verschiedene Arten von Entziehungskuren gescheitert waren, hatte er eine Reihe anschaulicher Träume, die den entscheidenden Umschwung herbeiführten — wobei die Hauptrolle einem besonders abstoßenden Traum zukam, in dem Wein mit Eiter assoziiert wurde, der aus offenen Geschwüren rann.
Reed war von der heilenden Kraft seiner Träume so beeindruckt, daß er seinem Leben das neue Ziel setzte, die Traumarbeit aus den separatistischen Gettos der psychiatrischen Therapie und der okkulten Praxis zu befreien und sie wieder in die Hände der Träumer selbst zu legen. Als man ihn bat, etwas über seine Rolle als einer der früheren Architekten der populären Traumarbeit zu sagen, meinte er bescheiden: »Alles, was ich getan habe, ist, eine Tradition wieder zu aktualisieren, die schon lange lebt, vor allem bei den Indianern Amerikas.«
In Übereinstimmung mit seiner neoschamanischen Philosophie schöpfte Reed seine Idee, von Laien geleitete Traumgruppen anzuregen, aus einem Traum — einem Traum, in dem sich auf faszinierende Weise alte und moderne, laienhafte und professionelle Erfahrungen mit der Traumarbeit verbanden. Zu Beginn des Traumes stolperten Reed und einige seiner Psychologenkollegen im Dunkeln herum. Schließlich begannen sie, ihre Körper rhythmisch, fast zeremoniell zu bewegen, und die Traumszenerie war plötzlich ein einziger Licht- und Farben-Rausch. Dieser »Sonnentanz« ging in den Titel eines Mitteilungsblattes ein, das er in den späten siebziger Jahren veröffentlichte, das *Sundance Community Dream Journal*, das zum erstenmal Träumer im ganzen Land dazu anregte, sich über ihre Träume auszutauschen. Er sieht seine Mission so: »Ich ver-

suchte, eine alternative wissenschaftliche Gemeinde zu schaffen, zu der jeder einfach dadurch gehören konnte, daß er ein Träumer war; denn in Wirklichkeit ist jeder Träumer ein Forscher und der Traum ein Bewußtseinsexperiment.« (Dieses und das vorige Zitat stammen aus »Group Dreaming«, Patrick Huyghe, *Omni*, Juli 1983.)

Seit den Tagen des *Sundance Community Dream Journal* hat das »dreamwork movement« das Traum- und Wachleben von Millionen von Amerikanern beeinflußt. So bleibt beispielsweise eine Gruppe früherer Klassenkameraden der High-School in Camden, New Jersey, durch ihre gemeinsame Traumarbeit in Kontakt; eine Gruppe von Forschern am Batelle Institute in Columbus, Ohio, benutzt Träume zur gegenseitigen Anregung der Kreativität; römisch-katholische Nonnen in einem Kloster in Oregon sprechen miteinander über Träume, die etwas über ihre spezielle Lebenssituation aussagen; ebenso arbeiten Gefängnisinsassen in Florida mit ihren Träumen.

Manchmal beschäftigen sich ganze Bevölkerungsgruppen gemeinsam mit Traumarbeit. Einerseits als Reaktion auf Druck von außen, andererseits aus dem Wunsch heraus, die Beziehungen untereinander zu stärken, tauschten die Bewohner der Hausboote von Sausalito in Kalifornien ihre Träume in den Jahren 1977 bis 1984 untereinander aus. Das Projekt ging auf die Idee des Hausbootbewohners John Van Damm zurück, der in einem »Traumbriefkasten« an zentraler Stelle Beiträge sammelte und sie dann in einem Blatt mit dem Titel *Gates: A Sausalito Waterfront Community Dream Journal* veröffentlichte, das er in eigener Regie vervielfältigte. 1983 äußerte Van Damm in einer öffentlichen Diskussion zu seinem Projekt:

> »Dem Traum Bedeutung beizumessen und ihm eine aktive Rolle innerhalb eines Gemeinwesens zu verleihen wirkt sich auf das Leben der darin lebenden Menschen

positiv aus. Wenn die Bürger sich selbst und ihr Alltagsleben in den Träumen ihrer Nachbarn gespiegelt sehen, verändert sich dadurch das Zusammenleben grundlegend. So wie eine Traumerfahrung dazu dienen kann, den einzelnen zu erneuern, wird auch der Geist eines Gemeinwesens jedesmal erneuert, wenn gemeinsam an einem Traum Anteil genommen wird« (aus: »Community Dream Work«, in: *Coat of Many Colors*, San Rafael, CA, Dream Tree Press, 1983).

Auch in anderen Teilen der Welt findet die experimentelle Traumarbeit lebhaftes Interesse. In verschiedenen israelischen Kibbuzim werden regelmäßig Treffen zum Austausch von Träumen veranstaltet, an denen alle Dorfbewohner teilnehmen können, die ihre Träume regelmäßig aufschreiben. In einem großen Krankenhaus in Buenos Aires haben sich Dauerpatienten zusammengeschlossen, um durch die gemeinsame Beschäftigung mit ihren Träumen zu mehr Selbsterkenntnis und lebhafterem Kontakt untereinander zu kommen. Auch die Bewohner eines Altersheimes in Sydney versuchen, ihren eintönigen Wochenablauf durch die Organisation einer Traumgruppe zu beleben. Und Tony und Hyone Crisp schreiben für die Londoner *Daily Mail* regelmäßig einen Artikel über Träume, die von Lesern eingesandt wurden. Sie beabsichtigen, das ihnen dadurch zugänglich gewordene Material als wichtigste Quelle für ein englisches »Traumprofil« zu benutzen.
Einer der faszinierendsten aktuellen Versuche im Bereich der Traumarbeit wurde in Tokio unternommen: Dr. Randy Morris, ein Amerikaner, der an der internationalen Schule von Hiroschima unterrichtet, befragte die sogenannten »hibakusha« (Überlebende der Atombombenangriffe 1945) und andere japanische Bürger nach Träumen, die Bilder von Nuklearkata-

strophen enthielten. Es ging Morris darum, herauszufinden, wie die Seele des Träumenden sich bemüht, sich das Unvorstellbare vorzustellen; denn er hoffte, dadurch die Existenz einer Art von kollektivem Überlebensmechanismus im Traum nachweisen zu können. Seiner Ansicht nach sind diese Träume dazu bestimmt, einzelne Menschen so wachzurütteln, daß sie dazu gezwungen sind, sich mit etwas auseinanderzusetzen, das für die Spezies eine Gefahr darstellt. In Fortführung dieser Theorie könnte man sagen, daß Bilder aus solchen Träumen nützlich sein können, andere auf eine Gefahr aufmerksam zu machen oder Möglichkeiten herauszufinden, sich mit ihr auseinanderzusetzen.

Selbst in der Sowjetunion beschäftigt man sich mit experimenteller Traumarbeit, wenn auch nicht ganz ungehindert. Von offizieller Seite steht man der Traumarbeit von Laien skeptisch gegenüber oder versucht, die Bemühungen sogar zu verhindern, da man diese Materie lieber der staatlich gelenkten Forschung überläßt. Auch der Glasnost-Trend in der Gorbatschow-Ära hat daran nichts geändert. Dennoch findet die zeitgenössische Traumarbeit in der Sowjetunion ihre Nischen.

Bei meiner Reise nach Moskau, die ich vor kurzem gemacht habe, begegnete ich Barbara Ivanova, einer begeisterten Traumaktivistin und einer der drei Abonnenten des *Dream Network Bulletin* in der Sowjetunion. Barbara Ivanova war jahrelang eine anerkannte Wissenschaftlerin und Forscherin auf dem Gebiet psychischer Phänomene; als sie jedoch in den späten siebziger Jahren verlangte, daß sich die theoretische und praktische parapsychologische Forschung (einschließlich der Traumarbeit) nach bestimmten ethischen Regeln richten solle, wurde ihr Labor geschlossen, und man entzog ihr die Lehrerlaubnis auch auf privater Ebene. Diese offiziellen Maßnahmen zwangen sie dazu, sich ausschließlich in Moskau aufzuhalten, und zudem wurde von da an jeder ihrer Schritte überwacht. Jetzt muß sie sich mit ihrer Mittwochabend-Traumgruppe vor dem Star-Kino in Moskau treffen, wo sich die Gruppe, die sich »Star-Akademie« nennt, als Warteschlange für die nächste Vorstellung tarnen kann. Wird die Gruppe von der Polizei aufgelöst — was häufig geschieht —, verziehen sich ihre Mitglieder in einen nahegelegenen Park, wo sie zur Sicherheit in kleinen Gruppen von zwei oder drei Menschen ihre Träume untereinander austauschen. Barbara Ivanova nimmt all das auf sich, weil die Beschäftigung mit ihrem eigenen Traumleben und mit den Träumen anderer ihrem Leben, wie sie sagt, soviel Kraft und Sinn gibt.

In den Vereinigten Staaten ist es viel einfacher. Auf regionaler Ebene werben »Traumklubs« mit etwa fünf bis fünfzig Mitgliedern durch Mund-zu-Mund-Propaganda oder durch spezielle Anzeigen in Universitätszeitschriften oder in der freien Presse für ihre Arbeit. Oft sind diese Gruppen umfassende Netzwerke, etwa die »Metro D.C. Dream Community« oder die »Dreamworkers Support Group« in San Francisco. Manchmal sind es kleine Gruppen, die nur unter Namen und Adresse eines der Mitglieder laufen. Auf nationaler Ebene gibt es in den USA zwei wachsende Organisationen, die professionellen Traumarbeitern wie Amateuren gleichermaßen offenstehen: die »Association for the Study of Dreams« (P.O. Box 3121, Falls Church, VA 22043) und das »Dream Educators Network« (P.O. Box 788, Cooperstown, NY 13326).

Die »Association for the Study of Dreams« (ASD) ist eigentlich eine internationale Gruppe, die versucht, eine Brücke über das oft trübe Wasser zu schlagen, das die »offizielle« wissenschaftliche Gemeinde der Traumforscher (zu der ebenso Neurologen und Anthropologen wie Psychiater und Psychologen gehören) und die »inoffizielle« Schar von Laien (zu der ebenso praktizierende »Traumberater« wie Einzelpersonen gehören) trennt. Sie veröffentlicht ein vierzehntägiges Mitteilungsblatt, das als Forum dient; ihre Hauptaktivität ist jedoch eine jährliche Konferenz, die im Sommer in verschiedenen Großstädten der Vereinigten Staaten abgehalten wird. Im Jahre 1988 beispielsweise fand das Treffen der ASD in Santa Cruz, Kalifornien, statt mit Vorträgen, Symposien und Arbeitsgruppen über Themen wie »Die Funktion der Träume und des Traumschlafes«, »Politische Alpträume: Träume von Flüchtlingen aus San Salvador« und »Frauenkörper, Frauenträume«. Die Konferenz schloß wie gewöhnlich mit einem Traumball, zu dem alle Teilnehmer in einem Kostüm erscheinen sollten, das eine ihrer Lieblingstraumgestalten darstellte.

Auch das »Dream Educators Network« (DEN) hat internationale Verbindungen; aber wie bei der ASD stammen die Mitglieder zum größten Teil aus Amerika. Das DEN sollte vor allem für Fachleute dasein, aber auch für »Amateure« wie Therapeuten, Leiter von Traumgruppen oder andere Spezialisten; in der Praxis kann aber jeder Mitglied werden. Auf Anregung und unter der Leitung einzelner Mitglieder unterstützt es zahlreiche Kurzzeitprojekte, die zum Austausch der Teilnehmer über ihre Erfahrungen, ihre Traumarbeitsmethoden und -strategien zum beruflichen Weiterkommen dienen. Es veröffentlicht jedes Jahr ein aktualisiertes *International Directory of Dreamworkers*.

Viele der Ideen, Beispiele und Experimente, die ich in diesem Buch präsentiere, habe ich aus meiner Teilnahme an dem beschriebenen dreamwork movement geschöpft. Ob Sie nun allein, mit jemand anderem oder in einer Gruppe an Ihren Träumen arbeiten – die Bewegung bietet Ihnen auf vielerlei Weise Hilfe an. Andere Träume und andere Träumende können Ihnen viel darüber vermitteln, wie Sie in ihrem Wach- und Traumleben zu mehr Intensität und Harmonie kommen. Dank der Bewegung kann auch dieses Buch dazu beitragen.

2. KAPITEL

Lernen Sie Ihre Träume kennen

Nicht alle Träume sind gleich beschaffen. Wie Episoden des realen Lebens haben sie ihre Licht- und Schattenseite. Manche sind vor allem strahlend, geistreich oder lustig, während andere vor allem langweilig, albern oder schmerzhaft sind. Wenn wir uns jedoch gar nicht die Zeit nehmen, unsere Träume genauer zu betrachten, werden wir auch nicht unbedingt so leicht die Unterschiede entdecken. Dann werden uns all unsere Träume sonderbar und verwirrend vorkommen.
Wir neigen zu der Ansicht, daß unsere Träume im allgemeinen verworrener und weniger rational sind als unser Wachleben, doch das stimmt nur oberflächlich betrachtet, wie ein sorgfältiges Beobachten unseres Wachzustandes oder unseres Traumlebens (und am besten beider) uns zeigen werden.
In John Updikes Roman *S.* schreibt die Protagonistin eine Reihe von Briefen, in denen sie den Menschen, die sie verlassen hat, ihr Leben beichtet. Updike sagt dazu:

> »Was mir beim Schreiben der Briefe unter anderem sehr bewußt war, ist die ungereimte Mischung der ernsthaftesten Probleme in unserem Leben mit dem Schwall von Trivialitäten, mit denen wir zurechtkommen müssen. Es ist schwer, das Triviale vom Bedeutenden zu trennen. Ich glaube, daß beides seltsamerweise irgendwie auf der gleichen Ebene ist. In unserem alltäglichen

> Leben wird uns auf beinahe derselben Wellenlänge gleichermaßen klar, daß unsere Schuhbänder aufgegangen sind wie die Tatsache, daß wir eines Tages sterben müssen« (aus: Mervyn Rothstein, »In 'S.', Updike Tries the Woman's Viewpoint« [»In *S.* versucht Updike, sich auf den Standpunkt der Frau zu stellen«], *New York Times*, 25. März 1988).

Träume sind eigentlich wie Briefe, die wir jede Nacht an uns selbst schreiben. In ihnen finden wir die gleiche merkwürdige Gegenüberstellung von Kosmischem und Alltäglichem, von der Updike schreibt, und sie können, je nach der Stimmung unseres Traumkorrespondenten, in ihrem Inhalt, ihrem Umfang und ihrer Qualität von Nacht zu Nacht stark variieren. Alle Träume haben es verdient, daß wir ein wenig genauer hinsehen, was sie uns über unseren Zustand mitteilen wollen, und viele von ihnen sind es wert, daß wir sie in irgendeiner Form genauer analysieren, sei es nun auf spielerische oder auf methodische Weise. In einer sehr einfachen Traumszene können ein eindrucksvolles Symbol oder eine wichtige Botschaft verborgen sein; ihnen können wir durch ein wenig Traumarbeit auf die Spur kommen.

Wenn manche Träume bedeutsamer sind als andere — das heißt möglicherweise mehr Bedeutung für unser Leben haben können — und wenn der Schein trügen kann, so lautet die Frage: »Wie kann ich unterscheiden, welche Träume wichtig oder potentiell wichtig sind?« Die Antwort können wir aus der gleichen Quelle schöpfen, aus der unsere Träume schöpfen: aus unseren Gefühlen.

Ein besonders intensiver Traum ist fast immer von irgendeiner Art Sinneswahrnehmung begleitet. In manchen Fällen sind die visuellen Bilder im Traum ungewöhnlich lebendig und farbig. Wenn Sie beispielsweise von einem Wald träumen, sind Sie vielleicht beeindruckt von dem starken Kontrast zwischen dem tiefblauen Himmel und dem schimmernden Grün des Blattwerks; die wunderbar feine Zeichnung einer Wildblume fesselt Ihre Aufmerksamkeit; oder Sie sind beeindruckt von dem ungewöhnlich breiten Spektrum von Farbtönen, die Sie sehen — Ocker, Magentarot, Purpur und Goldgelb in verschiedenen Variationen, ebenso wie die Grundfarben Rot, Blau und Grün. In anderen Fällen wird in einem bestimmten Traum vielleicht eine Sinneswahrnehmung stimuliert, die in Ihren Träumen sonst nicht so oft eine Rolle spielt. Vielleicht riechen Sie in einem Traum Benzin, schmecken Orangen, spüren den Sand unter Ihren Füßen oder hören ein ganzes Orchester spielen

Es gibt noch viele andere Arten, wie Träume ihren ganz besonderen Charakter entfalten. Sie können ein sensibles und außergewöhnliches Erlebnis haben wie einen Flug auf eine Bergspitze, Sie können dem Tod mit knapper Not entrinnen oder bei einem Marathonlauf Erster werden. Der Traum kann Ihnen ein ungewöhnlich bedeutsames Geschenk machen, etwa einen alten Kunstgegenstand, eine seltene Orchidee oder ein lange verloren geglaubtes Spielzeug aus Ihrer Kindheit. Er kann sogar eine großspurige Ankündigung machen, wenn zum Beispiel eine Stimme — vielleicht Ihre eigene Traumstimme — verkündet: »Ich habe das Geheimnis des Universums gefunden!« Wenn solch ein starkes Signal gegeben wird, können Sie zwar nicht immer sicher sein, daß der Traum die Bedeutung hat, die er einem aufdrängt, aber Sie können davon ausgehen, daß er dennoch wichtig ist, da er offensichtlich mit starken Gefühlen zu tun hat.

Die meisten Träume geben wesentlich subtilere Hinweise auf ihre Bedeutung: ein Grundton oder eine Erscheinung, die sie von anderen Träumen mit vielleicht ähnlichen Bildern und Ereignissen unterscheidet. Der Kulturhistoriker Mircea Eliade spricht in diesem Zusammenhang von einer »religiösen Aura«.

Andere sprechen von einer Qualität des Widerhalls oder Klangs. Nach meiner Erfahrung ist es eher eine Art »Raunen«, eine halb hörbare, halb im Bauch spürbare Empfindung sanfter Erregung, die entweder den Traum selbst begleitet oder als Reaktion auf den Traum nach dem Erwachen gegenwärtig bleibt. Wie immer man das Gefühl auch nennen mag — ein Klingen in den Ohren, ein Einklinken, ein Funke, ein Aha-Erlebnis oder Satori (die spontane Erleuchtung im Zen-Buddhismus) —, es ist ein Gefühl der Stimmigkeit; nicht recht greifbar, aber doch deutlich erkennbar, sobald man beginnt, auf seine Träume zu achten und sich mit seinen Reaktionen auf sie zu beschäftigen.

Wir können unseren Träumen aber nicht die nötige Beachtung schenken, wenn wir — wie die meisten — sie nicht in Erinnerung behalten und wenn wir das, woran wir uns erinnern, nicht festhalten. Bevor wir uns damit beschäftigen, wie Experimente mit der Traumarbeit dazu beitragen können, daß wir uns persönlich weiterentwickeln, müssen wir uns einige der Methoden ansehen, die wir anwenden können, um unsere Traumerinnerung zu verbessern und unsere Träume auf sinnvolle und nutzbringende Art und Weise festzuhalten.

Wie man sich an Träume erinnert

Das Erwachen erschreckt die Seele unter allen Umständen, besonders natürlich, wenn man von einem elektronischen Wecker (ob durch gleichmäßiges Piepsen oder einen Schlager) geweckt wird oder wenn man unter dem Druck eines vollen Tagesprogramms erwacht. Bedenkt man, daß zu diesem Krisenpunkt des Bewußtseins hinzukommt, daß wir gewöhnlich nicht gleich nach dem Träumen erwachen und es eine Weile dauern kann, bis wir das Stadium des Halbschlafs hinter uns gelassen haben, überrascht es uns nicht, daß man sich an Träume nur so schwer erinnern kann. Erinnern wir uns an einen Traum, so ist es sehr wahrscheinlich, daß es sich um ein Fragment seines Schlusses handelt; wenn wir also wirklich wissen wollen, was in unserem Traum geschah, müssen wir versuchen, von einem dürftigen Bruchstück auszugehen und es zu erweitern.

Traumfachleute bemühen gern Metaphern dafür, wie schwer es sein kann, sich an Träume zu erinnern. Ann Faraday, Autorin von *Dream Game* und *Dream Power* (deutsch: *Die positive Kraft der Träume*, Knaur-Tb. 4119), sagt, daß es so schwierig sein kann wie der Versuch, den Inhalt eines Kriminalromans aus der Lektüre der letzten Seite abzuleiten. Edwin Kiester, ein freier Schriftsteller, der sich mit medizinischen Themen beschäftigt, sagt, daß wir »beim Erwachen so erstaunt sein können, wie wenn wir in das Finale von Don Giovanni geplatzt wären, ohne die vorhergehenden Akte miterlebt zu haben«. Karen McCoy, Leiterin der »Gate-of-Horn«-Traumgruppe in Atlanta, meint, im schlimmsten Fall sei es so, als müsse man »in einem vollkommen dunklen Raum, der willkürlich von Blitzlichtern erhellt wird, Scharaden spielen«. Meine Lieblingsmetapher hat Liam Hudson, Autor von *Night Life*, erfunden, der sagt, die Aufgabe könne so vertrackt sein, daß der Träumer »genauso versuchen könne, das Muster eines Norwegerpullovers aus den Wollfäden zu rekonstruieren, nachdem er aufgetrennt wurde«.

Wenn wir also wissen, daß es oft sehr schwierig sein kann, sich an Träume zu erinnern, werden wir unsere Maßstäbe nicht zu hoch ansetzen. Zugleich müssen wir uns klarmachen, daß ein Traum nicht so streng linear in seiner Entwicklung ist wie ein Kriminalroman oder *Don Giovanni*. Oft kann ein einziger Hinweis das Wesentliche eines Traumes ins Bewußtsein rufen: seine emotionale Grundstimmung, die möglichen Bezüge

zum Wachleben und seine wahrscheinliche Geschichte. So stark kann ein Traumbild sein; und es ist nicht etwa so — wie mancher behauptet —, daß wir uns an einen Großteil unserer Träume erinnern würden, wenn Träumen wirklich wichtig wäre. Nach derselben Logik könnte man sagen, daß Gott uns Flügel gegeben hätte, wenn es uns bestimmt wäre zu fliegen.
Glücklicherweise ist es nicht immer so schwierig, sich an Träume zu erinnern. Manchmal ist es wirklich leicht — vor allem wenn der Traum sehr stark war oder wenn wir unmittelbar nach dem Träumen erwachen, auch wenn wir nicht gezwungen sind, am Morgen sofort nach dem Erwachen aus dem Bett zu springen. Glücklicherweise ist die Traumerinnerung auch eine Fähigkeit, die man erlernen kann.
Hier sind einige Methoden, die Sie jede für sich oder auch kombiniert anwenden können, um sich öfter und klarer an Träume zu erinnern:

1. Sagen Sie sich mehrmals am Tag, daß Sie sich an Ihre Träume erinnern wollen, und wiederholen Sie diese Absicht mit besonderem Nachdruck kurz vor dem Einschlafen.
2. Plazieren Sie in der Nähe Ihres Kopfkissens ein Kräutersäckchen, ein Duftkissen oder eine andere Duftessenz als »Traumanreger«. Die Tatsache, daß Sie diesen Duft bewußt mit Ihren Träumen in Verbindung gebracht haben, kann bewirken, daß Sie sich in den Augenblicken der Benommenheit nach dem Aufwachen an Ihren Traum erinnern.
3. Legen Sie sich Stift und Papier (oder ein Traumtagebuch) neben das Bett, um Ihre Traumbilder aufschreiben zu können, sobald Sie sich an sie erinnern — sogar mitten in der Nacht. Allein das Wissen, daß diese Dinge da sind, wird Ihnen schon das Erinnern Ihrer Träume erleichtern.
4. Trinken Sie ein Glas Wasser, bevor Sie zu Bett gehen. Es wird Ihnen helfen, früher oder öfter aufzuwachen.

5. Vermeiden Sie Alkohol oder Drogen vor dem Schlafen. Diese Substanzen können den REM-Schlaf unterdrücken.
6. Stellen Sie Ihren Wecker auf eine frühere Zeit als sonst. Vielleicht überraschen Sie sich mitten in einem Traum. Variieren Sie im Laufe einer Woche oder eines Monats die Zeiten, zu denen Sie sich wecken lassen, damit Ihr Schlaf nicht immer nach dem gleichen Muster abläuft.
7. Schreiben Sie vor dem Zubettgehen ein paar Zeilen darüber auf, was Sie den Tag über getan und wie Sie sich gefühlt haben, und denken Sie dabei daran, daß Ihre Träume etwas über diese Ereignisse und Gefühle aussagen können. Diese Aktivität wird Sie dahingehend beeinflussen, daß Sie sich an Ihre Träume erinnern wollen, um sie mit der Verfassung vergleichen zu können, in der Sie sich kurz vor dem Einschlafen befanden.
8. Wenn Sie erwachen, egal, ob mitten in der Nacht oder morgens, dann bleiben Sie eine Minute ruhig liegen, und konzentrieren Sie sich darauf, sich an Ihre Träume zu erinnern. Wenn Sie so nicht weiterkommen, fragen Sie sich selbst, wie Sie sich fühlen. Die beste Möglichkeit, einen Traum zu rekapitulieren, an den Sie sich nicht richtig erinnern, ist, sich von Ihren Gefühlen zu ihm zurückführen zu lassen. Während Sie so Ihre Gefühle erforschen, werden Bilder auftauchen, und diese Bilder sind wahrscheinlich die gleichen, die Sie nachts im Traum gesehen haben; wenn nicht, so können sie Sie dennoch zu Ihren Traumbildern zurückführen.

   Anstatt Ihre Gefühle zu erforschen, können Sie versuchen, sich zu fragen, was Sie denken. Für viele Menschen ist die Grenze zwischen Fühlen und Denken nicht sehr klar.
9. Wenn Sie sich an einen Traum erinnern, sollten Sie ihn aufschreiben, selbst wenn Sie nur ein paar Stichworte notieren. Ein besonders eindrucksvolles Traumbild sollten Sie

vielleicht auch kurz skizzieren (hierzu später detailliertere Vorschläge).

10. Seien Sie während des folgenden Tages aufmerksam für Gefühle oder Ereignisse, die Erinnerungen an Ihr Traumleben in der vorigen Nacht wachrufen. Oft erinnern Sie sich erst dann an einen Traum, wenn Ihnen im Wachleben etwas begegnet, das in einer Beziehung zum Traum steht.

Ihre Neugier und Ihr Interesse an Ihrem Traumleben wachzuhalten ist der größte Schritt, den Sie zur Verbesserung Ihrer Traumerinnerung machen können. Zudem ist es der wichtigste Faktor, wenn Sie lernen wollen, Ihre Träume zu deuten. Wie ein Kind, das seinen Eltern aufmerksam lauscht, werden Sie bald die Sprache Ihrer Träume erlernen und dieser Sprache Sinn verleihen durch die Art, wie Sie Ihr Leben gestalten.

Das Aufschreiben von Träumen

Die Beschäftigung mit Träumen kann, wie ich schon erwähnte, eine großartige Übung sein, um Ihre Ausdrucksfähigkeit zu verbessern. Auch wenn Sie nicht erwarten können, daß es Ihnen gelingt, einen ganzen Traum so festzuhalten, wie er wirklich war, können Sie versuchen, ihn zu beschreiben; und Sie werden dadurch unvermeidlich neue, phantasievollere Möglichkeiten finden, Ihre Gedanken, Gefühle und Erfahrungen in Worte zu fassen.
Sie werden sich dann vielleicht selbst mit einer Traumbeschreibung überraschen, die nicht nur für sich genommen schön ist, sondern auch etwas über den Sinn des Traumes enthüllt. Eine Bekannte beschrieb ein Traumbild einmal mit den Worten: »Ein riesiger Schatten, der über mir dröhnte wie der Geist eines Elefanten.« Die Worte »dröhnen« und »Geist eines Elefan-

ten«, die sie benutzt hatte und die im Traum selbst gar nicht vorkamen, machten ihr klar, daß der Traum etwas über ihre Klavierstunden aussagte. Das Wort »dröhnen« erinnerte einerseits an den Klang des Flügels, andererseits ähnelte es dem Namen des Klavierlehrers, und der »Geist eines Elefanten« hatte zu tun mit den hohen Beinen des Flügels und seinen Elfenbeintasten.

Vielleicht erfinden Sie auch spontan neue Worte, um die spezielle Atmosphäre eines merkwürdigen Traumdetails oder Ereignisses festzuhalten. Ich kenne jemanden, der beim Notieren seiner Träume den Ausdruck »Heuchelmörder« erfand, um eine häufig auftauchende Gestalt in seinen Träumen zu bezeichnen, die sich fügsam und mitleidig gibt, sich aber früher oder später als unheimlich und verschlagen entpuppt. Eine andere Partnerin aus einer Traumgruppe schuf das Wort »Stichelleid«, um einen Vorfall in einem Ihrer Träume zu beschreiben, in dem ihr Traumselbst sich furchtbar über eine banale Beleidigung aufregte. Auf welche Weise Sie auch versuchen, Ihre Träume in Worte zu fassen, mit der Zeit werden Sie so viel Übung haben, daß Sie vage Gefühle besser beschreiben können und Erfahrungen, die romanhaft und irrational sind, zu artikulieren vermögen.

Die meisten Träume sind so unwirklich und so nonverbal, daß Sie den Träumer geradezu herausfordern, seine Bilder und Gefühle in Worte zu kleiden, und diese Herausforderung muß jemand, der ernsthaft an Traumarbeit interessiert ist, annehmen. Es ist wunderbar einfach, verbale Kreativität zu üben, indem man Träume aufschreibt; wirklich aufregend beim Führen eines Traumtagebuches jedoch ist die Möglichkeit, die es einem gibt, die Träume für das Wachbewußtsein verständlicher und damit auch sinnvoller und auswertbarer zu machen. Ein Traumtagebuch dient nicht nur als unschätzbare Hilfe zur Erinnerung der Träume, sondern auch als Anregung dazu,

Träume in die Tat umzusetzen. Denken Sie an die Geschichte von Adam, der den Tieren ihre Namen gab; der biblischen Überlieferung nach war das die erste Tat des Menschen. Die Tiere mögen schon dagewesen sein, bevor sie ihre Namen bekamen, aber erst der Akt der Benennung macht es dem menschlichen Geist möglich, sie zu erkennen, und damit, sie sich vorzustellen. Am Anfang jeder geistigen Aktivität steht das Wort.

Manche Traumarbeiter ziehen das gesprochene Wort dem geschriebenen vor, vor allem nach dem Erwachen, und so sprechen sie ihre Träume auf Tonband und schreiben sie später zu einem günstigeren Zeitpunkt ab. Die meisten Menschen jedoch finden es besser, ihre Träume so rasch wie möglich nach dem Erinnern aufzuschreiben, denn das ist insgesamt weniger zeitaufwendig, selbst wenn die Notizen nicht so ausführlich und gründlich sein mögen wie Transkriptionen vom Tonband. Welche Methode Sie auch anwenden, am Ende sollte ein schriftliches Traumtagebuch stehen, das man jederzeit leicht benutzen kann, um etwas nachzulesen.

Je häufiger Sie Ihre Träume niederschreiben und je schneller Sie das nach dem jeweiligen Traum tun, desto besser. Es ist unmöglich, sofort zu beurteilen, ob ein Traum für Sie einen Wert haben wird – denn das bedarf einer gewissen Zeit, in der Sie vollkommen wach sind und nachdenken können. Leider läßt jede Minute des Wachseins einen Traum immer mehr verblassen.

Ich habe herausgefunden, daß es mir fast immer gelingt, den ganzen Traum der Vergessenheit zu entreißen, wenn ich mir die Mühe mache, sofort nach dem Erwachen auch die fragmentarischsten Eindrücke festzuhalten, die ich von einem Traum habe. Im Laufe des Tages kommt mir dann immer mehr Material zu diesem Traum in Erinnerung, was sehr viel weniger der Fall ist, wenn ich in diesen ersten, entscheidenden Minuten nichts niedergeschrieben habe. Mark Barasch, Herausgeber des *New Age Journal*, rät folgendes:

> »Verachten Sie auch nicht die kleinsten Traumfragmente. Diese scheinbar zufälligen Rückstände sind oft ein holographisches Bild des ganzen Traumes; sie erinnern sehr an diese tiefgefrorenen Essen für unterwegs, die in ihrem Behälter wie Hobelspäne aussehen, aber mit etwas Mühe zu einem passablen Bœuf Stroganoff zubereitet werden können« (aus: »A Hitchhiker's Guide to Dreamland« [»Führer für ›Tramper‹ zum Traumland«], *New Age Journal*, 23. Oktober 1983, S. 39).

Im Idealfall sollte ein Eintrag ins Traumtagebuch so schnell wie möglich nach dem Traum und so vollständig wie möglich gemacht werden, doch dieses Ideal entspricht nicht immer der wirklichen Situation. Die Ausführlichkeit, Gründlichkeit und Komplexität Ihrer Notizen sollte in Einklang mit Ihren persönlichen Möglichkeiten und Ihrem Lebensstil sein. Sonst geraten Sie leicht in Versuchung, das Aufschreiben völlig aufzugeben. Im Grunde ist irgendeine kurze Notiz besser als gar keine.
Im folgenden nenne ich einige Richtlinien für das Führen eines Traumtagebuches, die als Orientierungshilfe dienen sollen:

1. Verwenden Sie ein Tagebuch ausschließlich für Träume. Die meisten Menschen finden, daß sie mit dieser Methode schneller und einfacher Bezüge zwischen einzelnen Träumen herstellen können. Manche Menschen ziehen es allerdings vor, ein Traumtagebuch in ihr normales Tagebuch einzubeziehen, damit sie leichter Verbindungen zwischen Ihrem Wach- und Ihrem Traumleben herstellen können. Wenn Ihnen letztere Methode eher zusagt, sollten Sie eine

Möglichkeit suchen, Ihre täglichen Einträge von den notierten Träumen zu unterscheiden (indem Sie beispielsweise verschiedene Farben zum Aufschreiben verwenden oder die Traumeinträge am Rande kennzeichnen).

2. Legen Sie Ihr Traumtagebuch in die Nähe Ihres Bettes, wo Sie es ohne Mühe erreichen können. Wählen Sie ein Format für dieses Tagebuch, das Ihnen die Benutzung im Bett und mitten in der Nacht erleichtert. Vielleicht ziehen Sie ein kleines Buch vor, weil es weniger sperrig ist, oder vielleicht auch ein großes, weil Sie es im Dunkeln leichter finden und benutzen können, oder auch eine feste Schreibunterlage, auf der Sie einzelne Blätter befestigen können, die Sie später in einen Ordner heften.
3. Sorgen Sie abends vor, daß verschiedene Schreibwerkzeuge zur Hand sind, für den Fall, daß eines davon nicht funktioniert, und daß die Beleuchtung geeignet ist. Sie sollte nicht so hell sein, daß sie einen zu wach macht (auch mit Rücksicht auf den Partner!), und nicht so gedämpft, daß Sie nicht richtig sehen, was Sie schreiben. Manche Menschen benutzen einen Kugelschreiber mit Taschenlampe, um im Dunkeln zu schreiben.
4. Wenn Sie aus einem Traum erwachen, bleiben Sie liegen, und nehmen Sie sich einige Augenblicke Zeit, um den Traum in Gedanken noch einmal so vollständig wie möglich wiederzuerleben. Dann wiederholen Sie ihn sich mit Worten, bevor Sie ihn niederschreiben. Das wird Ihnen helfen, den Traum nicht zu vergessen, während Sie sich die Zeit nehmen, den Eintrag zu verfassen. Es wird auch dazu beitragen, daß Sie sich daran erinnern, wie Sie sich während des Traumes fühlten, was oft bei der gedanklichen Beschäftigung mit den Fragen »wer, was, wo, wann, warum?« übersehen wird.
5. Schreiben Sie den Traum, wie er gerade kommt, ohne

Überlegung hin. Machen Sie sich keine Gedanken über Satzstruktur und Grammatik, sondern bemühen Sie sich, den Traum genau und vollständig festzuhalten. Das wird oft bedeuten, daß Sie nur ein paar Sätze niederschreiben, da Sie nicht sicher sein können, was sonst noch alles geschah oder wie diese Bilder zusammenhingen. Strengen Sie sich nicht an, ein logisches, lineares Szenarium, bei dem Ursache und Wirkung eine Rolle spielen, zusammenzustellen, wenn es in Ihrem Traum (oder genauer in der Erinnerung an Ihren Traum) nicht vorhanden war.

6. Fügen Sie diesem Eintrag keine interpretierenden Bemerkungen zu. Die Interpretation folgt später, vielleicht in Ihrem Tagebuch, vielleicht auch nicht, je nachdem, was Ihnen lieber ist. Manche Träumer ziehen es vor, ihre Traumtagebücher »rein« zu erhalten, also unbeeinträchtigt durch interpretierende Bemerkungen, die sie anderswo festhalten.
7. Es ist sinnvoll, einen Traum in der Gegenwart zu notieren, so als erlebten und erzählten Sie ihn gleichzeitig. Das läßt Sie konzentrierter bei dem bleiben, was wirklich geschehen ist, und verleiht dem Traum beim Wiederlesen mehr Unmittelbarkeit.
8. Bemühen Sie sich, ebenso über Ihre Gefühle im Traum zu berichten wie über die Ereignisse. Wenn Sie Schwierigkeiten haben, Ihre Gefühle zu beschreiben oder sich auch nur an sie zu erinnern (ein verbreitetes Problem in unserer westlichen technokratischen Zivilisation, die dazu neigt, Gefühle abzuwerten), stellen Sie sich selbst Fragen, die dazu dienen, Ihre Gefühle, die Sie in den verschiedenen Stadien des Traumes hatten, wachzurufen, beispielsweise »Wie fühlte ich mich, als das geschah? Hatte ich Angst? War ich heiter, zitterte ich? War mir warm? War ich von

Ehrfurcht ergriffen? War ich ärgerlich? War ich gleichgültig?«

Es ist gut, sich zu bemühen, nicht in Metaphern zu verfallen, wenn man seine Gefühle im Traumtagebuch beschreibt, »Ich fühle mich wie ein Roboter« beispielsweise oder »Ich fühle mich wie in einem Horrorfilm«. Diese intellektuellen Metaphern für Gefühle gehen oft über eine klare Beschreibung (die Sie in diesem Augenblick anstreben) hinaus und sind schon eher Interpretation (die am besten ein eigener, späterer Vorgang sein sollte). Ein Trick, der einem helfen kann, sich unmittelbarer auf seine primären emotionalen und körperlichen Empfindungen zu konzentrieren als auf seine metaphorischen Gefühle, besteht darin, Sätze wie »Ich fühle mich wie« oder »Ich fühle mich, als ob« zu vermeiden und zu versuchen, einfach den Satz »Ich bin« zu benutzen.

9. Mit der Zeit wollen Sie vielleicht ein Zeichensystem entwickeln, das Sie bei Ihren Traumeinträgen für bestimmte Zwecke benutzen. Hier sind einige Vorschläge:

— Ziehen Sie eine Wellenlinie zwischen den Worten, um eine Einzelheit oder eine Sequenz des Traumes anzuzeigen, die Sie vergessen haben.
— Ziehen Sie eine Wellenlinie unter einem Wort, wenn es nicht genau das richtige ist, Ihnen aber im Moment kein besseres einfällt.
— Setzen Sie ein Bild in Anführungszeichen, das nicht wirklich dem entspricht, was Sie meinen (beispielsweise »Ich sitze in meiner ›Wohnung‹«, wenn etwa die Wohnung in Ihrem Traum nicht Ihrer wirklichen Wohnung entspricht).
— Benutzen Sie ein großes X mit einem Kreis darum, um einen plötzlichen Szenenwechsel anzuzeigen.

— Wenn Sie sich über die Reihenfolge der Ereignisse nicht sicher sind, verdeutlichen Sie das, indem Sie jedes Ereignis in einem eigenen Absatz schildern.

10. Erlauben Sie es sich, Ihren Traumeintrag durch Zeichnungen zu ergänzen. Sie können wertvolle Kürzel sein für Dinge, die Sie mitteilen wollen, und zudem Ihre Erinnerung und Ihre Phantasie auf eine Weise stimulieren, wie das durch Worte vielleicht nicht möglich ist. Grundrisse oder Landkarten können wirksamer und verständlicher als Prosa Ereignisse, Entwicklungen und Bewegungen verdeutlichen. Bilder wichtiger Objekte und Muster können sehr vielsagend sein, wenn Sie darangehen, Ihren Traum zu interpretieren.
11. Geben Sie dem Traum einen Titel. Der erste Einfall dazu ist meistens der beste, da er wahrscheinlich Ihre Grundverfassung im Traum oder Ihre erste Reaktion darauf ausdrückt. Oder Sie erfinden einen Titel zu einem der wichtigsten Bilder des Traumes, am besten zum ausgefallensten. Der Titel wird Ihnen helfen, den Traum in Erinnerung zu behalten, und kann auch als Hilfe beim Nachschlagen dienen.
12. Datieren Sie den Traum, um ihn leichter wiederaufzufinden. Um der Eindeutigkeit willen sollten Sie das Datum des nächsten Morgens wählen.
13. Notieren Sie auch alle wichtigen Begleitumstände des Traumes. Sie können beispielsweise aufschreiben, ob er Sie aufgeweckt hat, ob Ihr Partner Sie schreien oder sprechen gehört hat oder ob Sie den Traum hatten, nachdem Sie den Wecker ausgeschaltet haben und wieder eingeschlafen sind.
14. Lassen Sie um jeden Eintrag herum einen breiten Rand frei und danach ebenfalls etwas freien Platz, damit Sie später noch etwas nachtragen können, zum Beispiel weitere Erin-

nerungen an den Traum oder Kommentare, die sich aus späterer Traumarbeit ergeben. Wenn Sie sich angewöhnen, jeden Eintrag am Anfang einer Seite zu beginnen, läßt Ihnen das meistens genug Raum und erleichtert zudem das Wiederfinden von Träumen.

15. Lassen Sie, wenn Sie reisen, Ihr Traumtagebuch zu Hause, damit Sie nicht riskieren, es zu verlieren. Notieren Sie Ihre Reiseträume auf einzelnen Blättern. Wenn Sie nur jeweils eine Seite eines Blattes beschreiben und die Blätter ein wenig kleiner sind als die Ihres Tagebuches, können Sie die losen Blätter etwas später einkleben oder einlegen und dadurch die richtige Reihenfolge der Träume beibehalten.
    Wenn Ihre Reise lang ist und Sie viel Zeit haben, möchten Sie Ihr Tagebuch vielleicht mitnehmen und sich ausführlich mit früheren Träumen beschäftigen. Dann ist es gut, wenn Sie Name und Adresse oder Telefonnummer in den Einband des Tagebuches schreiben; es könnte aber auch sein, daß Sie nicht wollen, daß jemand Ihren Namen mit solch einem intimen Dokument in Verbindung bringt.

Arbeiten mit dem Traumtagebuch

Ein Traumtagebuch zu führen ist an sich schon gut und sinnvoll. Da es Sie dazu zwingt, sich beim Niederschreiben näher mit Ihren Träumen zu beschäftigen, wächst die Chance, daß Ihre Träume auch in Ihrem Langzeitgedächtnis haftenbleiben. Am meisten haben Sie jedoch von einem Traumtagebuch, wenn Sie es von Zeit zu Zeit wiederlesen. Nur dann können Sie nämlich ein Gespür für die allgemeine Qualität Ihres Traumlebens entwickeln und dafür, wie es Ihr Wachleben beeinflußt und durch das Wachleben beeinflußt wird. Diese Einsichten sind dann möglicherweise ein entscheidender Faktor dafür, daß Sie Ihre Träume benutzen können, um Ihre Lebensziele zu erreichen, wie wir in den folgenden Kapiteln sehen werden.

Versuchen Sie, methodisch vorzugehen, wenn Sie Ihr Tagebuch wiederlesen. Stellen Sie sich einen Zeitplan zum Wiederlesen der Träume auf, der dem Umfang Ihrer Eintragungen ins Tagebuch entspricht: also zwischen einmal in der Woche (wenn Sie wenigstens drei oder vier Träume in diesem Zeitraum aufgeschrieben haben) bis zu einmal im Monat oder einmal alle sechs Wochen. Eine noch seltenere Lektüre ist nicht empfehlenswert, wenn Sie mit Ihrem Traumleben in Berührung bleiben wollen.

Viele »Traumarbeiter« finden es wichtig, zusätzlich zu den üblichen Zeiten Ihr Traumtagebuch zu bestimmten Gelegenheiten wiederzulesen, wie zum Geburtstag, zum Neujahrstag, in den Sommerferien oder zur Frühlings- oder Herbstsonnenwende. Ein Amateur-»Sterngucker«, den ich kenne, legt seine regelmäßige Lektüre immer auf die Tage um den Vollmond. Wenn Sie dem Wiederlesen etwas Zeremonielles geben — entweder regelmäßig oder auch nur gelegentlich —, kann das dazu beitragen, die ganze Sache anziehender und eindrucksvoller zu machen und das Erinnerungsvermögen zu stärken.

Sinn der Arbeit mit dem Traumtagebuch ist es, Grundmuster Ihrer Träume herauszuarbeiten: häufig auftretende Charaktere, Geschichten, Themen, Örtlichkeiten, Objekte, Verhaltensweisen oder Emotionen. Sie können sich diese Grundthemen entweder merken, während Sie das Tagebuch durchlesen, oder sie mit Hilfe einer Liste herauszufinden versuchen. Dieses Vorgehen wirft Licht auf die dominierendsten Inhalte und Gefühle Ihres Traumlebens, denen nachzuspüren sich auch im Wachleben lohnt. In den folgenden Kapiteln finden Sie spezielle Vorschläge für das Festhalten von Grundmustern in

Traumbildern und für die Anwendung dieses Wissens bei der Traumarbeit.
Vielleicht wollen Sie Ihre Träume auch in verschiedene Kategorien unterteilen, beispielsweise:

1. Alpträume,
2. mediale Träume (Träume, die entweder telepathische oder hellseherische Qualitäten zu haben schienen oder wirklich hatten),
3. aktive Träume, im Gegensatz zu passiven Träumen (Träume, die dadurch bestimmt werden, wie weit Sie den Lauf der Ereignisse selbst bestimmt haben),
4. Wunscherfüllungsträume (Träume, bei denen es um geheime Wünsche geht),
5. Träume vom Fliegen (Träume, in denen Sie vielleicht mit irgendwelcher magischen Hilfe fliegen können),
6. luzide Träume (Träume, in denen Sie sich bewußt sind, daß Sie träumen),
7. Träume, in denen sie glauben, Sie seien erwacht, und dann merken, daß Sie immer noch träumen,
8. Träume, bei denen Sie glauben, Ihren Körper zu verlassen und ihn von außerhalb zu sehen,
9. physiologische Träume (Träume, in denen Sie ungewöhnlich starke Körperempfindungen haben wie Wärme, Kälte, den Drang zum Urinieren, Durst oder Hunger),
10. weise Träume (Träume, in denen Sie etwas Entscheidendes gelernt zu haben glauben).

Wenn Sie Ihr Traumtagebuch immer wieder lesen, werden Sie erstaunlich viel darüber erfahren, wer Sie sind und was Sie motiviert, und Sie werden sich schließlich Ihre eigenen, nur für Sie selbst bedeutungsvollen Kategorien schaffen. Eine Teilnehmerin meiner Traumgruppe beispielsweise merkte plötzlich beim Wiederlesen Ihres Traumtagebuches, daß sie in ihrem Traumleben wie in ihrem Wachleben unglaublich fasziniert vom menschlichen Nacken war. Sie sammelt nun eigens »Nackenträume«. Leser, die Beiträge für das *Dream Network Bulletin* schreiben, befassen sich darin oft mit Themen, die von besonderem Interesse für sie sind, zum Beispiel ein Naturfreund, der immer auf der Suche nach Falkenträumen ist, da der Falke sein Lieblings- oder Totemtier ist; ein Baseballwerfer, der besonders auf alle Träume achtet, in denen er etwas durch die Luft wirft, und eine Computerspezialistin, die jeden ihrer Träume, in dem es um Hardware, Software, Programmieren oder Systemanalysen geht, aufschreibt und vergleicht (natürlich auf ihrem Computer).

Mir macht es Spaß, Redensarten zu sammeln. Ein Beispiel ist ein Bild aus einem meiner jüngsten Träume, der mich wochenlang beschäftigte. Eine Gruppe von Freunden kniete in meinem Wohnzimmer auf dem Teppich und zerschnitt ihn mit langen, spitzen Scheren. Es machte mir Spaß, ihnen dabei zuzusehen, ich wußte aber nicht, warum. War ich ein Masochist? fragte ich mich. Als ich mein Traumtagebuch ein paar Wochen später wieder durchlas, sah ich, daß ich im letzten Monat mehrere Male von dem Haus meiner Großmutter geträumt hatte, in dem ich als Kind oft gewesen war, auch in der Nacht, als ich den Teppichtraum hatte. Plötzlich wurde mir klar, daß meine Freunde in diesem Traum getanzt hatten. Meine Großmutter hatte für Tanzen oft den Ausdruck »cut a rug«* benutzt, und das hatte mich als Kind sehr fasziniert. Da ich nicht wußte, was der Ausdruck wirklich bedeutete, nahm ich ihn wörtlich und glaubte, es wäre etwas Hübsches, was die Leute tun, wenn Sie sich vergnügen wollen.

* Auf deutsch wörtlich »den Teppich zerschneiden«, entspricht etwa unserem Ausdruck »die Schuhe durchtanzen«

Die plötzliche Erkenntnis, die ich aus dem Wiederlesen meines Traumtagebuches gewann, erschloß mir erst den Sinn dieses Traumes. Sie regte mich auch zu der Frage an, wie viele unserer ungewöhnlichen Traumbilder, vor allem wenn sie mit Redensarten zu tun haben, auf unsere frühe Kindheit zurückgehen, in der wir über den Sinn gewisser Worte und Ausdrücke rätselten oder keine Unterscheidung zwischen gleichklingenden Wörtern machten. Ich habe jedenfalls für Träume dieser Art eine Kategorie mit dem Namen »Kindheitsüberbleibsel« geschaffen.

Der nächste Schritt nach der Erinnerung, dem Aufschreiben und dem Wiederlesen von Träumen ist die Interpretation. Man könnte meinen, daß es sich dabei um etwas Kompliziertes handele, aber in Wirklichkeit ist es ein leichter, fließender, fast automatischer Vorgang. Es ist jedoch wichtig, die Vorstadien zu unterscheiden, wenn man mit einem Traum zurechtkommen will, denn viele Menschen beginnen einen Traum sofort zu interpretieren, nachdem sie ihn hatten. So lassen sie die entscheidende »Inkubationszeit« aus, die dem Traum reiche Gelegenheit gibt, für sich selbst zu sprechen.

Wenn wir uns nicht zunächst die Zeit nehmen, uns an einen Traum so lebhaft und so getreu wie möglich zu erinnern und uns danach nicht den Spielraum lassen, ihn wiederaufleben und sich in uns bewegen zu lassen, laufen wir Gefahr, nur oberflächliche Urteile über die Bedeutung dieses Traumes fällen zu können. Solche Urteile sind letztlich aus zwei Gründen unbefriedigend. Erstens ist uns das große Abenteuer entgangen, etwas Neues zu lernen. Statt dessen haben wir — wie so viele irregeleitete Studenten heutzutage, die sich unter den Druck setzen lassen, eine richtige Antwort zu produzieren — für etwas Rätselhaftes eine allzu schnelle Lösung zusammengebastelt. Zweitens können solch oberflächliche Urteile über die Bedeutung des Traumes den gesamten Traum ganz ungerechterweise

als oberflächlich erscheinen lassen. Und wenn sie sich einmal in unserem Kopf festgesetzt haben, können sie ein Hindernis für das tiefere Verständnis des Traumes darstellen.
Im nächsten Kapitel werden Möglichkeiten besprochen, wie wir unsere Träume auf eine Weise interpretieren können, die es uns möglich macht, sie voll auszuschöpfen. Wenn wir uns ein wenig Mühe geben, können wir erreichen, daß jeder Traum unsere Phantasie belebt und unser Schicksal auf positive, inspirierende Weise beeinflußt.

3. KAPITEL

Wie man seine Träume deutet

In ihren Untersuchungen des menschlichen Gehirns lernen die Fachleute im allgemeinen mehr durch die Beobachtung von Fehlfunktionen als durch die Beobachtung normaler oder außergewöhnlicher geistiger Leistungen. Das erlebte auch Oliver Sacks, ein amerikanischer Neurologe, als er mit einem jungen Mädchen arbeitete, das er Rebekka nannte.

Als Sacks Rebekka das erstemal sah, schienen ihre Ungeschicklichkeit im verbalen Ausdruck, ihre wiederholte Unfähigkeit, einfache Anordnungen zu befolgen, sowie ihre katastrophale Leistung bei IQ-Tests zu bestätigen, was alle über sie gesagt hatten: daß sie hoffnungslos schwachsinnig sei. Mit der Zeit entdeckte Sacks jedoch eine Dimension in Rebekkas geistigem Leben, die ihn tief beeindruckte. Sie reagierte mit ungewöhnlicher Sensibilität auf die Liturgie, die Gebete und Riten des orthodoxen Judaismus. Sie liebte es, Geschichten und Gedichte zu hören, und zeigte dabei eine ausgeprägte Auffassungsgabe selbst für die komplizierteste metaphorische Sprache. In den Augenblicken großer Traurigkeit oder Freude konnte sie sich durch wunderschöne symbolische Bilder ausdrücken, die nur so aus ihr hervorsprudelten. Und dann waren da ihre Träume, die vor allem nach dem Tod ihrer geliebten Großmutter besonders lebhaft waren und ihr viel bedeuteten — und die sie selbst geschickt und lebendig mitteilte.

Was sollte Sacks mit solch einem rätselhaften Geschöpf anfangen, das auf der einen Seite so unfähig und auf der anderen Seite so begabt war? Er fand die Antwort in einer blitzartigen Erkenntnis: Rebekka war ein »erzählendes Wesen«. Sie verließ sich ausschließlich auf erzählende Symbole und Ausdrucksweisen, um ihre Welterfahrung mitzuteilen, und nicht auf strukturbezogene, problemlösungsorientierte und logische Aussageformen. In dieser Hinsicht, so fand Sacks, war sie, wir wir alle als Kinder waren:

> »Sehr kleine Kinder lieben und fordern Geschichten und können komplexe Zusammenhänge verstehen, wenn sie als Geschichten dargeboten werden, während ihre Auffassungsgabe für allgemeine Begriffe und Paradigmen fast völlig fehlt. Diese erzählerischen oder symbolischen Formen vermitteln also ein Weltempfinden, konkrete Realität in der imaginativen Form von Symbolen und Geschichten, wo abstraktes Denken nichts dergleichen zu vermitteln vermag« (aus Oliver Sacks, *The Man Who Mistook His Wife for a Hat*, New York 1987, S. 183 f.).

Meiner Meinung nach sind Träume ein Produkt dieses erzählenden Teils unseres Wesens, der darum kämpft, Sinn in unseren immer wieder rätselhaften Erlebnissen zu finden. Wie die Psychologen uns sagen und wie sich mancher von uns erinnert, waren wir als Kinder ganz in Einklang mit unseren Träumen. Als Erwachsene betonen wir voller Überzeugungskraft unser funktionales oder rationales Wissen und achten oft kaum auf die poetische Weisheit, die wir in unseren Träumen zum Ausdruck bringen. Unsere Träume haben für uns nicht mehr viel Sinn, da wir unter dem gesellschaftlichen Druck dazu erzogen wurden, Sinn nur im Rationalen zu sehen, in dem, was jeder für »wirklich« hält.

Wenn wir wieder Verbindung zu unseren Träumen aufnehmen, werden wir uns unserer persönlichen Weltempfindung wieder bewußt, unserer persönlichen Wahrheiten und der Geschichten, die wir uns zusammengesponnen haben, um etwas Ordnung ins Chaos zu bringen. Da die meisten von uns sich vorwiegend zu »rationalen« Wesen entwickelt haben, brauchen wir nun — zumindest am Anfang — rein formelle Methoden der Trauminterpretation, um diese entscheidende Beziehung wiederherzustellen.
Wie die Mythen, die den wahren Geist einer Kultur auf eine Weise übermitteln können, wie die auf Fakten bezogene Geschichte es nicht vermag, sprechen auch unsere Träume von unserem Leben anders, als eine faktische Biographie es könnte. Mythen und Träume drücken gleichermaßen das transzendente Wesen des Menschseins aus und benutzen dabei eine Sprache, die sich sehr von der Alltagssprache unterscheidet. Und weil sie sich anders ausdrücken, verlangen sie auch nach einer anderen Art von Aufmerksamkeit. Der Psychoanalytiker Erich Fromm sagt es so:

> »Tatsächlich sind sowohl Träume wie Mythen wichtige Mitteilungen von uns selbst an uns selbst. Wenn wir diese Sprache nicht verstehen, verlieren wir einen großen Teil von dem, was wir in den Stunden wissen und uns sagen, in denen wir nicht damit beschäftigt sind, die Außenwelt zu beherrschen« (aus: Erich Fromm, *Märchen, Mythen, Träume*, Stuttgart 1980, S. 16).

Diese Sprache, die Sprache der Mythen wie der Träume, ist die Sprache der Symbole. Ziel der Traumdeutung ist es, mehr über unsere persönlichen Symbole zu erfahren, über die Bilder, Gefühle und Erzählmuster, die in unserem innersten Dasein und unserer Lebensweise wirksam sind.

Wenn man es kurz definieren will, ist ein Symbol ein Bild, das eine besondere Bedeutung hat. Manche symbolischen Bilder sind scheinbar realistisch, stehen aber für etwas Größeres, verkörpern komplexe Vorstellungen, Gefühle oder Wesenheiten auf eine einfachere, greifbarere und unmittelbarere Weise. Im kollektiven Bewußtsein symbolisiert das Bild eines hölzernen Kreuzes das Christentum; eine rot und weiß gestreifte Fahne mit weißen Sternen in einem blauen Rechteck die Vereinigten Staaten oder eine Schürze die Mutter. Auf persönlicher Ebene kann solch ein Symbol ein rotes Ahornblatt sein, das an die Eröffnung der Fußballsaison Ihrer Heimatstadt erinnert, das Aushängeschild der Kneipe um die Ecke, das die Flucht vor häuslichem Ungemach symbolisiert, oder ein schmelzender Schneekristall, der Sie an das Ende einer winterlichen Liebesgeschichte in der Vergangenheit oder Gegenwart erinnert.
Andere symbolische Bilder sind »erfundene« Wirklichkeiten. Man versucht, Ideen, Gefühle oder Wesen zu beschreiben, die sonst nicht offensichtlich greifbar oder rational erfaßbar sind, indem man sie in Beziehung setzt zu Dingen, die konkret sind — selbst wenn es sich um etwas handelt, das in der Welt, wie wir sie kennen, nicht existiert. Auf kollektiver Ebene haben wir das Bild des Vampirs, der die verwirrende und ungeheuerliche Fähigkeit mancher Menschen symbolisiert, andere zu Opfern zu machen. Auf persönlicher Ebene kann solch ein Bild ein magisches Haus sein, in dem sich Zimmer und Gänge immerzu erweitern und vergrößern und das eine neue Lebensweise symbolisiert, die mehr persönliche Freiheit läßt.
Eine weitere Art von Symbolen ist die, daß ein Bild an die Stelle eines anderen gesetzt wird, weil es etwas mit ihm gemeinsam hat. Auf kollektiver oder persönlicher Ebene kann solch ein symbolischer Ausdruck die Form einer direkten metaphorischen Assoziation annehmen (wie der Vergleich einer Höhle mit einer Hosentasche, des Schnarchens mit dem Sägen von

Holz oder eines Kopfhaars mit dem Wald), oder es kann die Form eines weniger leicht durchschaubaren Rätsels oder einer Redensart annehmen (wie etwa ein Teller mit heißem Brei für die Weigerung, sich deutlich auszudrücken).

Das Entziffern von Traumsymbolen

Wenn Träume symbolische Erzählungen sind, wie können wir dann übersetzen, was individuelle Traumbilder bedeuten? In Bibliotheken, in Buchhandlungen, ja sogar im Supermarkt können wir zahllose Lexika der Traumsymbole finden. Sehen Sie in einem von ihnen unter »Erdferkel« nach, und man wird Ihnen sagen, es bedeute, daß Sie sich nach etwas Exotischem und Animalischem in Ihrem Liebesleben sehnen; oder daß Sie bald von einem auffallenden Fremden mit großer Nase Besuch erhalten; oder daß eine Autoritätsfigur mit Akzent viel harte Arbeit für Sie bereithält.

Woher sollen Sie nun wissen, welche Interpretation zu Ihrem Traum paßt, ob überhaupt eine von ihnen paßt oder ob alle von ihnen bis zu einem gewissen Grad passen?

Kein Traumlexikon, nur Sie, der Träumer, können bestimmen, was die Bilder von Ihrem Traum bedeuten. Diese Bilder rühren von Ihrer persönlichen Erfahrung her und haben deshalb sehr persönliche Inhalte und Beiklänge. Da das Leben eines jeden Menschen einzigartig ist, kann die Auswahl möglicher Bedeutungen, die ein »Erdferkel« für Sie haben kann, sich sehr von den Bedeutungen unterscheiden, die es für jemand anderen haben kann. Überdies bezieht ein Traumbild einen Großteil seiner spezifischen Bedeutung aus seinem Kontext, das heißt aus seiner Beziehung zu den anderen Bildern im gleichen Traum. Und deshalb lautet die richtige Frage nicht: »Was bedeutet ein Erdferkel, wenn es in einem Traum erscheint?«, sondern: »Warum wählte ich gerade unter all den mir vertrauten Bildern ein Erdferkel aus? Warum ist es das passende Bild für einen bestimmten Traum?«

Während Traumlexika vollkommen nutzlos sind, sofern wir sie nur als Nachschlagewerk benutzen, können sie uns doch Denkanstöße geben, wenn wir auf der Suche nach dem Sinn verschiedenartiger Bilder in unseren Träumen sind. Wie es uns helfen kann, jemand anderen beim Malen zu beobachten, um unsere eigene Malerei zu verbessern, kann uns die Lektüre von Traumlexika — vor allem wenn sie Teil umfassender und ausführlicher Traumbücher sind — helfen, bei unserer eigenen Symbolinterpretation mehr Flexibilität und Phantasie zu entwickeln. Das gilt vor allem im Falle jener Traumbilder, die bekanntermaßen in den Träumen der meisten Menschen wiederkehren.

Zur Verdeutlichung des Gesagten folgen hier einige Musterbeispiele häufiger Traumbilder mit einer kurzen Aufstellung von Deutungen aus verschiedenen Traumlexika:

Unfall:

1. Der Wunsch, sich selbst zu bestrafen, oder die Selbstwahrnehmung als Mensch, der dazu neigt, sich selbst zu bestrafen. Man sieht sich selbst als unfähig oder gefährlich für sich und andere.
2. Das Gefühl, eine bestimmte Lebenssituation gerate aus der Kontrolle.
3. Der Wunsch, Wut oder Angst auf dramatische Art und Weise zum Ausdruck zu bringen.
4. Mißtrauen gegenüber Elementen, die zu diesem Unfall beigetragen haben. Wenn der Unfall beispielsweise in einem Auto stattfindet, könnten Sie Ihrem Wagen oder der Technologie im allgemeinen gegenüber skeptisch eingestellt sein.

Tod:

1. Hinweis auf das Ende eines bestimmten Ereignisses oder einer Lebensphase und auf den Übergang zu einem anderen Ereignis oder einer anderen Phase.
2. Der Wunsch, ein Element Ihres Verhaltens oder irgendeine Situation im gegenwärtigen Leben loszuwerden.
3. Sie stellen sich auf die Probe, ob Sie Angst vor dem Tod haben oder wie sie auf den Tod reagieren werden.
4. Das Gefühl, daß Sie in einer bestimmten Verhaltensweise oder Lebenssituation irgendeine Grenze erreicht haben, von der Sie nicht wissen, wie Sie sie überschreiten können.
5. Der Aufruf, auf irgendeine Weise um das Überleben zu kämpfen.
6. Ein Signal, daß ein überholter Teil von Ihnen sterben muß.
7. Der Wunsch, mit einem höheren Wissen oder einem Verstorbenen in Verbindung zu treten.
8. Der Wunsch nach ungestörter Ruhe oder Frieden.

Fallen:

1. Die Angst, in einer bestimmten Lebenssituation das Gleichgewicht zu verlieren.
2. Die Angst, in irgendeiner Weise an Ansehen zu verlieren.
3. Das Gefühl, daß Sie in einem Lebensaspekt einen »Sprung ins Ungewisse« tun.
4. Innere Erregung oder Beunruhigung in Zusammenhang mit einer starken emotionalen Herausforderung (zum Beispiel Liebe).
5. Das Gefühl, nicht zu wissen, wo Sie stehen, keinen festen Boden unter den Füßen zu haben.
6. Der Wunsch, der »aufrechten« Verantwortung des Erwach-

senenlebens zu entfliehen und in die erdorientierte Welt des Kindes oder des Tieres zurückzukehren.

7. Die Angst, sich Lust oder Vergnügen hinzugeben.

Blumen und Pflanzen:

1. Ein Gefühl für die Schönheit in bestimmten Aspekten Ihres Lebens — ein Gefühl der Liebe und Zärtlichkeit gegenüber etwas Bestimmtem in Ihrem Leben.
2. Das Empfinden, daß Sie ein Heilmittel für eine physische Krankheit oder für eine schwierige Lebenssituation brauchen (da die meisten Medikamente aus Pflanzen gewonnen werden).
3. Ein Signal, daß Sie auf irgendeine Weise Probleme mit Ihren Genitalien haben (da manche Blüten ihre Narben, Griffel oder Staubbeutel usw. so unverhüllt zeigen und viele davon den männlichen und weiblichen Geschlechtsorganen des Menschen gleichen).
4. Der Wunsch, mehr Nähe zur Natur oder zu den natürlichen Aspekten Ihres Lebens zu haben.
5. Der Wunsch, ein verborgenes Talent zum Ausdruck zu bringen.
6. Das Gefühl, Ihre Bemühungen haben Früchte getragen.
7. Das Annehmen des Kreislaufs in der Natur einschließlich des Todes.
8. Die Wahrnehmung einer bestimmten Menschengruppe in Ihrem Leben, der Menschen im allgemeinen oder des Lebens im allgemeinen (falls Sie von üppiger Vegetation oder einer natürlichen, pflanzenreichen Landschaft träumen).

Nacktheit:

1. Das Gefühl, sehr verletzlich, unvorbereitet oder ausgeliefert zu sein.
2. Der Wunsch, mehr aus sich herauszugehen und lästige Konventionen abzuschütteln.
3. Der Wunsch nach mehr sinnlicher Nähe zu Ihrer Umgebung (wenn Sie beispielsweise in der Gesellschaft eines anderen Menschen sind, wünschen Sie sich vielleicht, mit diesem Menschen näheren Kontakt zu haben; wenn Sie bei einer Besprechung im Büro nackt sind, wünschen Sie sich vielleicht, daß solche Besprechungen für Sie persönlich interessanter oder unmittelbarer sein sollen).
4. Das Gefühl, schuldig zu sein oder etwas zu verbergen zu haben.
5. Das Empfinden, weniger zivilisiert, kindlicher oder primitiver zu sein, als Sie sein sollten.
6. Der Wunsch, wie ein kleines Kind oder ein Narr behandelt zu werden, um sich selbst zu bestrafen; um mehr Aufmerksamkeit zu erlangen; um die Erwartungen von seiten anderer Menschen abzuwehren, daß Sie sich wie ein verantwortungsvoller Erwachsener verhalten sollten.

Wasser:

1. Ein Gefühl in Zusammenhang mit der Sexualität, das sich je nach den Umständen im Traum definiert (wenn Sie beispielsweise bei Mondschein in einem wunderschönen Fluß schwimmen, erleben Sie vielleicht in einem Lebensbereich sexuelle Befriedigung oder suchen sie; wenn Sie wütend Eis von der Wand Ihrer Tiefkühltruhe kratzen, erleben Sie vielleicht sexuelle Frustration oder fürchten sich davor).

2. Ein Signal, daß Sie eine stark emotionale Situation erleben, in der Ihre Gefühle unbestimmt und fließend sind.
3. Die Furcht, daß Sie in einem Lebensaspekt nicht in Ihrem Element sind, überschwemmt werden, versumpfen oder ertrinken.
4. Das Gefühl, bestimmte Lebenssituationen seien jetzt sehr fließend und in Veränderung begriffen.
5. Das Gefühl, eine bestimmte Lebenssituation sei sehr chaotisch.

Diese sehr allgemeinen Definitionen von Traumbildern sind nichts als Beispiele für den Akt der Symbolinterpretation. Wenn Sie allerdings Rettungsschwimmer sind, am Meer leben oder regelmäßig Fischbecken reinigen, wird Wasser für Sie eine ganz spezielle Bedeutung haben, die in der Definition des Begriffes Wasser in einem allgemeinen Traumlexikon wohl kaum berücksichtigt werden kann. Wenn Sie vor kurzem an einem Autounfall beteiligt waren, dann haben Sie ein ganz spezielles Bezugsfeld, das sich auf den Begriff Unfälle bezieht und das die Zeit dieses bestimmten Unfalls, die Geschehnisse davor und danach, den Ort, an dem er passierte, und andere ähnliche Orte, die Sie kennen, usw. einbezieht.
Wenn es um spezifische Bilder geht, die in Ihren Träumen erscheinen, müssen Sie den Weg der Symbolinterpretationen selbst gehen. Wenn Sie herausfinden wollen, was jedes Bild bedeutet, können sie natürlich in Betracht ziehen, was andere Menschen für Interpretationsvorschläge machen, doch letztlich gibt es nur drei verläßliche Quellen der Information darüber:

1. Ihre eigenen Gedanken, Gefühle und Erfahrungen in Zusammenhang mit diesem Bild aus dem Wachleben,
2. Ihre Gedanken, Gefühle und Erfahrungen in Zusammenhang mit diesem Bild in anderen Träumen,

3. die anderen Bilder in diesem bestimmten Traum und die Gedanken, Gefühle und Erfahrungen, die sie zu vermitteln scheinen.

Grundschritte der Trauminterpretation

In den folgenden Kapiteln dieses Buches werden Ihnen zahlreiche Experimente vorgestellt, die Ihnen helfen können, Ihre Träume zu übersetzen. Dazu gehört es nicht nur herauszufinden, was die einzelnen Traumbilder bedeuten, sondern auch die Weisheit des Traumlebens ins Wachleben einfließen zu lassen. Jetzt möchte ich Ihnen aber anhand eines konkreten Falles meine eigene Grundtechnik der Trauminterpretation vorstellen, um Ihnen zu zeigen, wie Sie die bisher empfohlenen Richtlinien praktisch anwenden können.
Hier ist meine Eintragung aus dem Traumtagebuch über einen besonders eindrucksvollen Traum, den ich kürzlich hatte. Ich schrieb ihn gleich am nächsten Morgen auf und gab ihm die Überschrift »Das dämonische Kind«:

> »Ich werde von einem Führer durch eine lange Halle auf einem fremden Planeten geleitet, in der Dinge geprüft oder erprobt werden, die Dingen auf der Erde gleichen. Manche von diesen Dingen sind gut gemacht, aber bei allen stimmt irgendeine Kleinigkeit nicht. Das fasziniert mich, beunruhigt mich aber zugleich. Beispielsweise soll die Beleuchtung in der Halle aussehen wie Sonnenlicht, hat aber einen merkwürdig elektrischen Schein. Eine Dampflokomotive kriecht im Schneckentempo ohne Schienen über den Boden. Ein kleiner schwarzer Junge schiebt eine Scarlett O'Hara auf einem Schlitten mit Gummikufen

herum. Schnee fällt statt in Flocken in ganzen Klumpen.

Ich komme schließlich in eine Ecke, in der zwei Mädchen und ein kleiner Junge mit Stöcken auf eine Art hölzernen Lehnstuhl schlagen. Ich bin ganz hingerissen von dem Klang, den sie erzeugen. Ich merke, daß man auf diesem Planeten offenbar so Musik macht — ganz anders als bei uns auf der Erde — und daß diese drei Kinder in der Schule sind. Ein kleines Mädchen versucht die anderen beiden Kinder immer abzuhalten: es sitzt auf dem Stuhl, streckt die Zunge heraus und macht, daß die anderen sich vertun und falsch spielen, wenn der Lehrer nicht in der Nähe ist. Ich schelte sie aus, als wäre ich ihr Lehrer.

Der wirkliche Lehrer kommt, und ich erkläre ihm, was geschehen ist. Das Kind wird weggeschickt, obwohl ich merke, daß der wirkliche Lehrer mir nicht glaubt und eher dazu neigt, das Mädchen zu verteidigen. Als das Kind gerade weggebracht werden soll, hält es mir ein Päckchen schöner handgezeichneter Karten hin. Ich bin überrascht, daß sie mir dieses Päckchen anbietet, und weise es entrüstet zurück. Dann sehe ich, wie sie geht, um es wegzuwerfen; es war ihre einzige Möglichkeit, aber niemand wollte es; es stellt die Zeit dar, die sie hier hatte. Mir bricht das Herz. Ich möchte sie zurückrufen.«

Nachdem ich diesen Traum in mein Tagebuch eingetragen hatte, verbrachte ich ungefähr zwanzig Minuten damit, eine Interpretation auszuarbeiten. Manchmal vergehen Stunden oder sogar Tage, bevor ich dazu komme, mit einem Traum zu arbeiten; ich versuche jedoch nach Möglichkeit, es innerhalb der nächsten vierundzwanzig Stunden zu tun, damit die Emp-

findungen, die ich während des Traumes hatte, noch recht frisch sind.
Ich gehe bei der Interpretation meiner Träume nicht strikt linear und schrittweise vor, doch versuche ich, eine gewisse Ordnung in meine Gedankenfolge zu bringen. Hier folgt eine Skizzierung des Prozesses, wie ich ihn bei dem eben berichteten Traum angewendet habe:

1. Identifizieren Sie die ersten unmittelbaren Gefühle und Eindrücke, die der Traum im allgemeinen in Ihnen auslöst.

Ich war sicher, daß das ein wichtiger Traum war, denn das Gefühl meines plötzlichen Kummers, der Verzweiflung und des Mitleids, die ich unwillkürlich als Brechen des Herzens empfand, war so intensiv, daß es mich tatsächlich aufweckte. Trotz der Schmerzhaftigkeit des Gefühls genoß ich die Erfahrung, durch Emotionen erschüttert zu werden. Es war beinahe lustvoll. Ich erkannte, daß dieser Traum, was immer es sonst mit ihm auf sich haben mochte, meine Empfindungsfähigkeit herausforderte oder übte. Er rüttelte mich auf.
Das eindrucksvollste Element im Traum war das kleine ungezogene Mädchen. Es erschien mit geradezu dämonisch, als ich es das erstemal sah. Ich war sicher, daß ich recht hatte, es zu tadeln. Aber hatte ich wirklich recht? Ich fragte mich, was richtig und was falsch war, und hatte das Gefühl, daß ich irgendwie an der Nase herumgeführt worden war.

2. Konzentrieren Sie sich auf die wichtigsten Bilder, Handlungen und Gefühle im Traum. Finden Sie Grundmuster heraus. Beschreiben Sie die allgemeine Form der Erzählung.

Ich arbeitete sorgfältig heraus, daß die wichtigsten Bilder, Handlungen und Gefühle in dem Traum folgende waren: durch die Halle geführt zu werden, fasziniert und beunruhigt zu sein durch die seltsame Beleuchtung, die im Schneckentempo kriechende Lokomotive; der Junge, der die kindliche Scarlett O'Hara auf dem Schlitten schob; die drei Kinder, die auf dem Lehnstuhl Musik machten; das Verzaubertsein von der Musik, die Störungen durch das dämonische Mädchen, die Wut auf sie, das Ausschimpfen des Mädchens; der Lehrer, der das Kind wegschickt, obwohl er mir nicht glaubt; wie das Mädchen mir die Bilder anbietet, wie ich sie entsetzt zurückweise, wie das Mädchen die Bilder wegwirft; wie ich das Gefühl habe, mir bricht das Herz.
Es gab folgende Grundmuster in dem Traum:

- wiederholte Beispiele unvollkommener Ausgestaltungen (und eine flüchtige Darstellung eines vollkommenen Kunstwerks der Musik),
- Widersprüchlichkeiten wie das elektrische Sonnenlicht, die im Schneckentempo fahrende Lokomotive (Tier — Maschine), die drei Musizierenden (gut und schlecht), mein aus Empörung und Mitleid gemischtes Gefühl,
- verschiedene Situationen, in denen Menschen bewegt werden und nicht selber etwas bewegen. Dazu gehört auch, daß ich durch die Halle geführt werde, daß Scarlett O'Hara geschoben wird, daß die beiden braven Kinder an ihrem Musizieren gehindert werden, daß das kleine Mädchen weggeschickt wird, sogar daß ich emotional bewegt werde, ohne etwas zu tun, daß das Mädchen abgehalten wird, seine Bilder wegzuwerfen.

Die allgemeine Form oder der Fluß der Geschichte war folgendermaßen beschreibbar: Zunächst habe ich Distanz zu den

Dingen, und die Dinge sind künstlich; sie bemühen sich zwar, real zu sein, sind es aber nicht. An einem bestimmten Punkt jedoch werde ich in die Geschehnisse verwickelt. Zunächst bin ich von der Musik verzaubert, dann werde ich wütend über eines der musizierenden Kinder, das sich schlecht zu benehmen beginnt, das dämonische Mädchen. Ich trete sogar in Kommunikation mit ihm. Jetzt habe ich starke Gefühle, die ich in eindeutiges Verhalten einfließen zu lassen versuche. Ich verliere die Fassung. Am Schluß des Traumes bin ich nur noch ein zitterndes Bündel heftiger Gefühle.

3. Notieren Sie sich alle Entsprechungen zwischen einzelnen Bildern, Handlungen, Gefühlen und Mustern in Ihrem Traum und Bildern, Handlungen, Gefühlen und Mustern in Ihrem Wachleben während der letzten Tage.

In der Woche vor dem Traum hatte ich intensiv an einem Buch über das Geschichtenerzählen geschrieben. Die meisten Entsprechungen, die ich zwischen meinem Wachleben und dem Traum entdecken konnte, bezogen sich auf diese Arbeit. In meinem Buch führte ich schreibend meine Leser durch eine seltsame Welt — was natürlich bedeutete, daß ich mich selbst als meinen Leser vorstellen mußte, der durch diese Welt geführt wird. Wie immer beobachtete ich sehr kritisch, was ich schrieb, während ich schrieb.
Obwohl das, was in meinem Traum beschrieben wird, mit keiner der Geschichten übereinstimmt, die ich in dem Buch erzählte, gab es doch Ähnlichkeiten, weil Geschichten im wesentlichen künstliche Schöpfungen sind. Der kleine schwarze Junge war vielleicht inspiriert von einer Figur, die ich am Tag zuvor gesehen hatte: Es war eines dieser altmodischen Werbeschilder, das aussah wie ein schwarzer Diener. Ich hatte daraufhin über Fragen wie Gerechtigkeit oder Vorurteile nachge-

dacht, was mich mit schmerzhaften, komplizierten Gefühlen erfüllte, die einigen meiner Traumgefühle glichen.
Die interessanteste Entsprechung zu meinem Wachleben hatte in vielerlei Hinsicht mit dem hölzernen Lehnstuhl zu tun. Wenn ich Schreibmaschine schreibe, sitze ich auf solch einem hölzernen Lehnstuhl. Es stellte sich dann der Zusammenhang her zwischen dem Stöckeschlagen zum Musikmachen und dem Drücken auf Tasten, um fließende Prosa hervorzubringen. Beim Schreiben erlebte ich, wie im Traum vielerlei intensive Gefühle (einschließlich eines bewußt kultivierten Mangels an Gefühlen).

4. Notieren Sie alle Entsprechungen zwischen einzelnen Bildern, Handlungen, Gefühlen und Mustern in Ihrem Traum und dem Bereich Ihrer früheren oder gegenwärtigen Interessen.

Als Kind liebte ich die »Bizzaro«-Welt in den »Superman«-Comics. »Bizzaro« ist eine Art Parallel-Erde, in der nichts so ganz stimmt. Ich hatte das Gefühl, daß der Inhalt meines Traumes (in dem so viele Kinder vorkamen) durch mein Interesse an solchen Vorstellungsbildern, die ich in der Kindheit gehabt hatte, beeinflußt war.
Ich konnte meinen Weg durch die Halle und meine Konfrontation mit dem kleinen Mädchen zu der Erfahrung in Beziehung setzen, die ich im allgemeinen bei Reisen in ferne Länder habe: Ich fühle mich fremd, merke, daß die Dinge nicht so sind wie zu Hause, und erlebe dann eine Art Durchbruch, wenn ich anfange, mich mit der fremden Kultur vertraut zu machen — und mir bricht dann fast ein wenig das Herz, wenn ich wieder abreisen muß.
Ich liebe die Bilder des amerikanischen Malers Edward Hopper, und die seltsame Beleuchtung erinnerte mich an die Art

von Licht, die auf vielen dieser Bilder zu finden ist und die ein Gefühl der Isolation und Leere vermittelt.

5. Notieren Sie alle Entsprechungen zwischen Bildern, Handlungen, Gefühlen und Mustern im Traum und Bildern, Handlungen, Gefühlen und Mustern in Ihrem kulturellen Umfeld.

Die Scarlett-O'Hara-Figur ist ein uramerikanischer Typus, ein komplexer Charakter, der zugleich das boshafte Kind und den dogmatischen Erwachsenen mit starkem Willen verkörpert. Ich hatte den Eindruck, daß ihre Gegenwart im Traum nicht nur die Bedeutung des Bildes vom ungezogenen Kind unterstrich, das später auftauchte, sondern auch dazu diente, widersprüchliche Aspekte meines Wesens darzustellen.
In Zusammenhang mit diesem Bild fiel mir auf, wie sich eine kulturelle Klischeevorstellung darin ausdrückt, daß ein namenloser Schwarzer einem Weißen dient, der einen Namen trägt, daß ein starker Mann einer passiven Frau dient.
Ich wurde zudem an in unserer Kultur sehr verbreitete Vorstellungen erinnert: daß Kinder in der Schule oft ungezogen sind, um Aufmerksamkeit zu erlangen; daß alle Erwachsenen Kindern als Lehrer erscheinen (und es sogar sein sollten); daß das Trommeln ein primitiver Urrhythmus ist, der dem Herzschlag ähnelt.

6. Notieren Sie alle Entsprechungen zwischen einzelnen Bildern, Handlungen, Gefühlen und Mustern in Ihrem Traum und Bildern, Handlungen, Gefühlen und Mustern in anderen Träumen oder in Ihrem Traumleben im allgemeinen.

Ich habe häufig Träume, in denen Filme gedreht werden oder

die sich auf der Bühne abspielen, und ich merke meistens, daß sie mit meinem Schreiben etwas zu tun haben. Auch träume ich oft von Begegnungen zwischen Kindern und Erwachsenen. Ich erinnerte mich in diesem Zusammenhang an einen Traum, in dem ein erwachsener Fremder mich als Kind zu belehren versuchte, indem er mir mein schlechtes Verhalten vorspielte. Offenbar war in diesem Traum etwas Ähnliches passiert, nur mit umgekehrten Vorzeichen.

7. **Halten Sie fest, was Ihnen der Traum wohl aufgrund aller bis jetzt gesammelter Informationen über Ihr Wachleben sagen will.**

In diesem Stadium meiner Trauminterpretation versuche ich, die ganze Skala von Bedeutungen, die mein Traumszenarium enthalten könnte, zu artikulieren. Dann überprüfe ich diese Deutungen anhand meiner Gefühle, das heißt anhand der emotionalen und manchmal auch physischen Reaktionen, die durch sie ausgelöst werden. Diese automatischen Reflexe zeigen mir sofort, ob eine bestimmte Deutung sinnvoll ist oder nicht. Ich beginne diese Probe, indem ich mir eine Grundfrage stelle: »Bewegt mich diese Interpretation auf besondere Art und Weise? Abgesehen davon, daß sie die Dinge verknüpft, bringt sie eine Saite zum Klingen?«
Oft kann ich keine ganz spezifischen Feststellungen darüber machen, welche Aspekte meines Wachlebens durch bestimmte Traumbilder symbolisiert werden und was diese Bilder über ihr jeweiliges Gegenstück im Alltagsleben aussagen. Dennoch kann ich immer einen allgemeinen Eindruck davon gewinnen, welche Aspekte meines Wachlebens durch einen Traum berührt werden und was der Traum über sie zu sagen vermag. Indem ich diese Trauminformation mit anderen Gefühlen, Gedanken und Eindrücken vergleiche, gewinne ich un-

vermeidlich mehr Verständnis für diese Aspekte meines Wachlebens.

Bei näherer Betrachtung der zahlreichen Bilder und Gefühle in meinem Traum vom dämonischen Kind fand ich folgende Deutungsmöglichkeiten heraus:

— Ärger kann etwas Reinigendes für mich haben: Er kann mich dazu führen, mich mit Menschen und Problemen tiefer zu beschäftigen. Der Ärger, den ich über das dämonische Kind empfand, beeindruckte mich so, daß ich mich besonders bemühte, Sinn darin zu finden. Meine Deutung leuchtete mir ein und schien mir zudem eine besonders wichtige und sinnvolle Anregung zu sein, die ich in meinem Alltagsleben umsetzen konnte, wo ich den Ärger über bestimmte Menschen nicht zum Ausdruck brachte. Die Tatsache, daß ich diese Deutung sinnvoll nutzen konnte, trug dazu bei, daß ich sie akzeptieren konnte.

  Wenn Sie die Bedeutung eines Traumes herauszufinden versuchen, sollten Sie daran denken, daß diese mögliche Bedeutung nicht unbedingt eine geheime im Traum verborgene Botschaft ist, die ihn erst Gestalt gewinnen ließ. Die Bedeutung eines Traumes kann auch in der Wirkung liegen, die er hat — beispielsweise einer wichtigen Idee, die zu formulieren Sie der Traum anregt, sobald Sie begonnen haben, ihn mit Ihrem Wachleben zu vergleichen.

— Ich sollte nicht in Situationen eingreifen, in denen mir das gar nicht zusteht. Auch diese Bedeutung könnte ich aus der Erfahrung mit dem Ausschelten des dämonischen Kindes ablesen. Schließlich war ich nicht der Lehrer des Kindes, ich besuchte den Planeten nur, und mein Handeln führte zu schmerzhaften Emotionen. Obwohl diese Bedeutung dem Sinn der vorherigen Bedeutung zu widersprechen scheint, hat sie deshalb nicht weniger, gleich viel oder größeren Wert. In unserem Wachleben sind wir immer wieder vor Situationen gestellt, die vielfache, oft einander widersprechende Bedeutungen haben, und in unseren Träumen ist das ebenso.

Ich beschloß letztlich jedoch, diese Deutungsmöglichkeit meines Traumes vom dämonischen Kind zu verwerfen. Die Überprüfung beim Wiedererleben des Traumes ergab, daß sie sich einfach nicht richtig anfühlte. Ich empfand es nicht als ambivalent, als ich das Kind tadelte, und wenn ich den Traum als Ganzes betrachtete, war ich sehr dankbar für die Erkenntnis, die aus dieser Tat resultierte.

— Wenn ich ein »Geschenk« (von mir selbst oder von jemand anderem) kategorisch ablehne, muß ich Herzenskummer erleiden. Diese Deutungsmöglichkeit erschien mir sofort sinnvoll. Ich erkannte, daß zu meinem Kummer vor allem die Tatsache beigetragen hatte, daß ich das Kind abwies oder vielmehr, daß ich mich um der Konsequenz willen gezwungen fühlte, es abzuweisen. Da das Kind zugleich symbolische Bedeutung als ein anderer Mensch und als ein Teil meiner selbst hatte, konnte ich das Päckchen mit Bildern sowohl als Geschenk eines anderen Menschen als auch als Talent oder Gabe betrachten, die ein Teil meiner selbst zu bieten hat.

— Mir ist nicht klar, was real ist und was nicht, und ich muß mit dieser Unklarheit zurechtkommen. Ich war aus verschiedenen Gründen versucht, dem Traum diesen Sinn beizulegen. Der Traum stellte mir Bilder vor Augen, die eine verwirrende Mischung aus Wirklichkeit und Phantasie waren. Zudem ist es in der westlichen Kultur des späten 20. Jahrhunderts verbreitet, sich zu fragen, was wirklich ist und was nicht. Schließlich arbeitete ich an einem Buch, das mit Märchen, Mythen und Legenden zu tun hatte und in

dem der Widerspruch zwischen Realität und Phantasievorstellung ein zentrales Thema ist.
Dennoch sagten mir meine Gefühle, daß mein Traum nicht behauptete, ich sei mir im unklaren, was wirklich ist und was nicht. Im ganzen Traum fühlte ich sehr sensibel und sehr genau, was wirklich war und was nicht. Mir wurde bei näherer Betrachtung dieser Deutungsmöglichkeit sogar klar, daß mir der Traum womöglich sagen wollte, daß ich beim Unterscheiden zwischen Realem und Nichtrealem zu kritisch sein könnte. Wäre ich im Traum diesen Fragen gegenüber etwas unbefangener gewesen, hätte ich die bizarren Kopien (die merkwürdige Beleuchtung, die im Schneckentempo fahrende Lokomotive, den Schlitten mit Gummikufen, die Schneeklumpen) als das schätzen können, was sie waren, anstatt sie mit Befremden zu betrachten. Ich hätte mit dem dämonischen Kind konstruktiver und weniger dogmatisch umgehen können.

— Ich muß geduldiger mit anderen und mit dem ungezogenen Teil meiner selbst sein. Ich hatte unmittelbar das Empfinden, daß diese Deutungsmöglichkeit sinnvoll war. Ein Teil meines Herzenskummers war der Wunsch, ich hätte das dämonische Kind besser kennengelernt. Auch hatte ich das Gefühl, daß das dämonische Kind zugleich andere Menschen verkörperte — die mich nur deshalb irritieren können, weil sie anders als ich sind — und jenen anderen Teil meiner selbst, den ich so leicht zu tadeln und zu mißachten geneigt bin, weil er nicht in Einklang mit der äußeren Welt ist.

— Nach strengen Regeln zu leben ist gefährlich und unproduktiv. Ich leitete diese Deutungsmöglichkeit aus verschiedenen Elementen des Traumes ab. Ich hatte das Gefühl, daß die vielen bizarren Kopien in dem Traum darunter litten, daß sie sich so sehr bemühten, die von den Originalen festgelegten »Regeln« zu befolgen. Ich hatte zudem das Gefühl, daß die Störmanöver des Kindes vielleicht symbolisierten, wie sehr der Versuch, vollkommene Musik zu machen, zum Scheitern verurteilt ist und wie er vielleicht sogar zum Verrücktwerden führt (was durch das unkontrollierte Verhalten des Kindes symbolisiert wird). Und schließlich hatte ich das Gefühl, daß die Tatsache, daß ich das Kind dafür verurteilte, die Regeln nicht einzuhalten, irgendwie auf mich zurückfiel. Ich verpaßte die Gelegenheit, ein kostbares und sehr menschliches Kunstwerk zu sehen.

Obwohl ich ahnte, daß der Traum für mich diese Bedeutung hatte, erschien es mir doch keine entscheidende Deutungsmöglichkeit, das heißt keine, auf die ich mein Verhalten im Wachleben einstellen sollte. Sie erschien mir vielmehr eine interessante Idee, über die es sich nachzudenken lohnt.

— Ein wilder Zug meiner Natur, der schwer zu zähmen ist, wenn ich schreibe, ist möglicherweise die Ursache einiger Frustrationen, erweist sich aber vielleicht auch gerade als Antrieb meiner besten, bewegendsten Arbeiten. Wie ich schon sagte, identifizierte ich mich stark mit dem dämonischen Kind. Da es mir unmittelbar einleuchtete, daß die auf dem Stuhl getrommelte Musik meine Schreibbemühungen repräsentierte, konnte ich auch die Idee akzeptieren, daß das dämonische Kind meinen unterdrückten Wunsch symbolisiert, etwas Ursprüngliches »aus dem Bauch heraus« zum Ausdruck zu bringen, anstatt mich zu bemühen, das, was ich zu sagen habe, in eine zivilisierte und kommerziell verwertbare Sprache zu pressen. Wenn ich zu diesen Eindrücken die Tatsache hinzunahm, daß ich so neugierig auf das Päckchen Bilder war (ein passendes Symbol für ein Buch), war unschwer für mich erkennbar, daß dies ein wichtiger Bedeutungsaspekt des Traumes sein mußte.

- Interaktionen mit Menschen werden in einem gewissen Maß schmerzhaft sein, wenn ich Perfektion erwarte oder Konsequenz fordere. Es ist bedeutsam, daß die einzige menschliche Interaktion, die ich im Traum erlebte, mit dem dämonischen Kind vor sich ging. Da diese spezielle Interaktion so herausfiel aus einem im Grunde »kosmischen« Traum (einem Traum, in dem es um die Erforschung eines Planeten ging) und da sie solch überwältigende Folgen hatte, war ich gezwungen, in Betracht zu ziehen, daß sie einen Aspekt meiner Interaktionen mit Menschen im allgemeinen symbolisierte. Ich überprüfte also noch einmal die Gefühle und Bilder meines Traumes im Vergleich zu ähnlichen Erlebnissen in meinem Wachleben und hatte den Eindruck, daß ich wirklich oft selbst darunter leiden muß, wenn ich zuviel Perfektion oder Konsequenz verlange.
- Was Menschen aus ihrer persönlichen Lebenserfahrung mitteilen wollen, ist immer wertvoll. Wieder fand ich eine allgemeine Bedeutung in einem speziellen Beispiel. Wie das dämonische Kind in meinem Traum haben wir alle unsere persönlichen »Päckchen mit Bildern«, die unsere Lebenszeit auf der Erde repräsentieren. Als das Kind mir sein Päckchen anbot, wurde mir plötzlich sein Wert als Individuum klar, und ich kam zu der Überzeugung, daß der Traum mir die Tatsache mitteilte, daß jeder eine wichtige Geschichte zu erzählen hat, auch wenn wir versucht sind, bestimmte Menschen geringzuschätzen.

Wie ich bereits feststellte, kann ein einzelner Traum eine Vielfalt von Bedeutungen umfassen, von denen sich einzelne auch widersprechen mögen; gewöhnlich versuche ich jedoch, alle oder die meisten dieser Bedeutungen in einer einzigen übergreifenden Interpretation zusammenzufassen. Das hilft mir, meine Eindrücke von einem Traum zu strukturieren und sie in konkretes Handeln im alltäglichen Leben einfließen zu lassen.

Um mir diesen letzten Interpretationsschritt zu erleichtern, kehrte ich zu der Frage zurück, die ich mir unmittelbar nach dem Traum gestellt hatte: Hatte ich mich dem dämonischen Kind gegenüber richtig verhalten? Einerseits hätte man es so sehen können, daß ich mich in dieser Situation nicht richtig verhalten habe. Ich hätte konstruktiver agieren sollen. Zumindest hätte ich das Päckchen Bilder annehmen sollen, das das Kind mir anbot. Andererseits konnte man aber auch zu dem Schluß kommen, daß ich mich richtig verhalten habe. So traurig die Geschichte auch ausging, ich hatte recht, wenn es mich ärgerte, daß das Kind boshaft die schöne Musik zerstörte. Daß ich es so grob behandelte, kann sogar als Anstoß dafür gedient haben, daß es seine eigene Kunst offenbarte (das Bilderpäckchen). Meine starken Gefühle zu diesem Zeitpunkt des Traumes weckten mich; wäre er jedoch weitergegangen, so hätte ich höchstwahrscheinlich das Kind, seine Kunstwerke oder beide gerettet.

Ich entschied mich aber gegen die Idee, daß der Traum richtiges oder falsches Verhalten darstellen sollte. Ich gelangte statt dessen zu der Überzeugung, daß der Traum mir helfen wollte zu erkennen, daß ich im Grunde in jedem Stadium einer bestimmten Situation die Möglichkeit habe, eine Entscheidung zu treffen — daß ich also nie so handeln solle, als hätte ich gar keine Entscheidungsmöglichkeit, was ich im Traum tat, als ich meinte, mich weigern zu müssen, das Päckchen des dämonischen Kindes anzunehmen. Dasselbe galt, wie mir plötzlich klar wurde, auch für das Verhalten des Kindes.

Am Ende dieses Interpretationsvorganges steht keine klare

Aussage darüber, was ich hätte tun sollen, sondern das eindrucksvolle Bild eines kleinen Mädchens, das mir ein Päckchen mit Bildern hinhält. Dieses Bild kann, wie jedes starke Symbol, nie vollständig auf Worte reduziert werden, doch die Bemühung, seinen Sinn zu verstehen, hat es für immer meiner Erinnerung eingeprägt. Es dient immer dann als Warnung und Hoffnung, wenn ich dazu neige, anderen Menschen Teile meiner selbst vorzuenthalten oder die Existenz dieser Persönlichkeitsanteile vor mir selbst zu leugnen.

Leben Sie Ihr Traumleben

Viele Menschen beschäftigen sich nicht mit ihren Träumen, weil sie meinen, das sei eine viel zu passive Angelegenheit. Natürlich läuft der Vorgang einer Trauminterpretation auf der geistigen und emotionalen Ebene und nicht auf der physischen ab. Aber er fordert die aktive Bereitschaft, sich in die eigenen Träume zu vertiefen, auch wenn man sich dabei vor allem darin üben muß, zuzulassen, daß das Traummaterial sich selbst manifestiert, wobei man seine Ungeduld im Zaum halten und all seine rationalen und imaginativen Fähigkeiten wach und konzentriert erhalten muß.
Natürlich geht der Traumarbeit der Schlaf voraus, und der erscheint zumindest ein passiver Zustand zu sein. Die Träume jedoch beweisen, daß der Geist in diesem Zustand in voller Aktion ist. Nachdem ich erläutert habe, wie Sie von den Träumen, die spontan zu Ihnen kommen, profitieren können, werde ich später noch einige Möglichkeiten beschreiben, wie Sie bei der »Programmierung« Ihrer Träume eine aktivere Rolle einnehmen können, damit Sie eine größere Chance haben, sie zur Lösung von Problemen und schöpferischen Aufgaben zu nutzen. Eine der wichtigsten Techniken dieser Art,

die »Traum-Induktion«, arbeitet damit, daß Sie planen, was Sie träumen wollen, und sich dann in eine geistige Verfassung bringen, in der Sie den erwünschten Traum hervorbringen können. Bei einer anderen Technik, dem »luziden Träumen«, können Sie Ihre Träume buchstäblich mit dem Bewußtsein lenken, während Sie schlafen.

Wenn das Träumen selbst also etwas sehr Aktives ist und wenn die Möglichkeiten, bewußten Einfluß auf Ihre Träume zu nehmen, auch ein aktives Eingreifen erfordern, verlangt der Prozeß der Trauminterpretation geduldiges Stillsitzen wie beim Puzzlespiel. Die Leute, die über Traumarbeit spotten und sie als langweilig empfinden, irren zumindest darin, daß sie glauben, die Traumarbeit ende mit der Interpretation. Sinn und Ziel der Traumarbeit ist es, zu einem produktiveren Leben zu gelangen. Nach der Interpretation eines Traumes müssen Sie sich fragen: »Wie kann ich diesen Traum umsetzen?« Mit den vielfältigen Antworten auf diese Frage werden wir uns im weiteren beschäftigen.

4. KAPITEL

Träume und Selbstverwirklichung

Als ich zehn Jahre alt war, schenkten mir meine Eltern eine Spielzeug-Druckerpresse. An einem Winterwochenende, an dem ich etwas krank war und mich furchtbar langweilte, veröffentlichte ich eine Zeitung über die einzige »Live-Story«, die mir zur Verfügung stand: meine eigene. Meine Erkältung war Thema des Leitartikels, den ich »Brust-Report« nannte. Es folgten Berichte vom Gehirn, vom Magen, von den Muskeln und vom Herzen. Jahrelang waren meine Augenblicke der Introspektion durch solch selbstgefällige journalistische Marotten geprägt, bis ich reif genug war, zu erkennen, daß mein wirkliches Selbst komplexer und weniger leicht durchschaubar war als die Summe der Ereignisse, die ich erlebt hatte, der Fähigkeiten und Eigenschaften, die ich entwickelte, und der Fakten, Meinungen und Vorlieben, die ich gesammelt hatte.

Nehmen Sie sich Zeit, um eine etwas erwachsenere Version dieser Kindheitsphantasie zu probieren, bei der die Faszination unserer Gesellschaft für Publicity eine ebenso große Rolle spielt. Stellen Sie sich vor, Sie seien aufgefordert worden, sich selbst in einer weltweit ausgestrahlten Fernsehsendung zu beschreiben. Es macht Ihnen ausgesprochen Spaß, einem bewundernden unkritischen Publikum von vier Milliarden Menschen die Wahrheit zu sagen. Was würden Sie erzählen?

Nach einer 1981 unter der Aufsicht von Dr. Gerald Clease, einem Verhaltensforscher an der Universität von Chicago, durchgeführten Studie über »Selbstbilder« ist unsere erste Reaktion, wenn wir uns selbst definieren, daß wir den Standpunkt eines Beobachters von außen einnehmen. Aus dieser Perspektive haben die meisten Worte und Kategorien, die wir benutzen, eine spezifisch soziale Bedeutung. »Ich bin Amerikaner«, »ich bin die Mutter von drei Kindern«, »ich lebe in der Stadt«, »ich bin schüchtern«, »ich bin Schütze«, »ich unterrichte«, »ich bin Nichtraucher«, »ich bin konservativ«. Solche Feststellungen beziehen sich darauf, wie wir uns in den äußeren Rahmen einfügen. Sie sagen nichts darüber aus, was uns bewegt oder wer wir von einem inneren Standpunkt aus sind.

Das wahre innere Selbst ist im Grunde in logischen Begriffen nicht darstellbar. Es ist ein Wirrwarr widersprüchlicher Emotionen, Verhaltensweisen und Überzeugungen, die sich hinter dem darstellbaren Selbst verbergen. Es kann sich an einem Tag fühlen, als sei es zehn Jahre alt, und am nächsten, als sei es achtzig, während das physische darstellbare Selbst weiterhin fünfunddreißig ist. Es kann über einen furchtbaren Verlust lächeln und bei einem bedeutungslosen Rückschlag zusammenbrechen. Es kann in uns den Gedanken wecken, daß wir einen ergebenen Geliebten verlassen und mit einem Unbekannten davonlaufen. Es ist so rätselhaft durch seine inneren Widersprüche, daß wir lieber vermeiden, es genau zu betrachten, um unsere Normalität zu schützen. Wie Perseus dem paralysierenden Anblick der Medusa auszuweichen versuchte, können wir auch nicht mehr riskieren als einen flüchtigen Blick in den Spiegel auf dieses Selbst. Und wie Dorian Gray in Oscar Wildes Roman, der sein verräterisches Porträt im hintersten Winkel versteckte, wagen auch wir es nicht, dieses Selbst den Blicken der Welt auszusetzen.

Was einem Spiegelbild oder einem Porträt unseres wahren Selbst am nächsten kommt, sind unsere Träume — eine Tatsache, die die meisten von uns verständlicherweise nur widerwillig akzeptieren. Genaugenommen ist der Inhalt unserer Träume nicht immer schrecklich oder demütigend. Von Zeit zu Zeit können unsere Träume unerwartete Schätze der Schönheit, des Mitleids, des Heldenmuts in unserem Charakter enthüllen. Meist jedoch ruft das Selbst, dem wir in unseren Träumen begegnen, Unbehagen hervor. Unsere spezifische Reaktion auf einen Traum kann vom leicht unangenehmen Gefühl, uns selbst ertappt zu haben (wie wenn man sich selbst in einem Film sieht oder auf einem Tonband hört und das gar nicht als angenehm empfindet), bis zum regelrechten Widerwillen gegen das reichen, was wir da tun, denken oder fühlen.

Nach einer in den fünfziger und sechziger Jahren durchgeführten Analyse von über fünfzigtausend Träumen eines Durchschnitts »normaler« Versuchspersonen fand Dr. Calvin Hall, ein amerikanischer Psychologe, heraus, daß als negativ empfundene Träume viermal so häufig waren wie positive. Angst und Schuldgefühle waren die am meisten auftretenden emotionalen Reaktionen, gefolgt von Wut und Traurigkeit. In meinen eigenen Gesprächen mit Träumern waren die am häufigsten zur Charakterisierung von Träumen benutzten Worte: »verwirrend«, »beunruhigend«, »deprimierend« und »albern«. Der Hauptgrund für diese Reaktion auf unsere Träume liegt meiner Meinung nach in ihrem scheinbaren Chaos. Was wir in einem typischen Traum beobachteten, entzieht sich einem raschen Verständnis und ist mit unserem Selbst- und Weltbild, das wir im wachen Leben haben, nicht in Übereinstimmung zu bringen. Wir bekommen nicht einmal eine einigermaßen vollständige Geschichte präsentiert (woran aber eher unser unvollständiges Gedächtnis schuld sein kann als der Traum selbst). Diese beunruhigenden Aspekte eines typischen Traumes erinnern uns an eine Tatsache, die zu ignorieren wir uns den größten Teil unseres Lebens bemühen: Sehr wenig in unserem konkreten Alltagsleben ist wohlgeordnet, konstant oder zufriedenstellend.

Hinter den wechselnden Rollen, die wir spielen, den Beziehungen, die wir eingehen, dem Besitz, den wir anhäufen, und den Interessen, die wir verfolgen, liegt ein innerstes Selbst, dem es vor allem darum geht, das Leben irgendwie zu bestehen, so unsicher es sein mag. Das ist das Selbst, dem wir in unseren Träumen begegnen. Es ist unser ureigener »daímon« oder unsere Antriebskraft, ein völlig unzivilisiertes Wesen. Wir erkennen solch ein Selbst in der biblischen Gestalt des Hiob, der nicht aufgibt, auch nachdem ihm alles genommen wurde, was ihm in der realen Welt eine sichere Identität verlieh. Auch existentialistische Schriftsteller beschwören dieses Selbst. Raskolnikow, der Held in Dostojewskis Roman *Schuld und Sühne*, schreit es einmal in einem verzweifelten Augenblick heraus:

> »Wenn der Mensch für alle Ewigkeit gezwungen wäre, auf einem kleinen, rechteckigen Stück Boden zu stehen, umgeben von einem unaufhörlich tobenden Meer und der Kälte einer endlosen Nacht, so würde er sich an dieses Fleckchen Erde klammern, er würde weinen und jauchzen, nur um zu leben, nur um zu leben. Wie elend! Und wie erhaben!«

Dieses innerste Selbst kann tatsächlich außerordentlich elend und außerordentlich erhaben sein, wenn es sich so durchs Leben tastet oder ins Leben stürzt. Zwei Träume, die ich im Oktober 1987 in zwei aufeinanderfolgenden Nächten hatte, illustrieren, wie paradox das Traumselbst sich verhalten kann:

> *1. Oktober:* »Ich sehe mit neuen Bekannten in ihrer Wohnung fern. Ich schaue aus einem Fenster und be-

merke, daß ihr Hof in Flammen steht. Ich möchte nicht, daß meine Bekannten das sehen und sich aufregen, und ich möchte das Fernsehprogramm zu Ende sehen, und so lege ich ihnen ein Stück Papier auf den Kopf, laufe zum Fenster und ziehe die Jalousien herunter. Meine Bekannten schütteln das Papier ab und kommen zum Fenster, um zu sehen, was ich verbergen will. Ich schreie, und sie erstarren vor Schreck. Ich laufe zur Tür hinaus und wickle das Papier um mich, in der Hoffnung, es möge mich unsichtbar machen.«

2. Oktober: »Ein Bus schlingert wild durch eine kahle, wüstenähnliche Landschaft ohne Straßen. Der Fahrer macht einen einfältigen Eindruck. Ich sehe das aus einiger Entfernung und möchte gern in den Bus steigen, um ihn zu retten und um aus dieser trostlosen Gegend zu kommen. Ich laufe mit phantastisch großen, sicheren Schritten auf ihn zu. Gerade als ich mich ihm von der Seite nähere, gerät er ins Schleudern und rast direkt auf mich zu, was der Fahrer jedoch nicht sehen kann. Ich werfe mich sofort flach auf den Boden, und der Bus überfährt mich, ohne mich zu berühren. Hinter ihm springe ich wieder auf, greife nach dem Nummernschild und schaffe es, mich auf die hintere Stoßstange zu ziehen. Indem ich mit meinem Fuß anschiebe, gelingt es mir, den Bus in Bewegung zu bringen und ihn sicher aus dieser Gegend zu führen.«

In meinem ersten Traum reagiere ich auf eine Situation, die meine Gastgeber bedroht — das Feuer im Hof —, mit dem Versuch, alles zu verbergen, und unerhörter Egozentrik. Dann laufe ich ihnen davon und hoffe gegen alle Logik, daß sie mich nicht sehen. Für mein waches Selbst ist das unannehmbares kindisches und befremdliches Verhalten. In meinem zweiten Traum, den ich weniger als vierundzwanzig Stunden später hatte, verhalte ich mich bewundernswert, zeige großen Mut und stürze mich kopfüber in eine gefährliche Situation. Ein waches Selbst kann soviel Heroismus nicht recht glauben. Wie diese widersprüchlichen Träume zeigen, kann das innerste Selbst stärker oder schwächer, edler oder törichter als das äußere, sozial angepaßte Selbst sein. Auch kann es erstaunlich passiv sein, nicht bereit, sich der Außenwelt angemessen zu verhalten, und gleichgültig dem gegenüber, was die Außenwelt für wichtig hält.

Je mehr wir diesen beiden Formen des Selbst und ihren Beziehungen zueinander Aufmerksamkeit schenken, desto mehr werden wir über unsere Fähigkeiten und Begrenzungen lernen. Je mehr wir die beiden Seiten zu integrieren versuchen, desto friedlicher und produktiver wird unser Leben sein.

Setzen Sie sich Ziele

Das Streben nach Selbstverwirklichung bedeutet, daß man »heil« sein möchte, also »geheilt«, »heilig« oder »ganz«, ein Zustand, in dem Geist und Körper, Gefühle und Verhalten, inneres und äußeres Selbst so zusammenwirken, daß das Leben gesund, beseelt, sinnvoll wird.

Der Zustand des Heilseins ist keineswegs ein Zustand des absoluten Gutseins, sondern das Gleichgewicht. Wir müssen uns als individuelle menschliche Wesen akzeptieren, das heißt auch ein gewisses Maß an Fehlern und Mängeln tolerieren. Wir müssen in einer unvollkommenen Welt leben, deshalb werden wir Problemen, Kompromissen, Enttäuschungen und Frustrationen nie ganz entgehen. Aber wir müssen uns nicht zu Opfern machen. Wenn wir ein erfüllteres Leben führen

wollen, können wir lernen, Gedanken, Gefühle und Handlungen zu überwinden, die uns lähmen, und das kultivieren, was uns befreit.
Träume können eine unschätzbare Hilfe dabei sein, daß wir zu mehr Selbstbewußtsein und Selbstentfaltung kommen Bevor Sie sich dem inneren Selbst Ihrer Träume zuwenden, wäre es jedoch gut, wenn Sie einen gründlichen Blick auf das Selbst werfen würden, das Zuschauer des Traumes ist. Die folgenden Fragen können Sie zu einer solchen Überprüfung anregen und Ihnen helfen, sich einige vorläufige Ziele auf dem Weg zur Selbstverwirklichung zu setzen.

1. *In welchen Lebensbereichen (beispielsweise bei bestimmten beruflichen Aufgaben, in sozialen Rollen, im Haushalt oder in der Freizeit) sind Sie im allgemeinen fähig und stark?* Betrachten Sie jeden dieser Bereiche getrennt, und fragen Sie sich: Warum bin ich darin so? Welche Gefühle und Verhaltensweisen assoziiere ich mit dieser Fähigkeit oder Kraft? Wie fühle und verhalte ich mich, wenn mir diese Fähigkeit oder Kraft fehlt?
2. *In welchen Lebensbereichen sind Sie im allgemeinen unfähig und schwach?* Betrachten Sie jeden dieser Lebensbereiche für sich, und fragen Sie sich: Warum bin ich darin so? Welche Gefühle und Verhaltensweisen assoziiere ich mit dieser Unfähigkeit oder Schwäche? Wie könnte ich darin stärker oder fähiger werden?
3. *In welchen Lebenssituationen haben Sie große Freude oder Angeregtheit empfunden?* Nachdem Sie ein Beispiel gefunden haben, fragen Sie sich: Welche Faktoren trugen zu dieser Freude und Angeregtheit bei? Was könnte jetzt eine ähnliche Freude oder Angeregtheit in mir wecken? Wie könnte ich mein Leben verändern, um solche Freude und Angeregtheit öfters zu erleben?

4. *In welchen Augenblicken Ihres Lebens haben Sie große Angst oder Furcht empfunden?* Nachdem Sie ein bestimmtes Beispiel gefunden haben, fragen Sie sich: Wie habe ich mich damals verhalten? Warum habe ich mich so verhalten? Wie hätte ich mich sinnvoller verhalten können? Wie würde ich mit der gleichen Situation jetzt umgehen? Wie könnte ich mein Leben verändern, damit ich solchen Ängsten und Befürchtungen nicht mehr ausgesetzt werde?
5. *In welchen Lebenssituationen haben Sie große Wut oder Feindseligkeit empfunden?* Nachdem Sie ein bestimmtes Beispiel gefunden haben, fragen Sie sich: Wie habe ich mich damals verhalten? Warum habe ich mich so verhalten? Wie hätte ich mich sinnvoller verhalten? Wie würde ich mit der gleichen Situation jetzt umgehen? Wie könnte ich mein Leben verändern, damit ich solcher Wut oder Feindseligkeit weniger ausgeliefert bin?
6. *In welchen Lebenssituationen haben Sie heftige Schuldgefühle oder Scham empfunden?* Nachdem Sie ein bestimmtes Beispiel gefunden haben, fragen Sie sich: Wie habe ich mich damals verhalten? Warum habe ich mich so verhalten? Wie hätte ich mich sinnvoller verhalten können? Wie würde ich mit der gleichen Situation jetzt umgehen? Wie könnte ich mein Leben verändern, damit ich weniger Schuldgefühle oder Scham empfinden müßte?
7. *Welches Verhalten trägt zu Ihrem emotionalen oder physischen Wohlbefinden bei?* Betrachten Sie jede Verhaltensweise einzeln, und fragen Sie sich: Was motiviert dieses Verhalten? Wie könnte ich diese Art von Verhalten stärken oder fördern?
8. *Welches Verhalten zerstört Ihr emotionales oder physisches Wohlbefinden?* Betrachten Sie jede Verhaltensweise für sich, und fragen Sie sich: Was motiviert dieses Verhalten? Wie könnte ich diese Art von Verhalten verändern oder vermei-

den, damit es sich nicht mehr so destruktiv auswirken kann?

Die Art von Analyse, die Sie gerade gemacht haben — ob Sie nun fünf Minuten oder fünf Sekunden bei jeder Frage verbracht haben —, ist der entscheidende erste Schritt auf einem Weg zur Selbstverwirklichung. Sie dürfen nicht erwarten, daß Sie beim ersten Anlauf zu sinnvollen und genauen Antworten kommen, aber Sie können sicher sein, daß Sie konstruktive Ergebnisse erzielen, wenn Sie sich immer wieder ähnliche Fragen stellen, um Ihr Leben zu überprüfen. Früher oder später werden sich dann ganz von selbst durch Ihre Bemühungen Ziele auf dem Weg zur Selbstverwirklichung herausschälen. Sie werden zu der Überzeugung gelangen, daß Ihr inneres Wachstum und Ihre Weiterentwicklung davon abhängt, daß Sie die eine oder andere schlechte Gewohnheit ablegen, daß Sie eine neue Fähigkeit erwerben oder hinsichtlich Ihrer Arbeit, Ihres häuslichen Bereiches, Ihrer sozialen Beziehungen oder Ihrer Freizeitbeschäftigungen eine entscheidende Veränderung herbeiführen.
Wenn Sie eine ähnliche Art von Analyse auf Ihre Freunde ausdehnen, kann Ihnen das beim Finden und Erreichen von Zielen auf Ihrem Weg zur Selbstverwirklichung eine große Hilfe sein. Das tägliche Leben schafft uns oft nicht den notwendigen Rahmen, damit wir all das, was wir geistig, emotional und physisch erleben, wahrnehmen oder gar zum Ausdruck bringen können. Unser Traumselbst jedoch kann solch einen Lebensrahmen spontan schaffen. Es ist nicht durch die Notwendigkeit eingeschränkt, klar, rational, optimistisch, zusammenhängend oder bewußten Überzeugungen gegenüber respektvoll zu sein. In unseren Träumen begegnet uns ein viel weiteres Spektrum von wirklichen oder möglichen Gedanken, Gefühlen und Verhaltensweisen. Wir finden in ihnen das

Rohmaterial, das wir ins Leben einbringen, nicht die fertigen Produkte, die wir in unserem alltäglichen Leben präsentieren oder glauben zu präsentieren.

Träume fordern uns dazu auf, daß wir genauer hinsehen, wer wir wirklich sind. In unserer begrenzten Alltagsexistenz können wir uns selbst leicht etwas vormachen, vor allem wenn es um soziale Beziehungen oder Arbeitssituationen geht. Leider kann der Selbstbetrug leicht zu einer Art verzweifelter Überlebenstaktik werden. In unserem Traumleben geht es ehrlicher und direkter zu. Es macht uns auf Aspekte unserer Erfahrung aufmerksam, die wir sonst vergessen, leugnen, ignorieren, übersehen oder denen wir gern aus dem Weg gehen.

Häufig sind solche aufrüttelnden Träume voller magischer Geschehnisse. Es ist, als sei das innere Selbst, das im realen Leben nicht in der Lage ist, auszudrücken, was es weiß oder fühlt, gezwungen, dieses Material in einer bizarren, unwirklichen Traumszenerie zutage zu fördern. Susan Heisland, eine High-School-Lehrerin aus Baltimore, beschrieb solch einen Traum in einem 1987 abgehaltenen Workshop der »Association for the Study of Dreams«:

»Ich komme zu spät zu einer wichtigen täglichen Verabredung, bei der mir ›Anweisungen fürs Leben‹ gegeben werden. Das Ritual dieser Verabredung besteht darin, daß ich in einen leeren Raum gehe und lese, was auf einer Tafel geschrieben steht. Der Raum ist nur eine Stunde geöffnet, und die Schrift ist nur in der ersten Hälfte dieser Stunde lesbar. Wie ich befürchtet habe, bin ich zu spät dran, um die Schrift noch richtig lesen zu können. Alles, was ich sehe, sind ein paar verschmierte Buchstaben, zu denen drei gehören, die wie y, l, b aussehen. Ich sehe mit großer Enttäuschung, wie die Schrift völlig verschwindet.

Als nächstes ist es dann Nacht, und ich habe mich außerhalb des abgesperrten Raumes unter einem Gebüsch zusammengekauert und spähe durch einen Riß in der Wand, um zu sehen, wer den Raum betritt, um die täglichen Botschaften zu schreiben. Genau zu Sonnenaufgang sehe ich, wie sich meine Mutter in dem versperrten Raum materialisiert. Sie beginnt, auf die Tafel zu schreiben. Ich kann nicht erkennen, was sie schreibt (es bleibt unsichtbar bis zu jener bestimmten Stunde), aber ich bin sprachlos, wie schön sie aussieht und wie sicher sie ist. Ich habe ein seltsam warmes, angeregtes Gefühl bei diesem Anblick.«

Am meisten beeindruckte Susan Heisland an diesem Traum die übernatürliche Erscheinung ihrer Mutter, die fünf Jahre zuvor gestorben war. »Wir waren uns nie sehr nahe gewesen«, gibt Susan Heisland zu. »Ich mochte sie nie, und soviel ich weiß, beruhte das auf Gegenseitigkeit. Dieser Traum vermittelte mir eine völlig andere Perspektive.«
Bei weiterer Beschäftigung mit dem Traum verlagerte sich ihr Interesse jedoch auf die verschwommenen Buchstaben auf der Tafel. Dieses Bild, gepaart mit der Enttäuschung, die sie beim Verschwinden der Buchstaben empfand, erinnerte sie an ein immer wiederkehrendes Problem in ihrem Wachleben: die Blockierung beim Schreiben. In dem Monat, in dem sie den Traum hatte, bemühte sie sich, einen völlig neuen Lehrplan für das nächste Studienjahr zusammenzustellen, und hatte Angst, daß sie den Termin nicht einhalten könne. »Ich hatte bis dahin den Stundenplan nur in groben Umrissen zusammengestellt — der einfachste Teil der Arbeit«, erklärt Susan Heisland. »Dann wurde mir klar, daß die Buchstabenkombination ylb etwas mit ›syllabus‹ (Lehrplan) zu tun haben könnte.«

Nach etwas mehr Vertiefung in den Traum vermochte sie nicht nur sinnvolle Beziehungen zwischen seinen verschiedenen Elementen herzustellen, sondern auch eine Strategie zu entwickeln, durch die sie ihr reales Problem lösen konnte. Sie erinnerte sich daran, daß ihre Mutter immer sehr früh am Morgen vor allen anderen aufgestanden war und daß sie ihr dies ihre ganze Kindheit hindurch verübelt hatte. Der Traum hingegen zeigte ihr, daß sie das Frühaufstehen in Wirklichkeit als Tugend und als Kraftquelle betrachtete.
Obwohl Susan Heisland es liebte, bis zum letzten Augenblick im Bett liegen zu bleiben, war sie von ihrer Trauminterpretation so beeindruckt, daß sie beschloß, ein Ritual daraus zu machen, bei Sonnenaufgang aufzustehen und ihren Lehrplan zu entwerfen. Sie konnte die innere Blockierung, die sie beim Schreiben erlebt hatte, schon überwinden, als sie das erstemal so früh aufgestanden war, und es bereitete ihr nun keine Schwierigkeiten mehr, den Termin einzuhalten.
Nicht alle wachrüttelnden Träume benutzen solch übernatürliche Erscheinungen. Selbst ein einzelnes, realistisches Traumbild kann zu einem Durchbruch in der persönlichen Entwicklung führen, vor allem wenn die geistige Bereitschaft dazu beim Träumer im Wachzustand vorhanden ist. Lloyd MacNair, ein Fotojournalist aus Chicago, erzählt folgende Geschichte über einen Traum, der ihm half, das Rauchen aufzugeben:

> »Es passierte, als ich mit Hilfe einer Gruppe den dritten Anlauf machte, das Rauchen aufzugeben. Ich hatte wieder begonnen zu mogeln und war inzwischen schon recht hoffnungslos. Eines Nachts träumte ich, daß ich in einem Liegestuhl lag und mir eine Zigarette anzünden wollte. Plötzlich roch ich einen Schwall von Chlor. Der Geruch war seltsamerweise so giftig, daß ich die Zigarette nicht mehr mochte.

Als ich am nächsten Morgen über diesen Traum nachdachte, erinnerte ich mich an die Zeit in der High-School, in der ich mit einer Gruppe zusammen zum Schwimmen ging. Damals hatte ich noch nicht mit dem Rauchen begonnen, nur der Gedanke daran — der Geruch von Rauch — hatte mich abgestoßen wie seither nie mehr. Zudem fühlte ich mich damals stark, ich war stolz auf meine Gesundheit und auf meine kräftigen Lungen.
Nach dem Traum überlegte ich mir, ob ich wieder mit dem Schwimmen anfangen sollte, um vom Rauchen loszukommen, doch es war nicht einmal nötig. Nur die Erinnerung an diesen Traum genügte, mich abzuhalten, wenn ich nach einer Zigarette greifen wollte.«

MacNair betont, daß dieser Chlortraum das Wunder nicht allein bewirkt habe. Eine Phase der Entwöhnung ist eine Art von Aversionstherapie: Man sammelt seine Zigarettenstummel in einem Topf mit Wasser und riecht immer wieder daran. Diese konkrete Lektion zusammen mit seinem dringenden emotionalen Bedürfnis nach Bestärkung von »oben« diente zweifellos dazu, den Traum selbst und seine Reaktion auf den Traum hervorzubringen. Trotzdem war der Traum für ihn ein Talisman, ein lebendiges, persönliches Bild, das stärker auf ihn wirkte als seine Sucht.
Theoretisch hätte er mit Hilfe seiner Logik und seines Gedächtnisses dasselbe Bild wie das in seinem Chlortraum entwickeln können, ebenso wie Susan Heisland mit Hilfe von Logik und Gedächtnis zu demselben Schluß hätte kommen können, wie ihn ihr Tafeltraum nahelegte. In der Praxis war es aber so, daß das Wachleben, das sie sich selbst geschaffen hatten, nicht die Zeit, den Raum oder die Anregung gab, so produktiv zu denken. Nur in ihren Träumen waren sie frei genug,

zu einer Erkenntnis über ihr Leben zu gelangen. Und nur in ihren Träumen konnten sie die Wahrheiten wirklich erkennen, indem sie sie geistig, physisch und emotional erlebten.

Was ein Traum Ihnen über Sie selbst sagt

Nicht alle Ziele der Selbstverwirklichung sind so von der Erfüllung bestimmter Aufgaben abhängig wie jene, die wir bisher besprachen. Ebenso können nicht alle Träume, die Ihnen dabei helfen, so explizit praktische Anweisungen geben.
Grundsätzlich hängt unser persönliches Wohlergehen davon ab, daß wir uns selbst respektieren können und wissen, was das Leben für uns befriedigend und fruchtbar macht. Aus diesem Grund geht es bei der Selbstverwirklichung sehr oft um das Gewinnen größerer Selbsterkenntnis und nicht so sehr um festumrissene Schritte zur Selbstvervollkommnung. Wenn wir wissen, welche Art von Arbeit, von Spiel und Ruhe uns glücklich macht, können wir uns dem Traummaterial auf etwas meditativere Weise nähern, und ganze Träume können den Charakter von Visionen annehmen. Sie können ein Licht darauf werfen, wo wir waren, wo wir sind und wo wir hingehen.
Die Ureinwohner Amerikas waren (und sind es noch bis zu einem gewissen Grad) durch ihre Kultur geprägt, ihre Träume so zu sehen und sich von ihnen führen zu lassen. Die Plains-Indianer des 19. Jahrhunderts beispielsweise bekamen ihre Namen nach Träumen, wurden durch Träume zu sozialen Aufgaben aufgerufen und in ihren besonderen Begabungen und Fähigkeiten bestätigt. Sie fanden so zu einer Identität, die ihnen selbst wie ihrer Gemeinschaft angemessen war. Ihre säkulare und materialistische Kultur motiviert die modernen Amerikaner gewöhnlich nicht, ihren Träumen besondere Beach-

tung zu schenken; doch die visionäre und wunscherfüllende Kraft von Träumen hat sich in der Weise gehalten, wie das Wort »Traum« in der Umgangssprache verwendet wird, von Walt Disneys kindlichem Gedicht »Ein Traum ist ein Wunsch deines Herzens« bis zu Martin Luther Kings eindrucksvoller Rede »Ich habe einen Traum«.

Die Behandlung geistig, emotional oder sozial gestörter Menschen ist der Bereich in der westlichen Kultur, in dem Träume »offizielle« Bedeutung erlangen; hier wird das Ziel, zu Selbsterkenntnis und Selbstbewußtsein zu gelangen, auch als entscheidend für den Träumer angesehen. Der Psychotherapeut oder Psychiater hilft seinem Patienten oft gerade dadurch, wieder Sinn in seinem Leben zu finden, daß er Sinn in seinen Träumen findet.

Freudsche Analytiker benutzen die spontane Assoziation zu einem Traum, um seine Bedeutung herauszufinden. Der Träumer spricht aus, was ihm ohne Nachdenken zu einem bestimmten Traumbild einfällt, und diese »ungefilterten« Reaktionen werden als Hinweise auf die wahre Bedeutung des betreffenden Bildes für den Träumer angesehen. Auf die Bitte hin, zu dem Bild eines alten Klaviers in einem Traum etwas zu sagen, könnte der Träumer beispielsweise die Worte »hämmern«, »schreien« und »Kirche« äußern. Durch diese Assoziationen könnte die Erinnerung an einen längst vergangenen Sonntag wachgerufen werden, an dem der Träumer hart dafür bestraft wurde, ein Kirchenkonzert gestört zu haben — ein emotionales Trauma, das unterbewußt immer wieder auflebt, wenn der Träumer getadelt wird.

Jungsche Analytiker ziehen es vor, Träume thematisch zu betrachten. Einzelne Bilder werden entsprechend den Archetypen gedeutet, die in der Kunst und Mythologie vieler Kulturen Gültigkeit haben und deshalb generell in der menschlichen Psyche verwurzelt zu sein scheinen. Das starke Bild eines Kreises in einem Traum beispielsweise — ob er nun in Form eines Gebäudegrundrisses, der Sonne oder eines Tellers auftritt — kann ein Hinweis sein auf die Ahnung oder Erkenntnis von der Ganzheit des Lebens — wie ein Mandala auf einem buddhistischen Meditationsbild, das Rosenfenster einer gotischen Kathedrale oder ein Medizinrad in einer Sandzeichnung der Navaho-Indianer. Wenn wir dem Zusammenhang eines solch runden Symbols in einem unserer Träume nachgehen, können wir wertvolle Einsichten darüber gewinnen, was uns im Wachleben zu Harmonie und Gleichgewicht verhelfen kann.

Andere professionelle Berater, vor allem jene, die nicht einer bestimmten Schule der Trauminterpretation angehören, suchen nach direkteren Hinweisen, die Träume auf die Identität des Träumers geben können. 1985 half ein Psychologe des »Los Angeles Department of Child Services« der zehnjährigen Inez Jean Sanders buchstäblich, sich selbst durch ihre Träume zu finden. Inez Jean wurde im Alter von fünf Jahren ihrer Mutter entführt und kam, nachdem man sie ein Jahr später in einem Motelzimmer fand, in psychologische Behandlung. Obwohl ihre bewußten Erinnerungen an ihre wirkliche Mutter sehr spärlich und fragmentarisch waren und für die Behörden nicht ausreichten, um die Frau ausfindig zu machen, gab Inez nicht auf und kämpfte dagegen, sich von einer fremden Familie adoptieren zu lassen. Schließlich schaltete sich Bill Thomas ein und ermutigte Inez Jean, von ihrer Mutter zu träumen. Das führte innerhalb eines Jahres zum Erfolg. Thomas erzählte am 17. Februar 1986 einem Reporter der *New York Times*: »Ein Traum weckte genauere Erinnerungen an ihre Mutter bei ihr und führte schließlich dazu, daß die beiden wieder zusammengebracht werden konnten.«

Da das Leben oft so hektisch und verwirrend ist, geraten die meisten von uns immer wieder in Gefahr, den Kontakt mit ihrem wahren Selbst zu verlieren. Regelmäßige Traumarbeit kann uns dabei helfen, diesen Kontakt aufrechtzuerhalten. Dazu ist es nicht notwendig, sich mit den Theorien von Freud, Jung oder einer anderen Schule zu befassen. Eine wirkungsvolle eigene Traumarbeit resultiert nicht aus der Bemühung, die Begriffe einer halbverstandenen Theorie auf einen Traum anzuwenden, sondern daraus, daß man sich in die besondere Ausdrucksweise eines jeden einzelnen Traumes vertieft.

Die Deutungsmethode, die die meisten Do-it-yourself-Traumarbeiter benutzen, um mit Hilfe von Träumen Selbsterforschung zu betreiben, ähnelt sehr der grundlegenden Deutungstechnik, die ich im dritten Kapitel beschrieben habe. Sie besteht daraus, sich einfache Fragen zu stellen, die einen behutsam dazu führen, den Traum und seine einzelnen Bestandteile von verschiedenen Blickwinkeln aus zu betrachten. Welche Gefühle löste der Traum in Ihnen aus? Welche Bilder und Muster kamen in dem Traum vor? Welche symbolische Bedeutung können Sie in bestimmten Bildern und Mustern des Traumes finden? Wie stehen diese Gefühle, Bilder, Muster und Bedeutungen in Beziehung zu Ereignissen Ihrer persönlichen Geschichte? Um diese Fragen zu beantworten, können Sie natürlich jede Methode anwenden, also auch die spontane Assoziation, das Herausfinden archetypischer Themen und das Aufspüren konkreter Hinweise; ob Sie mit einer bestimmten Deutung richtig liegen, zeigt sich nicht daran, daß Sie mit einer Theorie übereinstimmt, sondern ob sie Ihnen unmittelbar einleuchtet.

Als Beispiel für solch eine Analyse möchte ich Sie an einer weiteren persönlichen Erfahrung mit der Traumarbeit teilnehmen lassen; sie hängt mit einem Traum zusammen, den ich kurz nach meinem Umzug von Memphis, Tennessee, nach New York City hatte. Hier ist der Traum:

»Ich bin in einer großen Gruppe, die in einer riesigen Luxuswohnung herumgeht. Die Wohnung soll an ein Ehepaar in dieser Gruppe verkauft werden. Diese beiden Leute erscheinen sehr arrogant und übersättigt, doch sie äußern schließlich den Wunsch, die Wohnung zu erwerben. Ich gehe in dem Augenblick weg, als die Angestellten einen üppigen Tee arrangieren, der jeden Tag genau zum selben Zeitpunkt stattfindet. Als ich draußen bin, gehe ich rasch zu einem Denkmal — dem Grabmal des unbekannten Soldaten. Das Denkmal besteht aus einer Reihe einzelner Soldaten aus verschiedenen Kriegen. Ein Soldat auf der linken Seite steht vor der Reihe der anderen. Ich verlasse das Denkmal und beginne mit einigen Menschen auf dem Fahrrad durch die Stadt zu fahren. Schließlich kehren wir in ein Haus zurück, das einem dieser Menschen gehört, und essen ein paar belegte Brote.«

Zunächst betrachtete ich die Gefühle, die ich während des Traumes hatte. Während der Eröffnungsszene in der Wohnung fühlte ich mich ziellos und niedergeschlagen und beneidete das arrogante Paar, lehnte es aber zugleich ab. Ich wartete nur darauf, daß ich gehen könne. Bei dem Denkmal fühlte ich eine Mischung aus Verehrung, Traurigkeit und Sehnsucht. Beim Fahrradfahren empfand ich Vergnügen — eine Art ruhige, gefaßte Erregung — und freute mich über die Gesellschaft der anderen Radfahrer. Als ich begann, in dem Haus die belegten Brote zu essen, war ich etwas nervös über die plötzliche Nähe zu Menschen, die ich gerade erst kennengelernt hatte, entspannte mich aber bald.

Als ich die Bilder des Traumes wieder an mir vorüberziehen ließ, entdeckte ich drei verschiedene Aufenthaltsorte: die Wohnung, das Grabmal und das Haus. Die Wohnung erinnerte mich an ein Museum, ebenso wie die Menschengruppe mich an Touristen erinnerte. Es war ein künstlicher Ort, ein Ort, an dem das Leben »gestylt« wurde und nicht gelebt. Das Bild der zelebrierten Teestunde, die ich nicht mitmachen wollte, verstärkte noch den Eindruck, daß es hier mehr um Form als um Inhalt ging. Das Grabmal beeindruckte mich tiefer. Ich erinnerte mich an Denkmäler, die ich besucht hatte und die mein Leben mit der Ewigkeit konfrontiert und mich gezwungen hatten, zu überlegen, wo meine Prioritäten liegen. Das Haus, in das ich »zurückkehrte«, war von seiner Architektur her unauffällig, aber es war deutlich ein Ort, an dem ich wirklich lebendig sein konnte (das Entspanntsein nach der Nervosität und vor allem das Ernährtwerden). Hinzu kamen noch die Menschen, die ich an den verschiedenen Orten getroffen hatte, und die verschiedenen Arten, in denen ich mich fortbewegt hatte (erst das Herumgehen in einer Gruppe, dann das Alleingehen und dann das Radfahren mit anderen zusammen). Was nun den Symbolgehalt des Traumes anbelangt, so war ich am meisten von dem Grabmal angezogen. Es war das deutlichste und zugleich originellste Bild in dem Traum, und es hatte einen Wendepunkt in der Traumgeschichte dargestellt — ein Ort, an den ich freiwillig gegangen war, nachdem ich die Luxuswohnung verlassen und bevor ich zu dem Haus gelangt war. Die Bezeichnung »unbekannter Soldat«, auf die das Mahnmal seine Aufmerksamkeit gelenkt hatte, schien auf meinen eigenen zwiespältigen Status als Neuling in der Stadt zuzutreffen. Ich war ein »Soldat« (ich hatte Kraft), aber ich war unbekannt (es fehlte mir an Kraft). Auf einer anderen Ebene konnte ich das Grab als archetypisches Bild von Tod und Auferstehung sehen. In dem Traum war ich rasch zu dem Grab gekommen, nachdem ich die tödliche Erfahrung des Herumgehens in der Luxuswohnung gemacht hatte, und nach dem Verlassen des Grabmales bewegte ich mich plötzlich auf einem

Fahrrad fort. Der einzeln stehende Soldat stellte ebenfalls mich dar (als Individuum, das sich von der Menge unterscheidet, wie das für jeden Menschen gilt) und war ein ausdrucksstarkes Bild für verschiedene Motive, die mit dem Traum zusammenhingen, zum Beispiel Rebellion, Reflexion und Rückkehr.

Es war nicht schwer, die Bilder und Themen dieses Traumes mit den Ereignissen meiner persönlichen Geschichte in Verbindung zu bringen. Wie viele New Yorker ertappe ich mich oft bei der Vorstellung, wie es wäre, in einer exklusiven Wohnung zu leben. Am Tag vor dem Traum hatte ich einen Artikel über Luxuswohnungen und -häuser im *New York Times Magazine* gelesen. Zudem fielen mir Situationen ein, in denen ich kürzlich auf Partys in besonders schönen Wohnungen zu Gast gewesen war und in denen ich mit einer Menschengruppe durch ein Museum gegangen war. Das Radfahren erinnerte mich an meine Kindheit, die acht Jahre, die ich in Memphis verbrachte, und sogar die Zeit in New York, in der ein unbenutztes Fahrrad an der Wand meiner Küche lehnte.

Mein Leben erschien zu der Zeit, in der ich den Traum hatte, an der Oberfläche recht befriedigend, aber untergründig spürte ich einen unbestimmten Druck, der mir die Energie raubte. Ich wußte, daß es etwas damit zu tun hatte, daß ich mehr wollte, und vermutete, daß damit materielle Güter gemeint waren. Meine Beschäftigung mit dem Traum überzeugte mich davon, daß es nichts Materielles war, was ich wirklich wollte oder brauchte, sondern spirituelle Erneuerung und Interaktionen mit anderen Menschen, die mich nährten. Der Traum in Zusammenhang mit meiner Traumarbeit erleichterte mich sehr von dem Druck, den ich in der Zeit vor dem Traum empfunden hatte, und er ist seitdem auch nie wieder mit der gleichen Heftigkeit zurückgekehrt.

Experiment: Dechiffrieren Sie Ihren Traum

Wählen Sie einen Traum aus der letzten Zeit aus, den Sie niedergeschrieben haben, und analysieren Sie ihn auf folgende Weise:

1. Schreiben Sie die wichtigsten Gefühle auf, die Sie im Traum hatten. Betrachten Sie jedes Gefühl für sich, und beziehen Sie es auf Ereignisse Ihres Wachlebens, in denen Sie sehr ähnlich empfanden. Dann betrachten Sie das gesamte Gefühlsmuster Ihres Traumes und finden heraus, ob es in Ihrem Wachleben irgendwelche Ereignisse gab, die ein ähnliches Gefühlsmuster hervorriefen. Achten Sie dabei besonders auf Ereignisse der jüngsten Zeit (beginnend mit dem vorigen Tag), erinnern Sie sich aber auch an Episoden, die Sie vielleicht schon in Ihrer Kindheit erlebt haben.
2. Schreiben Sie die wichtigsten Bilder Ihres Traumes auf: die Orte und Umgebungen, die Charaktere, die Verhaltensweisen und die Objekte. Betrachten Sie jedes Bild ganz konkret, und beziehen Sie es auf ähnliche Bilder in Ihrem Wachleben. Dann betrachten Sie den Gesamtzusammenhang der Bilder, finden Sie heraus, ob sie mit bestimmten Ereignissen Ihres Wachlebens (ob sie nun vor kurzem oder vor längerer Zeit stattgefunden haben) vergleichbar sind.
3. Lesen Sie Ihre Aufstellung der Bilder nochmals durch. Fragen Sie sich bei jedem Bild: »Was assoziiere ich im allgemeinen mit diesem Bild? Mit welchen anderen Bildern kann es verglichen werden? Was könnte dieses Bild symbolisieren?« Dann verfahren Sie ebenso mit dem Gesamtzusammenhang der Bilder.
4. Schreiben Sie ein paar Zeilen darüber auf, was der Traum aufgrund Ihrer Analyse über Sie aussagt.

Sprechen Sie mit Ihrem Traum

Da jeder Ihrer Träume ein eigenständiges Werk ist, sagt jeder einzelne Aspekt solch eines Traumes etwas über Sie aus. Sie können sich selbst ganz eindeutig in dem Traum finden: als Gestalt, die Ihnen ähnelt (entweder jetzt oder in der Vergangenheit), als völlig anderer Mensch, den Sie aber als sich selbst erkennen, oder als persönliche Perspektive, aus der Sie den Traum beobachten. Dieses »Traum-Ich« hat ganz deutlich seine Funktion als Element des Traumes, mit dem Sie sich identifizieren können; doch all die anderen Bilder im Traum stellen ebenso Sie oder Ihr Innenleben dar, auch wenn sie offensichtlich mit anderen Menschen, Orten oder Dingen in der äußeren Welt zu tun haben.

Nehmen wir beispielsweise an, Sie träumten, daß Ihr Arzt Sie zwischen den Regalen einer Bibliothek hindurch in sein Privatbüro führe. Sie möchten ihm aber nicht dorthin folgen. Statt dessen schauen Sie sehnsüchtig aus einem Fenster zu den schneebedeckten Bergen hin, die Sie in der Ferne liegen sehen. Zunächst können Sie viel über sich erfahren, wenn Sie die Bilder des Traumes mit Ihren realistischen Gegenstücken in Beziehung setzen – Arztbesuche, Erlebnisse in verschiedenen Bibliotheken, in denen Sie sich möglicherweise eingesperrt fühlten, Ihre Erinnerungen oder Eindrücke von den Bergen. Vielleicht wird Ihnen plötzlich klar, daß Sie insgeheim Angst haben, von Ihrem Arzt Tatsachen über Ihren Gesundheitszustand zu erfahren, und daß es Ihnen lieber wäre, Ihren Sorgen entfliehen zu können.

Derselbe Traum kann aber auf einer ganz anderen Ebene Bedeutung erlangen, wenn Sie jedes Traumbild als symbolischen Ausdruck eines Elements Ihres Innenlebens betrachten. Um zu verdeutlichen, wie diese Art von Traumanalyse funktioniert, benutze ich eine Technik, die ich von John Perkins, dem Gründer der »New York Dream Community« und Fachmann für neurolinguistische Programme, lernte. Perkins selbst entwickelte die Technik aufgrund eines Artikels von Alissa Goldring mit dem Titel »Traumsprache«, der im *Sundance Community Dream Journal* im Frühjahr 1977 erschien. Die Technik besteht hauptsächlich darin, daß man die Worte »in mir« jedem wichtigen Bild in dem schriftlich festgehaltenen Traum hinzufügt. Der eben genannte Beispieltraum würde sich dann folgendermaßen verändern: »Der ›Arzt in mir‹ führt mich durch die ›Bibliothek in mir‹ in sein ›Privatbüro in mir‹. Ich möchte ihm aber nicht dorthin folgen. Statt dessen schaue ich sehnsüchtig aus einem ›Fenster in mir‹ zu den ›schneebedeckten Bergen in mir‹ hin, die ich in der Ferne liegen sehe.«

Mit dieser Betrachtungsweise kann der Traum eine ganz neue Bedeutung erlangen. Sie erkennen durch ihn beispielsweise, daß Sie sich zu sehr in Ihre wissenschaftliche Arbeit vergraben und zurückziehen, daß Sie in Wirklichkeit nach neuen Aussichten suchen und sich körperlich mehr verausgaben wollen. Ihre ursprüngliche Bedeutung, daß Sie Angst haben, zum Arzt zu gehen, verliert dadurch nicht ihre Gültigkeit, doch es ist Ihnen gelungen, mit Hilfe desselben Traumes zu einer anderen Dimension der Selbsterkenntnis zu gelangen.

Während seiner Arbeit in den späten sechziger Jahren am »Esalen Institute« in Big Sur, Kalifornien, machte der österreichische Psychologe Fritz Perls seine Methode populär, daß jedes Traumbild den Träumer widerspiegele. Als Vater der Gestalttherapie hatte er eine besondere Form der Traumanalyse entwickelt, die darin besteht, daß der Träumer mit jedem der Bilder in seinem Traum in einen spontanen Dialog tritt und sich mit ihm auseinandersetzt. Das geht im wesentlichen so vor sich: Während der Träumer sich mit dem Traum beschäftigt, wählt er ein wichtiges Element aus und bittet es, sich

selbst zu erklären. Wie in einem Gespräch antwortet der Träumer dann auf seine eigene Frage, indem er die Rolle des Elementes oder Bildes übernimmt und es vertritt.
Der Sinn dieser Art von gestaltpsychologischer Traumarbeit liegt darin, daß sie den Träumer zwingt, seine unmittelbaren Gefühle darüber, was das Traumbild darstellt, unmittelbar im Hier und Jetzt zu artikulieren. Anders als bei den Methoden, bei denen die Reflexion im Vordergrund steht, bleibt hier wenig Raum zum Ausweichen, Beschönigen oder Intellektualisieren. Der Träumer als Darsteller einzelner Elemente seines Traumes muß seine Rolle durchhalten und kann bei diesen spontanen Gesprächen sehr viele Überraschungen erleben.
Vor einigen Monaten hatte einer meiner Freunde einen Traum, den er wie folgt beschrieb:

> »In einem großen Nachtklub wird eine Party abgehalten, um Spenden für meinen Chef zu sammeln, der sich um das Bürgermeisteramt bewerben will. Ich stehe an der Tür und sammle das Eintrittsgeld ein. Eine frühere Freundin kommt und hält mir eine kleine türkische Münze hin. Ich weiß nicht, was ich tun soll.«

Verwirrt von der Kürze und Rätselhaftigkeit des Traumes, beschloß mein Freund, die wichtigsten Elemente durch ein Gestaltrollenspiel zu entschlüsseln. Hier ist ein Teil der Abschrift einer Tonbandaufnahme, die er auf meine Bitte hin gemacht hatte:

> *Frage (an die Freundin gerichtet):* »Warum bist du zu dieser Party gekommen?«
> *Antwort:* »Ich habe gehört, daß du hier sein würdest, und wollte nach dem rechten sehen. Ich kann nicht glauben, daß du nur das Eintrittsgeld einsammelst und

nicht selbst Kandidat bist. So warst du doch früher nicht. Ich wollte sehen, ob es dir gutgeht oder ob irgend etwas mit dir nicht stimmt.«
Frage: »Warum hast du mir diese Münze gegeben?«
Antwort: »Ich fand sie in meiner Tasche und habe dir nur etwas gegeben, weil jeder dir etwas gegeben hat. Ich wollte gar nicht hineingehen.«
Frage (an die Münze gerichtet): »Was bedeutest du in meinem Traum?«
Antwort: »Ich bin nichts wert, wenn es um den Eintritt in diesen Nachtklub geht, aber ich bin sehr schön und habe großen historischen Wert. Du möchtest mich behalten. Meine Prägung ist viel eindrucksvoller als das Bild auf den kleinen wertlosen Blechknöpfen, mit denen dein Chef für sich wirbt. Vielleicht kann ich dich inspirieren und werde eines Tages dir zur Ehre dasein.«

Obwohl es meinem Freund anfangs etwas unbehaglich war, mit sich selbst zu sprechen, fand er, daß diese Gestaltmethode ihm einen raschen, leichten und natürlichen Zugang zu Deutungsmöglichkeiten für den Traum eröffnete. Die Experten sind heute der Ansicht, daß der Akt des Zu-sich-selbst-Sprechens, aus welchem Grund auch immer es geschieht, eine wichtige Hilfe zur Selbsterkenntnis darstellen kann. Dr. Richard Sackett, medizinischer Leiter des »Cognitive Therapy Center of New York«, sagt: »Manche Menschen finden, daß allein schon das laute Aussprechen in einem Dialog ihnen mehr Einsichten vermittelt als ein schweigend geführtes Selbstgespräch.« Bei einer 1988 durchgeführten Untersuchung von 160 Männern und Frauen zwischen 22 und 78 Jahren fand Dr. Paul Horton, Psychiater am »Child Guidance Center« in Meridien, Connecticut, heraus, daß das Sprechen zu sich selbst unter den Möglichkeiten, Trost und Einsicht zu erlangen, im-

merhin an sechster Stelle stand (das Gespräch mit anderen rangierte an erster Stelle).
Hat man einmal verstanden, daß das Träumen im Grunde eine Form des Selbstgespräches ist, so kann man die Gestalttraumarbeit praktizieren, ohne sich dabei merkwürdig vorzukommen. Wenn man mit seinem Traum spricht, holt man einfach einen inneren Dialog nach draußen. In diesem Sinn entspricht das Reden mit einem Traumbild dem Gebet, es trägt dem magischen Wesen des Traumes Rechnung.

Experiment: Sprechen Sie mit sich selbst

Wählen Sie einen Traum aus der jüngsten Zeit aus, dessen sinnlicher und emotionaler Gehalt noch sehr lebendig für Sie ist. Gehen Sie den Traum in Gedanken durch, und finden Sie heraus, welche Bilder Sie gern näher untersuchen würden. Dann beginnen Sie, jedes dieser Bilder zu befragen, und antworten Sie auf diese Fragen. Tun Sie das laut wie in einem Gespräch, und verlassen Sie sich auf Ihre Phantasie und Urteilskraft, um den roten Faden nicht zu verlieren. Vergessen Sie nicht, daß Sie von jedem Element in Ihrem Traum eine Antwort erbitten können, also nicht nur vom Traum-Ich, sondern auch von Gegenständen und Landschaften.
Hier sind einige Beispiele für Fragen, mit denen Sie beginnen können:

1. Warum kommst du in diesem Traum vor?
2. Was möchtest du mir zeigen?
3. Warum verhältst du dich so?
4. Warum löst du dieses Gefühl bei mir aus?
5. Was in meinem Wachleben regte mich dazu an, von dir zu träumen?
6. Was möchtest du mir sagen?

Suchen Sie wiederkehrende Traumthemen

Die Erforschung eines einzelnen Traumes kann Sie zwar zu mehr Selbsterkenntnis führen und Ihnen auf dem Weg zur Selbstverwirklichung helfen, viel mehr jedoch erschließt sich Ihnen, wenn Sie den sich wiederholenden Mustern in einer ganzen Reihe von Träumen nachgehen. Die Geschichten, Szenerien, Charaktere, Verhaltensweisen und Objekte, die am häufigsten in Ihren Träumen erscheinen, sagen auch am deutlichsten aus, was Ihre Individualität ausmacht.
Ich lernte dadurch viel über mich selbst, daß ich als junger Mann ein Jahr lang ein Tagebuch über die Alltagsereignisse, kombiniert mit den Traumaufzeichnungen, führte. Nachdem ich dieses Tagebuch am Neujahrstag wieder gelesen hatte, bemerkte ich eine Ähnlichkeit zwischen folgenden Träumen:

> *12. September:* »Ich fahre mit einem meiner Studenten in der U-Bahn. Er ist ganz anders als ich, und ich mache mir Gedanken darüber, ob wir uns bei unserer ersten privaten Unternehmung verstehen werden. Plötzlich zerrt er an der Mütze auf meinem Kopf herum. Ich bin über diese Unverfrorenheit schockiert, bewundere sie aber auch. Es ist klar, daß er es nur aus einer spielerischen Laune heraus getan hat. Ich mache dasselbe mit seiner Mütze. Offensichtlich verübelt er es mir und ist ärgerlich und mürrisch.«

> *3. Oktober:* »Eine attraktive Frau sitzt auf der einen Seite eines Kamins in der Halle eines Sporthotels. Ich sehe in einem Fenster hinter ihr den Skilift fahren. Ich sitze auf der anderen Seite des Kamins und möchte sie

unbedingt kennenlernen, aber das Feuer prasselt so laut, daß sie nicht hört, wie ich ihr etwas zurufe. Um ihre Aufmerksamkeit auf mich zu lenken, ahme ich alles nach, was sie tut. Ich sitze so da wie sie, und wenn sie sich bewegt, mache ich die gleiche Bewegung. Schließlich wendet sie sich nach rechts, um zu mir herüberzusehen, und ich wende mich automatisch ebenfalls nach rechts und damit von ihr ab. Schnell sehe ich wieder zu ihr hin, aber sie ist nicht mehr da.«

20. November: »Ich mache mit meiner Familie in einem einsamen Dorf in Irland Ferien. Wir sind mit einigen Verwandten zusammen. Eines Abends bin ich eilig auf dem Heimweg, als ich plötzlich merke, daß ich zwischen zwei Reihen von Rabauken aus der Gegend hindurchmuß. Einer von ihnen hat die Arme auf der Höhe seiner Schultern überkreuzt. Ich tue das gleiche, weil ich glaube, daß das ein Codezeichen, eine Art Parole, ist. Statt dessen werfen sie von beiden Seiten mit Steinen nach mir, und ich muß davonrennen.«

Der gemeinsame Nenner dieser drei Träume ist meine Neigung, beim ersten Zusammentreffen mit Menschen den anderen nachzuahmen, eine Strategie, die sich jedesmal negativ auswirkt. Bevor ich diese Verhaltensweise in meinen Träumen aufspürte, war mir nicht bewußt, daß es auch in meinem Wachleben ein ähnliches Verhaltensmuster gab. Ich las dann meine Aufzeichnungen über alltägliche Ereignisse in der Zeit dieser Träume nach und fand, obwohl die Menschen und Umstände im realen Leben etwas anders waren als in den Träumen, genügend Entsprechungen, um zu der Überzeugung zu gelangen, daß ich etwas Interessantem auf der Spur war.
Jetzt fielen mir auch zahlreiche andere Lebenssituationen ein,

in denen ich Verhaltensweisen oder Interessen von neuen Bekannten übernommen hatte, nur um mich beliebt zu machen. Nicht all diese Begegnungen waren negativ verlaufen, doch sie waren auch nicht besonders erfreulich oder erfolgreich gewesen. Daraufhin bemühte ich mich um ein natürlicheres Verhalten in solchen Situationen. Es gelang mir, eine unproduktive Gewohnheit zu durchbrechen und eine deprimierende Folge von Träumen zu beenden.

Oft müssen wir gar nicht erst mit Hilfe eines Traumtagebuches die wiederkehrenden Muster in unseren Träumen aufspüren. Diese Wiederholungsmotive treten oft über Jahre hinweg mit solcher Deutlichkeit auf, daß wir sie gar nicht übersehen können. Immer wieder kämpfen wir gegen einen Messerstecher, laufen einer Flutwelle davon oder verirren uns in einer fremden Gegend. Solche Träume sind als Wiederholungsträume bekannt. Jeder einzelne Traum in solch einer Serie unterscheidet sich zwar in Einzelheiten von den anderen, die wichtigsten Motive ähneln sich jedoch auf beunruhigende Weise. Um dadurch nicht zu sehr belastet zu werden, ist es wichtig, daß wir verstehen, was diese kritischen Punkte in unserem Traumleben bedeuten und wodurch ihre Wiederholung ausgelöst wird.

Dr. Milton Kramer, früherer Vorsitzender der »Association for the Study of Dreams«, hat die letzten sieben Jahre damit verbracht, die wiederkehrenden Kriegsträume von Vietnamveteranen, die unter einem »chronischen posttraumatischen Streßsyndrom« leiden, zu analysieren. Er beschreibt das Syndrom und seine Auswirkungen:

> »Eine beträchtliche Zahl von Veteranen hatte nach dem Krieg keine Alpträume mehr. Oft traten diese Träume erst wieder nach einigen Jahren auf, und zwar mindestens einmal wöchentlich, manchmal sogar jede Nacht.

Die Träume waren unmittelbare Reaktionen auf äußere Ereignisse. Wenn diese Veteranen in ihrem gegenwärtigen Leben mit traumatischen Ereignissen, meistens einer Scheidung, konfrontiert sind, wird dadurch unverarbeitete Angst aus dem Krieg stimuliert. Das Syndrom tritt also infolge aktueller Ereignisse auf und ist eine Mischung aus Gegenwärtigem und Vergangenem.«

Die gemeinsame Arbeit mit Kramer an ihren Träumen hat vielen Veteranen geholfen, besser mit dem Streß in ihrem Wachleben zurechtzukommen; als Folge davon traten ihre Kriegsträume wesentlich seltener auf. Obwohl das Syndrom selbst vielleicht nie vollständig verschwinden wird, konnte die damit verbundene Angst und Verzweiflung deutlich vermindert werden.

Sich wiederholende Träume oder Traumelemente sind nicht immer negativ. Wir können überrascht und belebt werden dadurch, daß wir in eine besonders geschätzte Traumlandschaft zurückkehren oder einer uns lieben Traumgestalt immer wieder begegnen, und es ist ebenso fruchtbar, sich mit dieser Wiederholung positiver Bilder zu beschäftigen wie mit der Wiederkehr negativer Bilder. Zumindest können sie viel darüber sagen, was uns im Leben wirklich Freude bereitet.

Eine Bekannte von mir träumt häufig von einem seltsamen jungen Mann mit goldenem Haar, der aufregende Unternehmungen mit ihr macht. Lange Zeit glaubte sie, es sei ein erotisches Bild, das durch sexuelle Bedürfnisse in ihrem Wachleben angeregt würde. Als sie diesen Träumen in ihrem Tagebuch nachging, fand sie jedoch heraus, daß der goldhaarige Jüngling viel mehr bedeutete als einen Traumliebhaber. Er schien in ihren Träumen als Symbol zu fungieren, das sie bestätigte, wenn sie in ihrem Wachleben etwas Konstruktives getan oder eine Entscheidung getroffen hatte, die sich als richtig herausstellte.

Sehr sinnvoll ist es auch herauszufinden, welche Identitäten wir uns im Traum immer wieder geben — eine Identität, die nicht notwendigerweise in sich positiv oder negativ sein muß, die uns aber vom Standpunkt unserer alltäglichen Identität aus anziehend oder bedrohlich erscheinen kann. In ihren Träumen erscheinen Männer als Frauen, Heterosexuelle als Homosexuelle, Freigeister als Priester, Schwächlinge als Mörder, Teenager als alte Leute. Wenn Sie sich eingehender mit der Identität befassen, die Sie in Ihren Träumen immer wieder annehmen, so kann Ihnen das nur bei der Integration der verschiedenen Aspekte Ihrer Persönlichkeit helfen und Ihnen etwas von der Ganzheit vermitteln, die ein wichtiges Element der Selbstverwirklichung ist.
In meinem eigenen Traumleben erscheine ich alle paar Monate als bärtiger Mann, der im Wald ein einfaches Leben führt und eine kleine Tochter von etwa vier bis sechs Jahren hat. Ich weiß nicht genau, was dieses Traumbild bedeutet. Ich neige zu der Ansicht, daß es ein Bild ist, das sich aus verschiedenen interessanten Lebensmöglichkeiten zusammensetzt, die mir entweder verwehrt waren, die ich selbst ablehnte oder die ich mir als Heranwachsender vorstellte — also das, was Liam Hudson, Psychologieprofessor an der Brunel-Universität in England, »alternative Identitäts- und Bedürfnisrepertoires« nennt. In seinem Buch *Night Life* beschäftigt er sich mit diesen »Wegvarianten«, also mit den Wegen, die wir aufgrund unserer Herkunft, kultureller Einflüsse und eigener Entscheidungen nicht eingeschlagen haben. Er sagt dazu:

»Diese Wegvarianten setzen sich beim Betreffenden oft eher unbewußt in Form sexueller Wunschvorstellungen oder Phantasien oder in der Wahl seiner Witze durch; noch versteckter sind sie manchmal in Form charakteristischer Eigenarten des Geschmacks oder manirierter Verhaltensweisen vorhanden, die leicht von dem Weg abweichen, für den er sich explizit entschieden hat. Dennoch bleiben sie immer am Rande der bewußt gewählten Lebensweise und bilden so genau die Art von Material, von der sich seine Phantasie im Traum nährt« (aus: Liam Hudson, *Night Life*, New York 1986, S. 125).

Was sich auch immer hinter der Identität des bärtigen Mannes mit der Tochter, die ich in meinem Traumleben annehme, verbergen mag — sie hatte jedenfalls etwas Wichtiges zu sagen. In kritischen Perioden meines Lebens fordert sie mich dazu auf, meine Liebe zum Leben in der Natur und zu Kindern nicht zu vernachlässigen, was im Wachleben manchmal geschehen kann, da ich keine eigenen Kinder habe und in der Stadt lebe. Überdies lehrt mich der Traum, was es für ein Gefühl ist, verantwortlich für das eigene Überleben und für das gesunde Heranwachsen eines geliebten Wesens zu sein.

Experiment: Machen Sie eine Traumliste

Untersuchen Sie die Träume, die Sie gesammelt haben, von Zeit zu Zeit nach folgendem Schema:

1. Zeichnen Sie auf einem leeren Blatt sechs vertikale Spalten mit folgenden Überschriften ein:

   — Datum und Titel,
   — Charaktere,
   — Schauplätze,
   — Gegenstände,
   — Verhaltensweisen,
   — Gefühle.

2. Notieren Sie die entsprechenden Punkte in bezug auf jeden Traum, und trennen Sie die einzelnen Träume durch einen deutlich sichtbaren Querstrich.
3. Nachdem Sie auf diese Weise eine Reihe von Träumen durchgearbeitet haben (wobei es mindestens zehn Träume sein sollten, aber auch wesentlich mehr sein können, wenn Sie genug Zeit und Geduld haben), betrachten Sie sich jede Spalte extra, und finden Sie heraus, welche Punkte sich wiederholen. Fragen Sie sich bei jedem wiederholten Motiv, was es mit Ihrem Wachleben der Gegenwart oder der Vergangenheit zu tun hat und was wohl dazu beitragen könnte, daß es sich öfters wiederholt.
4. Vergleichen Sie danach die Träume, bei denen zwei oder mehr Punkte übereinstimmen. Fragen Sie sich, was diese Träume als Gruppe mit gewissen Mustern Ihres Wachlebens der Gegenwart oder Vergangenheit zu tun haben, was dazu beitragen könnte, daß diese Art Traum sich wiederholt, und was Sie aus den Unterschieden zwischen diesen sonst ähnlichen Träumen ablesen können.

Das Selbst und die Träume: Substanz und Schatten

Träume sagen uns nicht, was in unserem Wachleben richtig oder falsch ist. Nur das Bewußtsein kann solche Urteile fällen. Träume geben uns nur die Gelegenheit, Konflikte, die unser bewußtes Selbst erlebt, aus einer anderen Perspektive zu sehen, Konflikte, die wir im Wachzustand vielleicht nicht einmal erkennen.

In unseren Träumen haben wir die Freiheit, unsere Wünsche und Ängste zu erforschen, unsere Vorurteile und Empfindlichkeiten zuzugeben und uns selbst unsere Fehler und Mängel zu vergeben. Wir können unser Bild davon, wer wir sind und wer wir werden könnten, nicht nur von den Erwartungen der Menschen, die uns umgeben, befreien, sondern auch von unseren eigenen Erwartungen, die wir im Wachleben an uns stellen. Wir werden dann nicht mehr durch die »greifbaren Wahrheiten der realen Welt« eingeengt.

Welche Hinweise wir unseren Träumen auch entnehmen — ihr wichtigster Beitrag zu unserer Selbstverwirklichung besteht darin, daß sie uns davon abhalten, in unserer alltäglichen Rolle zu sehr zu stagnieren. Sie erinnern uns immer wieder daran, daß wir als Menschen in einer ständigen Entwicklung begriffen sind und uns nicht als statische Persönlichkeit sehen sollten.

Wenn uns unser Traumleben vom wachen Standpunkt aus oft bizarr und flüchtig erscheinen mag, sollten wir uns daran erinnern, daß unser Wachleben uns in unseren Träumen häufig monoton und seelenlos erscheint. Wir sollten sehen, daß beide Standpunkte uns etwas lehren könnten. William Butler Yeats, der sich dieser Notwendigkeit zutiefst bewußt war, tritt in seinem Gedicht »Die Schattenwasser« für diese Traumperspektive ein:

»Alles wäre gut,
Wenn wir uns ganz nur an die Träume geben könnten,
An ihre Welt, die unseren Sinnen Schatten ist,
Und nicht armselig an den festen Gegenständen haften.
Denn Träume sind's, die uns erheben
In Welten, die sich ändern, fließen,
Nach denen sich die Seele sehnt.«

5. KAPITEL

Träume und Beziehungen

Pamela Ewing: »Es war furchtbar. Es war ein Alptraum, es war schrecklich ... mir kam alles so real vor.«
Bobby Ewing: »Pam, es ist vorbei. All das ist nicht geschehen.«

Am 26. September 1986 sahen etwa fünfzig Millionen Amerikaner die erste Sendung einer neuen Folge der Serie »Dallas«. Sie waren neugierig, wie es den Autoren der berühmten CBS-Fernsehserie gelingen würde, die Wiederkehr von Bobby Ewing zu erklären, einer beliebten Figur, die auf dem Bildschirm sechzehn Monate zuvor im Krankenhaus gestorben war. In oben zitiertem Dialog wurden die vorangegangenen zweiundzwanzig Fortsetzungen von »Dallas« einfach als Traum seiner Frau Pamela abgetan, und hundert Millionen Augen nahmen es zur Kenntnis, ohne mit der Wimper zu zucken.
Viele Experten halten es für unmöglich, daß eine einzige Nacht soviel Traummaterial enthalten kann. In wiederholten Experimenten haben Ärzte die Zeitdauer von Träumen, die sie durch Überwachung der REM-Phasen der Versuchspersonen feststellten, und die Zeit, die diese nach dem Wecken zum Wiedererzählen des Traumes brauchten, verglichen und festgestellt, daß die Zeitdauer in fast allen Fällen übereinstimmte. Trotz solcher Fakten ist es verständlich, warum das Publikum

bereit war, über ein Jahr von »Dallas«-Fortsetzungen als Traum zu akzeptieren. Das Hauptthema solcher Fernsehmelodramen — menschliche Beziehungen — ist auch das Hauptthema von Träumen. Fernsehfilme wie Träume neigen zu Dramatisierungen und spinnen alle möglichen Geschichten zwischen einer Gruppe von Personen aus. Die besten Freunde betrügen einander. Todfeinde entdecken, daß sie Brüder sind. Tote Liebhaber tauchen wieder auf, um sich mit ihren Konkurrenten zu messen.

Die Dichterin Adrienne Rich schrieb: »Die Möglichkeiten, die es zwischen zwei Menschen oder einer Gruppe von Menschen gibt, haben etwas mit Alchemie zu tun. Sie sind das Interessanteste, was es im Leben gibt.« Das Spielen mit diesen Möglichkeiten ist eine große Versuchung. Der Mensch ist ein Gesellschaftswesen. Da wir unser Selbstbild hauptsächlich auf die Interaktionen mit anderen Menschen beziehen, muß es einen nicht wundern, daß wir unsere Beziehungen häufig in unseren Träumen überprüfen. Was würde aus mir, wenn mein Partner meiner überdrüssig wäre? Wenn meine Mutter mich auf einer Party beobachtete? Wenn mein Chef einen Tag lang mein Sklave wäre? Wenn mein Kind entführt würde? Es gibt genug Unerklärliches und Konfliktträchtiges in jeder Beziehung, um der Phantasie reichlich Nahrung zu geben.

Wenn wir von Menschen träumen, die wichtig für uns sind, dringen wir vielleicht in Gebiete ein, in die wir uns auf bewußter Ebene gar nicht wagen würden: beispielsweise Tabus des Intimlebens, die uns trennen, halbe Wahrheiten, die uns aneinander ketten, Ambivalenzen, die uns daran hindern, uns wirklich wohl miteinander zu fühlen. Solch widersprüchliches Material liefert den Stoff für Traumdramen, was wahrscheinlich eine Erklärung für die Tatsache ist, daß ein großer Teil der Beiträge zum *Dream Network Bulletin* in der Zeit meiner Herausgeberschaft sich mit dieser Art von Träumen beschäftigte. Ich zitiere hier aus einem Brief aus dem Jahr 1984, den mir ein Student der Michigan State University schrieb:

> »Im letzten Frühjahr hatte ich eine Reihe von Träumen, in denen ich meine Schwester aus Ärger über irgendwelche trivialen Ereignisse schlug. In den Träumen schlug sie entweder zurück oder drehte sich um und ging fort. In Wirklichkeit habe ich meine Schwester nie geschlagen oder auch nur daran gedacht, so etwas zu tun, deshalb haben mich diese Träume ziemlich erschreckt. Bei einigen Träumen hatte die Gewalt, die ich ausübte, auch ein erotisches Element, ich rang geradezu mit ihr, und diese Träume beunruhigten mich wirklich.
> Eines Tages traf ich einen Freund aus meiner Heimatstadt, der ebenfalls an der Michigan State University studiert; er sagte mir, daß er und meine Schwester in den Frühjahrssemesterferien Kaffee trinken gegangen seien. Ich erinnerte mich sofort an diese Träume und verstand sie. Ich war nun nicht mehr der wichtigste Mann in ihrem Leben, und in meinen Träumen lebte ich den Ärger und die Enttäuschung darüber aus. Ich hätte gar nicht gemerkt, was da los war, wenn meine Träume mich nicht darauf aufmerksam gemacht hätten.«

Wenn wir von Menschen träumen, die für uns wichtig waren, es aber nicht mehr sind, versuchen wir vielleicht, ungelöste Probleme zu lösen oder ganz neu anzufangen. In meinen Träumen tauchen oft Klassenkameraden auf, ebenso frühere Freundinnen, Zimmergenossen, Arbeitskollegen und Arbeitgeber. Fast immer kann ich ein beunruhigendes Gefühl oder eine unangenehme Erfahrung ausmachen, die ich mit der be-

treffenden Person assoziiere — einen Bereich, der in meiner Erinnerung noch ungelöst ist.
In der Mittelschule beispielsweise vergraulte ich einmal ein Mädchen dadurch, daß ich sie neckte, weil sie so dicke Brillengläser trug. Drei Jahre später verliebte ich mich heftig in sie, dieser unangenehme Zwischenfall aus unserer Vergangenheit jedoch verhinderte eine Annäherung. Jetzt tauchte sie immer wieder einmal in meinen Träumen auf. Manchmal kann ich einen Grund dafür erkennen (so beispielsweise, daß ich am selben Tag jemandem begegnet war, der ihr ähnelte), manchmal auch nicht. Auf jeden Fall erinnert mich ihr Erscheinen immer daran, daß Neckereien und Spott meist eine negative Wirkung haben.
Je mehr ich mit anderen Träumern über solche Erscheinungen spreche, desto mehr komme ich zu der Überzeugung, daß unsere Träume uns für unsere Vergangenheit verantwortlich machen — oder aber (um buddhistische Vorstellungen aufzugreifen) daß wir in unseren Träumen unser Karma aufarbeiten. Diese Theorie basiert auf einem sehr einfachen und zutreffenden Gedanken: Wenn wir uns in unserem Wachleben nicht mit den Konsequenzen unserer Worte, Gedanken und Taten beschäftigen, werden wir das in unseren Träumen tun. Wir glauben vielleicht, unsere Achtlosigkeiten anderen gegenüber seien vergessen, aber unsere Träume halten sie uns wieder vor. Wir erwarten keinen gerechten Ausgleich mehr dafür, daß jemand uns unrecht getan hat, doch in unseren Träumen ist der Fall noch nicht erledigt. Wir haben eine Freundin aus der Studienzeit verlassen, doch in unseren Träumen halten wir ihr immer noch die Treue.
Wenn wir von völlig fremden Menschen träumen, können wir dadurch Aspekte unserer selbst darstellen, die wir vor den uns nahen Menschen verbergen. Wir können stärker, schwächer, schüchterner, mutiger, besser oder schlechter sein, als wir uns

unseren Mitmenschen im allgemeinen zeigen zu müssen glauben. Wenn solch eine fremde Person sich von uns oder von bekannten Menschen besonders stark unterscheidet, wird diese Wirkung noch intensiviert.

Eine Frau in meiner Traumgruppe, die ich hier Jill nennen möchte, hat viele Träume aufgeschrieben, die ein Beispiel für dieses Muster sind. Jill träumte einmal von einer Sekretärin, der sie eine Woche zuvor begegnet war, als sie einen potentiellen Klienten aufsuchte. In ihrem Traum sprach die Sekretärin herablassender und mit einem stärkeren Oxford-Akzent als im wirklichen Leben, und Jill verabscheute sie deshalb. Sie geriet im Traum so in Wut, daß ihr der Schaum vor dem Mund stand, und schließlich fegte sie alle Papiere vom Schreibtisch der Sekretärin.

Beim Betrachten dieses Traumes bemerkte Jill, daß der Anlaß ihrer Begegnung mit der Sekretärin wesentlich entmutigender gewesen war, als sie das bewußt hatte wahrnehmen wollen. Der Traum hatte ihre Enttäuschung in Form offener Feindseligkeit zutage treten lassen, und die Sekretärin, die in Wirklichkeit kaum mit ihr gesprochen hatte, diente als geeignete »unbekannte« Zielscheibe — obwohl Jill zugab, daß die Wahl dieser Gegnerin durch ein latent bei ihr vorhandenes Vorurteil gegen Engländer beeinflußt gewesen sein mochte.

Natürlich fesseln uns Träume besonders, in denen wir uns in der Begegnung mit anderen Menschen ungewöhnlich verhalten. Wie Melodramen scheinen sie es darauf abgesehen zu haben, uns zu erschrecken, zu quälen oder zu verwirren. Viel häufiger jedoch und ebenso lehrreich sind Träume, die sich mit der tatsächlichen Qualität unserer gegenwärtigen Beziehungen befassen. Vielleicht lassen sie sich von der anderen Art unterscheiden, weil wir bei ihnen instinktiv merken, daß sie von realen Vorgängen sprechen, auch wenn wir diese nicht bewußt wahrgenommen haben.

In einem Schreibkurs, den ich in der Memphis State University abhielt, bat ich einige Studenten, ein Tagebuch von Ereignissen in ihrem Leben zu führen, die so geartet waren, daß man sie zu Essays oder Kurzgeschichten erweitern konnte. Eine verheiratete Studentin namens Connie machte folgenden Eintrag in ihrem Tagebuch:

»Gestern nacht träumte ich, daß ich sah, wie im gleichen Topf in unserem Wohnzimmer eine Grünpflanze und eine Kornpflanze wuchs. Ich wußte, daß sie zu nahe beieinanderstanden und ich sie in getrennte Töpfe umpflanzen mußte, aber ich wußte nicht, wie ich das tun sollte, ohne beide kaputtzumachen. Jim, mein Mann, kam ins Zimmer und sah, daß ich mir um irgend etwas Sorgen machte. Ich dachte, er würde sich darüber ärgern, daß ich mir so viele Gedanken über eine Pflanze machte, und sagte deshalb nichts. Dann merkte ich, daß er die Pflanze ansah, und sagte ihm, was meiner Meinung nach getan werden müßte. Er sagte, er wisse, wie man es tun müsse, sie würden beide weiterleben, es wäre kein Problem.
Als ich erwachte... wußte ich, daß der Traum meine Angst zum Ausdruck gebracht hatte, daß wir zu abhängig voneinander werden und zu nahe zusammenleben könnten. Einmal sind wir beide in der Universität, dann verbringen wir unsere Freizeit zusammen, und unsere Schreibtische, an denen wir lernen, stehen beide im Wohnzimmer... Der Traum gab mir das Vertrauen, daß es gut sein würde, mit Jim über dieses Problem zu reden.«

In Connies Traum kamen keine ungewöhnlichen Verhaltensweisen oder Bilder vor, die sie davon hätten ablenken können, daß er einen recht deutlichen Kommentar zu einem unausgesprochenen Problem des realen Lebens abgab, das sie schon monatelang geplagt hatte. Das Problem war ihr zwar schon bewußt, aber sie war in ihrem Wachleben noch nicht in der Lage gewesen, ihre Befürchtungen zu artikulieren. Der Traum half ihr, diese Angst zu überwinden und mit einer positiveren und optimistischeren Einstellung an das Problem heranzugehen.

Manche Träume über Menschen, die wir im Wachleben kennen, machen uns so viel klar, daß sie beinahe etwas Hellseherisches haben. Vielleicht ist das wirklich so. Vielleicht sind wir aber auch durch eine Reihe von Beobachtungen aus dem Wachleben inspiriert, die sich im Bewußtsein noch nicht genug durchgesetzt hatten, die sich aber im Traum zu einem deutlichen Bild zusammensetzen. Ann Faraday berichtet von solch einem Traum in ihrem Buch *Die positive Kraft der Träume*, einer grundlegenden Arbeit über experimentelle Traumarbeit:

> »Zum Beispiel träumte ich einmal, daß ich beim Frühstück die Morgenzeitung aufschlug und darin auf das große Foto eines ziemlich humorlosen psychoanalytischen Kollegen stieß. Er stand breit lächelnd zwischen Frank Sinatra und Tony Curtis, und der Bildtext pries ihn in fetten Buchstaben als ›den singenden Psychoanalytiker‹ an. Wie der Bericht erklärte, war er aus Hunderten von Bewerbern ausgewählt worden, um mit den beiden berühmten Stars die romantische männliche Hauptrolle in einem neuen Musical zu spielen.«

Ann Faraday konnte den Traum nicht mit der Wahrnehmung in Einklang bringen, die sie im Wachleben von ihrem Kollegen hatte, denn er erschien ihr als der Prototyp des rein akademischen Analytikers, der für ihre Aktivitäten als Popularisator psychologischer Fragen in Fernsehen, Radio und Zeitschriften leise Verachtung gezeigt hatte. Als sie ihren Traum überprüfte, um herauszufinden, ob eine objektive Wahrheit darin lag, erzählte ihr jemand, daß er in einer Zeitschrift für sein neues Programm von Encounter-Gruppen und Sensibilisierungstraining geworben hatte, etwas, das er Ann Faraday gegenüber bisher immer in Grund und Boden verdammt hatte. Er wurde zwar kein Filmstar, aber er trat in Ann Faradays Fußstapfen, indem er ein »Medienstar« wurde. In ihrer Analyse des Traumes schreibt Ann Faraday:

> »In der Rückschau fiel mir allerdings auf, daß er mich über alle einschlägigen Informationen in einer Weise ausgefragt hatte, die völlig in Widerspruch zu seinem deutlich gezeigten Desinteresse stand. In einem Winkel meines Kopfes hatte ich diese Diskrepanz offenbar registriert. Und mein Traum hatte um diese unbewußte Wahrnehmung eine Geschichte gesponnen... also war er mir doch ins Gehege gekommen« (aus: Ann Faraday, *Die positive Kraft der Träume*, Knaur-Tb. 4119, S. 138 f.).

In vielen Fällen können uns Träume einen Menschen, den wir kennen, in einer Weise zeigen, die zwar nicht den objektiven Tatsachen entspricht, uns aber dennoch hilft, mit diesem Menschen im Wachleben besser umgehen zu können. Einer meiner Freunde, der oft als »Ghostwriter« arbeitet, schrieb zusammen mit einem Psychiater ein Buch über dessen praktische Arbeit. Der Psychiater warf meinem Freund immer wieder vor, ein moralischer Katholik zu sein und nicht die kühle, professionelle Distanz des Psychiaters zu haben, wenn es darum ging, die Fallgeschichten einzelner Patienten zusammenzustellen. »Ich habe dieses ganze Zeug hinter mir«, sagte der Psychiater im Hinblick auf seine eigene katholische Vergangenheit. Diese Angriffe waren nicht als ernsthafte Kritik gemeint. Mein Freund ist weder praktizierender Katholik noch Moralist, und der Koautor wußte das. Die Angriffe wurden einfach zu seiner Art von kritischem Dialog, der meinem Freund allerdings auf die Nerven ging.

In einer Zeit, in der diese unzutreffenden Neckereien meinem Freund allmählich zu schaffen machten, träumte er eines Nachts, daß er Meßdiener bei einem Priester sei, der eine Maske trug. Am Ende der Messe nahm der Priester seine Maske ab, und der Psychiater kam zum Vorschein. Als er einige Wochen später über den Traum sprach, erzählte mir mein Freund:

> »Ich war zunächst schockiert, als ich sah, daß der Priester D. (sein Koautor) war. Dann fühlte ich mich gerechtfertigt, denn ich dachte, D. war vielleicht selbst ein Katholik, der sich hinter einer Maske verbarg. Schließlich wurde mir klar, der Traum sagte etwas über unsere Zusammenarbeit aus, nicht über die Möglichkeit, daß D. ein versteckter Katholik sei. Mein Traumbewußtsein war so, daß D. sich zum ›Gegenpriester‹ oder zu einer Autoritätsfigur aufspielte — und ich hatte die Rolle des unterwürfig Dienenden einzunehmen. Das brachte mich auf den Gedanken, ihm sei es vielleicht unangenehm, auf meine Schreiberfahrung zurückgreifen zu müssen. Ich begann, seine dauernden Sticheleien als Maske zu sehen — einen ungeschickten Versuch, in Frage zu stellen, was für ihn eine peinliche Beziehung war —, und hatte dadurch weniger Schwierigkeiten im Umgang mit ihm.«

Unser rationaler Verstand kann uns nur sagen, daß die Mythen, Phantasien und Illusionen, die in unseren Beziehungen eine Rolle spielen, ebenso positive wie negative Auswirkungen haben können wie die sogenannten Realitäten. Unsere Träume aber können unseren Blick so schärfen, daß wir von der Wahrheit dieser Erkenntnis überzeugt werden.

Die Entwicklung Ihrer Beziehungen

Die meisten Selbsthilfebücher der letzten Generation haben sehr einseitige Zielsetzungen für Beziehungen propagiert. Im Grunde geht es immer darum: »Was springt für mich dabei heraus?« Sie machen uns weis, unsere gesellschaftliche Aufgabe läge darin, Freunde zu gewinnen, andere Menschen zu beeinflussen, anziehend zu sein und uns bei jedem, dem wir begegnen, durchzusetzen. Und wir werden angeleitet, uns Ziele zu setzen, die im Grunde rein egoistisch sind: Wie kann ich es schaffen, daß X sich mehr für mich interessiert, daß ich mit Y keine Probleme habe, daß Z einen Teil meiner Arbeit übernimmt? Wie kann ich X, Y und Z dazu bringen, die Dinge so zu sehen wie ich?

Es ist vielleicht nicht grundsätzlich falsch, sich solche Ziele zu setzen, aber sie sind so sehr egoorientiert, daß sie sich allzuleicht als kurzsichtig und deshalb unerreichbar, unangemessen oder sogar im konkreten Fall ganz unerwünscht erweisen können. Wir könnten die Beziehungen, die wir zu anderen Menschen haben, vielleicht ganz anders sehen, wenn wir uns zunächst Zeit nehmen würden, ihre Bedürfnisse, Fähigkeiten und Wünsche zu kennen und ernst zu nehmen. Dann sollte das Motto des Egoisten im Grunde das gleiche sein wie das des Altruisten: »Wenn es mir nicht gelingt, von mir selbst abzusehen, um herauszufinden, was für alle Beteiligten das beste ist, werde ich auch nie erkennen, was auf die Dauer das beste für mich selbst ist.«

Jede Beziehung ist mehr als die einfache Summe von Interaktionen zwischen zwei Menschen. Auf einer bestimmten Ebene wirken beide Identitäten aufeinander ein. Schon die Tatsache, daß ein anderer Mensch in unser Bewußtsein getreten ist, bedeutet, daß er von nun an ein untrennbarer Teil unserer Lebensgeschichte ist, der unsere Gedanken, Handlungen und Träume auf nicht zu unterschätzende Weise beeinflussen könnte oder tatsächlich beeinflußt. In einer Familie oder Arbeitsgruppe wirken viele solche Identitäten aufeinander ein.

Wir müssen diese Dinge bedenken, wenn wir unsere Beziehungen betrachten. Was immer wir in Zusammenhang mit einem anderen Menschen tun, beeinflußt uns selbst und eine ganze Gruppe von Menschen, die unlösbar miteinander verbunden sind. Deshalb müssen die Ziele, die wir uns für unsere Beziehungen setzen, kooperativ sein, sie müssen allen Beteiligten den Raum lassen, sich so daran zu beteiligen, wie sie es für richtig halten. Bevor wir entscheiden, welche Ziele wir uns sinnvollerweise setzen sollten, müssen wir genau betrachten, was unsere verschiedenen Beziehungen eigentlich ausmacht, und zwar sowohl vom Standpunkt jedes einzelnen Beteiligten als auch vom Standpunkt eines unabhängigen Beobachters. Dann müssen wir uns vorstellen, wie sie sich unter verschiedenen Voraussetzungen entwickeln könnten.

Unsere Träume werfen ein klares Licht auf das wahre Wesen unserer Beziehungen und zeigen uns viel deutlicher, als wir das mit unserem wachen Bewußtsein wahrnehmen könnten, wie wir auf zuträgliche oder ungute Art und Weise im Austausch mit anderen stehen oder stehen könnten. Das, was Ihnen Ihre Träume sagen, zusammen mit dem Ergebnis der Beantwortung folgender Fragen, kann Ihnen helfen, sich erreich-

bare, sinnvolle und verantwortungsbewußte Ziele für Ihre Beziehungen zu setzen.
Betrachten Sie alle Beziehungen, die Sie haben, und stellen Sie sich folgende Fragen:

1. Welche Arten von Beziehungen waren in meinem Leben für beide Teile am erfolgreichsten oder befriedigendsten?
2. Welche Arten von Beziehungen waren für beide Beteiligten am wenigsten erfolgreich oder befriedigend?
3. Welche Arten von Beziehungen, die ich bisher nicht hatte oder jetzt noch nicht habe, würde ich mir wünschen?
4. An welchen Aspekten meines Lebens (Fähigkeiten, Wissen, Besitz, Gedanken, Erinnerungen, Emotionen) habe ich andere regelmäßig teilnehmen lassen?
5. An welchen Aspekten meines Lebens habe ich gewöhnlich niemanden teilnehmen lassen?
6. An welchen Aspekten meines Lebens könnte ich andere möglicherweise teilhaben lassen?
7. An welchen Aspekten meines Lebens würde ich andere am liebsten teilhaben lassen, wenn ich die Möglichkeit dazu hätte?
8. Gibt es sich wiederholende Muster in meinen Beziehungen? Fragen Sie sich beispielsweise:

— mit welcher Art von Menschen Sie befreundet sind,
— mit welcher Art von Kollegen Sie zusammenarbeiten,
— in welche Art von Menschen Sie sich verlieben,
— wie Ihre Beziehungen, Ihre Zusammenarbeit mit anderen und Ihre Liebesgeschichten beginnen, sich entwickeln und beendet werden,
— was andere Menschen von Ihnen erwarten,
— was Sie von anderen Menschen erwarten,
— was andere an Ihnen loben und kritisieren,
— was Sie an anderen loben und kritisieren.

Wie würde ich diese Muster gerne verändern?
Betrachten Sie jedes Muster für sich, und fragen Sie sich, was Sie selbst zu einer Veränderung beitragen könnten oder was andere Menschen tun könnten, um Ihnen dabei zu helfen.

9. Nun betrachten Sie jede Ihrer gegenwärtigen wichtigen Beziehungen für sich genommen, und fragen Sie sich:

— was die positiven Aspekte dieser Beziehung sind, wie sie sich entwickelt haben und wie sie gefördert werden könnten,
— was die negativen Aspekte dieser Beziehung sind, wie sie sich entwickelt haben und wie sie überwunden werden könnten,
— was Sie von X (dem anderen) brauchen und wie Sie es bekommen könnten,
— was X von Ihnen braucht und wie Sie es ihm/ihr geben könnten,
— was Sie nicht an X und/oder an Ihrer Beziehung verstehen und wie Sie X und/oder Ihre Beziehung besser verstehen lernen könnten.

Solche Fragen zwingen uns dazu, uns unsere Beziehungen — wie sie waren, wie sie hätten sein und wie sie sich entwickeln können — klar vor Augen zu stellen. Sie zwingen uns auch dazu, die Rollen zu tauschen und sie dann unter neuen Gesichtspunkten zu sehen. Unsere Träume tun all dies und noch mehr.
Vor allem aber lassen Träume Gefühle, Einsichten und Möglichkeiten, die in unseren Beziehungen liegen, so aufleben, wie unser Bewußtsein es nie rational artikulieren oder fassen könnte. Ein Mitglied einer meiner Traumgruppen demonstrierte das folgendermaßen:

»Jahrelang blieb ich mit einem Exkollegen befreundet, obwohl er immer mehr zum gesellschaftlichen Aufsteiger wurde. Schließlich hatte ich es satt, daß er immer Eindruck schinden mußte, und ließ die Beziehung allmählich einschlafen. Ich hatte ein schlechtes Gewissen deshalb, aber ich rief trotzdem nicht mehr an. Ich hatte mich irgendwie festgefahren und wußte, daß das Problem zum Teil darin lag, daß ich ihn um seine sozialen Kontakte beneidete.
Dann hatte ich ganz plötzlich einen Traum, in dem ich sah, wie er auf spitze Felsen fiel und sich verletzte. Zu meinem Erstaunen war ich außerordentlich besorgt um ihn. Ich erinnere mich, wie ich auf seinen Kopf herabsah, während ich ihn hochzog, und daß ich dabei großes Mitleid mit ihm empfand. Der Traum zeigte mir, daß es mir etwas ausmachen würde, wenn ihm etwas passierte; mit anderen Worten, daß er mir wichtig war und daß ich gern in einer Situation gewesen wäre, um ihm dann helfen zu können. Als mir das klar wurde, hatte ich keine Schwierigkeiten mehr, die freundschaftlichen Beziehungen wiederaufleben zu lassen. Damit waren meine Schuldgefühle vorbei, und erstaunlicherweise scheint mich seine Art jetzt nicht mehr so sehr zu stören.«

Träume können uns auch helfen, uns bis zu einem gewissen Grad von unserem persönlichen Standpunkt zu lösen, wie das im Wachleben nicht gelingt. Marty Bollach, Kongreßorganisatorin und Mitglied der »Metro DC Dream Community«, erzählte mir von einem Traum, der ihr am Ende ihrer Studienzeit in dieser Weise half:

»Der Traum begann damit, daß ein junger Mann und eine junge Frau in einem alten Tempel vor zwei riesigen lebendigen Statuen standen, die wie ägyptische Götter aussahen. Ich war ein Beobachter im Hintergrund. Die ganze Atmosphäre hatte etwas Märchenhaftes und Großartiges. Eine der Statuen sagte zu dem Paar: ›Ihr sollt für immer vereint sein‹, und die junge Frau stieß einen wohligen Seufzer aus, der etwas Zeremonielles hatte.

Gleich darauf bemerkte ich, daß der junge Mann seinen Kopf einem Lichtstreifen um einen Ausgang in der Nähe zuwandte, und plötzlich war ich die junge Frau. Ich folgte dem jungen Mann durch diesen Ausgang nach draußen. Ich war auf einer belebten, bunten Großstadtstraße, und ich wußte, daß der Tempel, den ich verlassen hatte, nur unechte Staffage gewesen war. Ich fühlte mich viel belebter hier auf der Straße im Getriebe der Menschen.«

Marty Bollach identifizierte ohne Mühe den jungen Mann und die junge Frau als sich und ihren Freund. Obwohl sie sich für ein vorbildliches Paar hielten und vorhatten, nach Studienabschluß zu heiraten, vermutete Marty Bollach, daß ihr Freund ein wenig ruhelos war. Das beunruhigte sie, bis der Traum ihr zu der Wahrnehmung verhalf, daß auch sie sich nach etwas mehr Freiheit sehnen könnte. »Die Statuen kamen mir wie hünenhafte, überlebensgroße Selbstbilder vor, die uns in ihrem Bann hielten«, notierte Marty Bollach, »doch das wirklich Aufregende an dem Traum war, daß ich ein Beobachter im Hintergrund war und mich in dieser Szene sah, dann aber wieder ich selbst wurde und handelte: Ich verließ die leblose Situation und ging ins Licht.«

Wie der Traum mit Ihren realen Beziehungen spielt

Oft lassen sich die »Fakten« einer Beziehung im Traum leicht mit den Fakten einer Beziehung im Wachleben in Verbindung bringen. Wie in Marty Bollachs Tempeltraum deuten die auftretenden Charaktere, ihr Verhalten und der Kontext, in dem sie sich befinden, auf eine spezifische Situation im realen Leben hin, und der Träumende ist sich über den Zusammenhang klar. Oft geht es dabei um eine Situation, die schon so viel bewußtes Nachdenken hervorgerufen hat, daß der Träumer sich mit der Stimmung des Traumes sofort vertraut fühlt und bei einer späteren Analyse beinahe alle Einzelheiten des Traumes unmittelbar auf diese Situation beziehen kann.

Selbst wenn die Beziehung im Traum so offensichtlich erkennbar ist, darf man jedoch nicht vergessen, daß der Mensch, mit dem wir es im Traum zu tun haben, eine Gestalt ist, die wir selbst uns als Bild unseres Partners geschaffen haben, die ihm zwar ähnlich sein kann, aber keineswegs identisch mit ihm sein muß. Wir können aus Angst, Schmerz, Wut oder bloßer Verdrehtheit ein sehr böses Porträt eines im Grunde unschuldigen, wohlmeinenden Menschen malen, wie wir aus Hoffnung, Dankbarkeit, Liebe oder irgendeinem Hochgefühl heraus Menschen idealisieren können, die in Wirklichkeit kein guter Umgang für uns sind.

Die Wahrheit eines Traumes muß immer an der objektiven Wirklichkeit überprüft werden. Dabei können wir natürlich herausfinden, daß eine Traumgestalt uns wirklich etwas über den realen Menschen, den wir mit ihr meinen, enthüllt. Andererseits kann es auch sein, daß wir, wie Marty Bollach eine Traumgestalt, die im wirklichen Leben ihr Äquivalent hat, nur zu dem Zweck geschaffen haben, etwas über uns selbst zu erfahren.

Wenn es uns nicht einleuchtet, auf welch reales Material eine Beziehung im Traum zurückgeht, müssen wir sorgfältiger vorgehen. Es geschieht sehr häufig, daß wir von jemandem, den wir kennen, in einem merkwürdigen neuen Zusammenhang träumen oder daß er sich im Traum auf eine Weise verhält, wie er das im Wachleben nie tun würde. Oft kann ein wenig poetische Phantasie das Rätsel lösen. Nehmen wir beispielsweise an, ein Mann träume, seine Großmutter flirte mit ihm und bitte ihn um eine Verabredung. Vielleicht ist er darüber verwirrt und besorgt, vielleicht sogar abgestoßen von der inzestuösen Note des Traumes, dabei mag er einen ganz unschuldigen Hintergrund haben. Das Traumbild entstand vielleicht aus einem Gespräch, das er kürzlich mit seiner Großmutter hatte und das ihn an eine gemeinsame Unternehmung mit ihr erinnerte, die in seine Kindheit zurückgeht, eine Unternehmung, die damals vielleicht für ihn so wichtig war, wie es heute eine Verabredung mit einer Frau für ihn ist.

Wenn Sie sich wundern, warum eine Traumgestalt sich so vollkommen anders verhält als ihr reales Gegenstück und wenn Sie dafür keine befriedigende Erklärung finden, könnte es daran liegen, daß diese Gestalt ganz und gar nicht den Menschen verkörpert, den sie zu verkörpern scheint. Vielleicht stellt sie einen Aspekt Ihrer selbst dar: eine Eigenschaft, die Sie ebenso wie das reale Gegenstück besitzen, einen Charakterzug, den das reale Gegenstück dieser Traumgestalt bei Ihnen zum Vorschein bringt, oder eine Rolle, die sie bei dem betreffenden Menschen im realen Leben häufig spielen. Die Traumgestalt könnte von Ihnen also nur dazu benutzt worden sein, damit Sie sich dynamischer ausdrücken können. Vielleicht haben Sie im Traum eine heftige Auseinandersetzung mit Ihrer Tochter, nur weil Sie sich selbst am vorangegangenen Tag kindisch benommen haben, oder Sie träumen aus dem Wunsch heraus, im Wachleben ein intensives Selbstgespräch mit sich

selbst zu führen, von dem letzten Menschen, mit dem Sie ein gutes, tiefgehendes Gespräch hatten.
Es kann auch sein, daß die Traumgestalt nicht den Menschen verkörpert, den sie zu verkörpern scheint, sondern an die Stelle eines anderen Menschen tritt, den Sie in Ihrem Wachleben kennen. Solch eine Substitution sagt meist viel über eine gewisse Ähnlichkeit zwischen den beiden betreffenden Personen. Wir könnten beispielsweise träumen, daß Ihr normalerweise sanfter Ehemann Sie mit der gleichen Heftigkeit herumkommandiert, wie Ihr Chef das normalerweise tut. Der Traum wird Ihnen wahrscheinlich nichts darüber sagen, wie Sie Ihren Mann sehen, aber es könnte vielsagend sein, daß Sie »Chef« durch »Ehemann« ersetzen. Sie erkennen dann vielleicht, daß Ihre Beziehung mit Ihrem Chef Formen annimmt, die mit Ihrem Verhältnis zu Ihrem Mann zu tun haben. Vielleicht fühlen Sie sich emotional mehr zu Ihrem Chef hingezogen, vielleicht beginnen Sie sich ihm gegenüber aber auch ähnlich zu verhalten wie Ihrem Mann gegenüber. Die Entwicklung Ihrer Beziehung kann positiv oder negativ sein. Vielleicht kann Ihr Traum Ihnen dabei helfen, das herauszufinden. Wie auch immer, der Traum lenkt Ihre Aufmerksamkeit auf eine Situation, mit der Sie sich im Wachleben nicht bewußt genug auseinandersetzen.
Häufig leiht man sich für einen Traum einfach ein vertrautes Gesicht aus dem Wachleben aus, das dann nur als Symbol dient. Ihr Nachbar, ein Trompeter, taucht vielleicht in einem Traum als Ihr Kollege in einem Nachtklub auf. Das hat aber vielleicht gar nichts mit Ihrer nachbarlichen Beziehung zu tun. Die Musik im Traum könnte Sie dazu verleitet haben, Ihren Nachbarn — den einzigen Musiker, den Sie persönlich kennen — in die Geschichte einzufügen, weil er in diese Umgebung paßt. Sie sind vielleicht erstaunt über einen Traum, in dem Sie einen bestimmten Kollegen aus Ihrem Bürofenster

schubsen, bis Sie herausfinden, daß dieser Kollege nur ein Symbol für alle Menschen ist, mit denen Sie arbeiten.

Besonders fasziniert mich das Auftreten von berühmten Leuten in Träumen. Obwohl sie im Traum oft die Funktion eines Ersatzes für Menschen haben, die wir kennen und die ihnen ähneln oder eine ähnliche Rolle spielen, glaube ich, daß solche berühmte Leute in Träumen auch umfassendere Symbole sein können. Wie die alten griechischen Götter und Göttinnen können sie bestimmte Eigenschaften, Werte und Attribute repräsentieren, die dem Träumer etwas bedeuten. Zu diesem Phänomen könnte die wachsende Säkularisierung unserer heutigen Gesellschaft, verbunden mit dem Mangel an wirklichen Helden und Vorbildern im realen Leben, beitragen.

Dee Burton, eine New Yorker Therapeutin, beobachtete über Jahre hinweg bei vielen ihrer Patienten die Tendenz, von Woody Allen zu träumen. Diese Tatsache interessierte sie besonders, weil auch sie von Woody Allen träumte. 1984 suchte sie per Anzeige nach Leuten, die eine ähnliche Erfahrung gemacht hatten, und wurde geradezu überschwemmt von Anrufen und Briefen aus allen fünfzig Staaten Amerikas, aus Kanada, England, Japan, Italien, Westdeutschland, Österreich und Belgien. »Woody Allen«, so schloß sie, »kommt wohl in den Träumen von Millionen Menschen vor.« Das Buch, das sie daraufhin veröffentlichte, *I Dream of Woody* (Morrow 1984), gibt eine Auswahl von achtzig Antworten wieder.

In Ihrer Beschäftigung mit diesen Träumen vertritt Dee Burton die Ansicht, daß Woody Allen in gewisser Weise als Symbol des vor dem Tod fliehenden »Underdog«, der durch sein Köpfchen und seine künstlerische Integrität Oberwasser behält, in das kollektive Unbewußte eingegangen ist. »Vor allem«, so erklärt Burton, »steht Woody Allen für den Versuch, in einer hohlen Welt heil zu bleiben.«

Wenn auch die meisten Träume von berühmten Leuten symbolische Botschaften vermitteln, die mit der Kultur, in der wir leben, in Beziehung stehen, haben sie auch eine sehr persönliche Dimension. Im letzten Jahr habe ich von einer ganzen Reihe von berühmten Leuten geträumt, unter anderem von Kathleen Turner, Lech Walesa und der Herzogin von York. In manchen Träumen teilte ich diesen Berühmtheiten Rollen als Freund, Geliebte oder Feind zu, und wenn ich im Wachleben häufig Filme und Fotos von ihnen gesehen hatte, so lieferte mein Traum die fehlende andere Hälfte – die Reaktion des Betreffenden auf mich. Der Traum erfüllte mir einen Wunsch und erlaubte es mir, die Dynamik einer hypothetischen Beziehung zu erforschen.

Wie schon erwähnt können uns Träume, in denen wir eine Beziehung zu irgend jemandem haben, den wir nicht kennen, die Gelegenheit geben, verschiedene Interaktionsmuster auszuprobieren; bevor wir jedoch behaupten, diese Traumgestalten seien fremd, müssen wir sichergehen, daß sie nicht verkleidete Menschen sind, die wir kennen. Oft ist eine merkwürdige Traumfigur nur eine Zusammensetzung verschiedener Menschen aus unserem Wachleben. Der geheimnisvolle Traumgeliebte einer Frau, die ich in einem Workshop kennenlernte, erwies sich bei näherer Betrachtung als jemand, der die Haare eines früheren Liebhabers, die Gestalt eines anderen ihrer Freunde und das Verhalten ihres Vaters hatte – eine Phantasiegestalt also, die ihr viel sagte über einzelne Männer in ihrem Leben wie über den Typus Mann im allgemeinen, der sie wahrscheinlich immer wieder anzieht.

Schließlich sollten wir auch bedenken, daß ein Traum uns einen Menschen, den wir aus dem Wachleben kennen, auch in Gestalt eines Tieres oder Gegenstandes vorführen kann. Die Psychologin Gayle Delaney, die zur Zeit als Beraterin am »San Francisco Dream Center« arbeitet, sprach im April 1987 in einer Fernsehsendung über Träume dieser Art. Eine ihrer Klientinnen träumte, daß sie sich bemühte, die Ratte loszuwerden, die in ihrem Schlafzimmer ihr Unwesen trieb. Nach einiger Beschäftigung kam sie zu der Überzeugung, daß die Ratte ihren Liebhaber symbolisierte. Eine andere Klientin träumte, daß sich ein unbekannter Angreifer, der mit einem Messer auf sie losging, plötzlich in eine Pfütze verwandelte. Sie trank aus ihr und merkte, daß sie genau nach der Cognacmarke schmeckte, die ihr Vater, ein gewalttätiger Alkoholiker, zu trinken pflegte.

Ein Teilnehmer einer meiner Traumgruppen träumte einmal, daß vor der Bürotür seines Chefs eine rot-weiße Windmühle stand, die ihn davon abhielt hineinzugehen. Einige Tage später bemerkte er, daß eine seiner Mitarbeiterinnen ein rot-weißes Kleid mit einem Muster trug, das an die Flügel einer Windmühle erinnerte. Dieses Kleid trug sie oft, und sie war wohl ganz deutlich eine Rivalin, die ihm immer im Weg stand, wenn er versuchte, einen guten Eindruck bei seinem Chef zu erwecken.

Herauszufinden, wer in Ihren Träumen wer (oder was wer) ist — das ist in der Praxis nicht so kompliziert, wie es nach einigen unserer Beispiele erscheinen mag. Ihr Gefühl ist Ihr bester Führer. Wenn Sie es ernst nehmen, wird es Ihnen signalisieren, wenn an einem Menschen oder einer Beziehung im Traum mehr ist, als es auf den ersten Blick scheinen mag.

Wie der Traum Ihr Verhalten beeinflußt

Es wird oft als Anekdote erzählt: Ein Mann träumt, daß seine Frau mit ihm schimpft, und er ist beim Frühstück böse zu ihr. Eine Sekretärin träumt, sie schlafe mit ihrem Chef, und wird verlegen, wenn sie ihn im Büro sieht. Ein Kind träumt, sein

kleiner Bruder laufe davon, und läßt ihn in den nächsten Tagen nicht mehr aus den Augen. Das Leben lehrt uns jedoch, daß unbewußt durch Träume beeinflußtes Verhalten nicht immer zum Lachen ist.
Eine Studie, die Dr. Milton Kramer und Dr. Thomas Roth 1983 im Veterans Hospital in Cincinnati durchführten, zeigt, daß Träume sehr oft unsere morgendliche Stimmung beeinflussen; nach einem frustrierenden Traum ist man gereizt, und schöne Träume versetzen uns in eine glückliche Stimmung. Wenn wir Dr. Calvin Halls Untersuchungsergebnis hinzunehmen, daß zwei Drittel unserer Träume unangenehm sind, haben wie eine mögliche Erklärung dafür, warum so viele Menschen in den ersten Stunden nach dem Aufstehen schlecht gelaunt sind. Hier stellt sich nun die Frage, wie wir uns verhalten sollen, wenn wir einen unangenehmen Traum über eine unserer Beziehungen hatten.
Im allgemeinen ist es gut, den Traum so bald wie möglich aufzuschreiben und sich eine Zeitlang damit zu beschäftigen, selbst wenn es nur Minuten sind. Das dient verschiedenen Zwecken. Einmal kann man seinen Gefühlen so unmittelbar und auf geeignete Weise Ausdruck verschaffen. Zudem ist man gezwungen, Verantwortung für den Traum zu übernehmen (der ja schließlich Ihrer Phantasie entsprungen ist), bevor Sie diese Verantwortung unbewußt irgend jemand anderem zuschieben. Und außerdem hilft es Ihnen, sich den Traum zu merken — für den Fall, daß er eine Wahrheit über die Beziehung aussagt, die noch nicht in ihr Bewußtsein gedrungen ist. Viele Träume über Beziehungen enthalten einen Ratschlag für Ihr Verhalten, und wenn er Ihnen konstruktiv und sinnvoll erscheint, sollten Sie versuchen, ihn zu befolgen, denn immerhin könnte er zur Verbesserung einer Situation beitragen. Ein Mitglied der »Brooklyn Dream Community« erzählte mir folgenden Traum, den er über seine über ihm wohnenden Nach-

barn hatte — eine Familie aus Santo Domingo, mit der es häufig Auseinandersetzungen gab:

»Ich sehe, daß aus dem Badezimmer der F.s Wasser in mein Badezimmer tropft, und rufe etwas hinauf. Da ich keine Antwort bekomme, gehe ich zu ihnen hinauf und sehe, daß drei oder vier Ausländer illegal bei ihnen wohnen. Sie sehen mich nicht, und ich kann keinen Laut hervorbringen. Ich gehe in meine Wohnung zurück; dort finde ich Nana vor (meine Großmutter, die vor einem Jahr starb); sie wischt den Boden auf. Sie lächelt überirdisch und sagt mir, daß das Geheimnis dieser problematischen Situation darin liege zu helfen.«

Dieser Traum schien dem Träumer auf besonders zarte Weise zu sagen, daß er und die F.s und sogar illegale Ausländer, die er vielleicht unbewußt mit den F.s assoziiert hatte, das gleiche Wasser benutzten, das heißt in einem Boot saßen, und daß er lieber Mitgefühl an den Tag legen als die Konfrontation suchen sollte. Er beschloß, diesem Rat zu folgen, indem er den F.s immer wieder kleine Freundlichkeiten erwies, ihnen anbot, mit ihnen über Möglichkeiten zu sprechen, wie man die Lebenssituation beider Haushalte verbessern konnte. Seitdem haben die Schwierigkeiten mit diesen Nachbarn beträchtlich abgenommen.

Manchmal geben uns Träume sehr subtile Ratschläge. Monatelang hatte eine Bekannte von mir, die in einem New Yorker Verlag arbeitet, Schwierigkeiten bei der Zusammenarbeit mit einer ihrer Kolleginnen. Eines Nachts träumte sie, daß sie neben dieser Kollegin saß und nicht mehr wie gewöhnlich ihr gegenüber. Sie vertrugen sich in diesem Traum so gut, daß sie die neue Sitzordnung im Büro ausprobierte.

»Als ich neben ihr saß, verbesserte sich unsere Beziehung ganz entschieden«, sagte sie mir, »ich weiß nicht, warum. Vielleicht war meine ganze Einstellung ihr gegenüber nach dem Traum anders, oder vielleicht können Menschen im allgemeinen besser zusammenarbeiten, wenn sie nebeneinandersitzen. Ich glaube, daß weder die eine noch die andere Möglichkeit allein den Ausschlag gab. Ich spürte einfach unbewußt, daß es für uns beide besser sein würde nebeneinanderzusitzen.«

Experiment: Lernen Sie aus Ihrem Traum

Wenn Sie das nächstemal einen Traum haben, den Sie mit einem bestimmten Menschen in Verbindung bringen können, betrachten Sie ihn genauer, um herauszufinden, ob Sie etwas daraus lernen können, das Ihre Beziehung zu diesem Menschen verbessern könnte. So gehen Sie dabei vor:

1. Sehen Sie sich den Traum genauer an, und stellen Sie sich folgende Fragen:

   — Wie begegnen der andere und ich uns im Traum zum erstenmal?
   — Wie verhält sich der andere im Traum? (Achten Sie vor allem darauf, was er oder sie sagt.)
   — Was scheint im Traum Ursache für dieses Verhalten zu sein?
   — Welche Bilder stehen im Traum mit diesem Verhalten in Zusammenhang? (Denken Sie an die Umgebung, den Zeitpunkt, die Kleider, die der Betreffende trägt, und alle Gegenstände, die eine Rolle spielen.)
   — Wie verhalte ich mich in dem Traum? (Achten Sie auch hier wieder darauf, was Sie sagen.)
   — Was scheint mich in meinem Traum zu meinem Verhalten zu veranlassen?

— Welche Bilder stehen im Traum mit meinem Verhalten in Zusammenhang? (Manche dieser Bilder werden mit denen übereinstimmen, die mit dem Verhalten des anderen zu tun haben. Beachten Sie vor allem die Bilder, die sich ausschließlich auf Ihr Verhalten beziehen, ebenso wie die Dinge, die sich ausschließlich auf das Verhalten des anderen beziehen.)
— Was ist das Ergebnis der Interaktion zwischen mir und dem anderen?

2. Sehen Sie sich jede Ihrer Antworten an, und stellen Sie sich folgende Fragen:

— Erinnert mich etwas an diesem Aspekt des Traumes an eine Situation oder ein Muster in meiner realen Beziehung zu anderen Menschen? Worin besteht die Ähnlichkeit? Worin besteht der Unterschied?
— Sagt mir dieser Aspekt deutlich etwas darüber:

  a) wie eine Situation oder ein Muster in meiner realen Beziehung zu diesen Menschen wirklich ist,
  b) wie sie sein könnten,
  c) was ich in dieser Hinsicht tun könnte?

  Wenn die Antwort auf a, b oder c »Ja« lautet, sollten Sie jede dieser Botschaften so deutlich wie möglich in Worte fassen.
— Wie würde ich, wenn ich es könnte, diesen Aspekt des Traumes verändern? Warum würde ich ihn verändern?
— Wie würde ich die Veränderung(en) vornehmen, wenn sich dieser Traum in der Wirklichkeit abspielte?

3. Wenn Sie durch Ihre bisherige Arbeit an dem Traum zu der Überzeugung gekommen sind, daß er etwas Sinnvolles

über Ihre Beziehung mit dem anderen Menschen sagt, beantworten Sie folgende Fragen:

- Was könnte ich *theoretisch* unternehmen, um mein Verhalten auf der Basis dessen, was ich aus dem Traum gelernt habe, zu verbessern? Was davon würde ich *gern* tun?
- Was könnte ich *theoretisch* unternehmen, um X (dem anderen) zu helfen, sein oder ihr Verhalten auf der Basis dessen, was ich aus dem Traum gelernt habe, zu verbessern?
- Was würde ich davon *am liebsten* tun?
- Welche positiven Veränderungen könnte ich *theoretisch* bei den äußeren Umständen herbeiführen, die die Beziehung beeinflussen, wenn ich in Betracht ziehe, was ich aus dem Traum gelernt habe? Welche dieser Veränderungen würde ich *gern* vornehmen?
- Wie könnte ich *theoretisch* dabei helfen, solche Veränderungen herbeizuführen, und was davon würde ich wirklich *gern* tun?

Wie der Traum sich auf eine Beziehung auswirken kann

Bevor wir etwas, das wir aus einem Traum gelernt haben, auf eine Beziehung im Wachleben anwenden, sollten wir die möglichen Konsequenzen unseres Handelns bedenken. Häufig wird sich der Ratschlag des Traumes relativ gut auswirken und keine üblen Folgen haben. Als meine Bekannte den Rat ihres Traumes befolgte, sich neben ihre schwierige Kollegin zu setzen anstatt ihr gegenüber, riskierte sie sehr wenig. Die Beziehung hatte sich bereits so verschlechtert, daß sie sagen konnte:

Nur wer wagt, gewinnt. Und ihr unauffälliges Manöver war keine große Sache. Wir sollten dem Rat eines Traumes, uns konstruktiver und kooperativer zu verhalten, also ruhig folgen. Doch wenn wir uns nur aufgrund eines Traumes entschließen, eine Beziehung radikal anders anzugehen, dann müssen wir uns auf unerwartete Folgen vorbereiten.

Wir sollten uns immer daran erinnern, daß ein bestimmter Traum möglicherweise nicht das Wesen einer Beziehung sieht, sondern irgendeinen nebensächlicheren Aspekt. Die meisten Fachleute sind der Überzeugung, daß der Traum sich auf das konzentriert, was im Wachleben nicht zum Ausdruck kommt. In unseren Beziehungen werden solche Dinge vielleicht gerade deshalb nicht zum Ausdruck gebracht, weil es sich um eher geringfügigere Probleme handelt oder um Dinge, deren wir uns nicht ganz sicher sind. Diese Möglichkeit müssen wir zumindest in Betracht ziehen, auch wenn es sein kann, daß der Traum tatsächlich ein Grundproblem der Beziehung behandelt, ein Problem, das nicht zum Ausdruck gebracht wird, weil wir nicht dazu bereit oder fähig sind.

Manchmal aber wird es nur nicht ausgesprochen, weil wir uns nicht die Zeit dazu nehmen. Die zwischenmenschliche Kommunikation hat in den letzten Jahren drastisch unter diesem Problem gelitten, weil wir immer abhängiger vom Fernsehen werden, wenn es um Unterhaltung, Information, Rollenbilder und Geselligkeit geht. Der Soziologe Richard Scheckel behauptet in seinem Buch *Intimate Strangers*, daß in den USA Menschen unter dreißig durchschnittlich sechs Stunden pro Tag fernsehen und nur zwanzig Minuten wirklich persönliche Gespräche führen (New York 1985, S. 288). Angesichts dieser alarmierenden Tatsache wird sich das, was wir im Fernsehen sehen, noch stärker auf unsere Träume auswirken. Je mehr Zeit der Mensch vor dem Fernseher verbringt, desto mehr werden ungelöste Probleme seiner realen Beziehungen Träumen Nahrung geben.

Wir müssen also nicht nur in Betracht ziehen, daß ein Traum über eine Beziehung zu einem Menschen nicht unbedingt den Kern der in der Realität bestehenden Beziehung trifft; darüber hinaus sollten wir vorsichtig sein, wenn wir die einzelnen Rollen der Traumbeziehung mit den Rollen der entsprechenden Beziehung im Wachleben in Verbindung bringen. Die Dynamik von Ursache und Wirkung kann in beiden Fällen sehr unterschiedlich sein. Zuweilen experimentieren wir möglicherweise, indem wir die Rollen in einem Traum verlagern, so daß unsere Wahrnehmung des Betreffenden genau dem Gegenteil dessen entspricht, wie er wirklich ist. Als Versuch zur Selbstrechtfertigung oder einfach zur Einfühlung in den anderen werden wir beispielsweise träumen, daß der Partner uns betrügt, während wir ihn in Wirklichkeit selbst betrügen.
Es kann aber auch sein, daß wir unseren Traumgestalten die gleichen falschen Rollen zuweisen, wie wir das in unserem Wachleben tun. Wir glauben beispielsweise, daß der andere in der Wirklichkeit oder in unserem Traum uns etwas antut, tun es uns aber tatsächlich selbst an.
Im Wachleben ist es sehr schwierig, zu beurteilen, ob wir unsere Rolle oder die Rolle des anderen in einer Beziehung falsch interpretieren, und deshalb ist sorgfältige Traumarbeit besonders wichtig und oft auch besonders wirksam. Eine Bekannte hat mir ein Erlebnis mit einem Traum mitgeteilt, das diese Tatsache unterstreicht:

»Eines Nachts hatte ich einen schrecklichen Traum über J., meinen Mann. Wir gingen beide eilig eine Straße entlang, weil wir zu einer Party wollten. Ich war immer ein paar Schritte hinterher und begann, ihn eindringlich zu bitten, er solle mir zuhören. Schließlich blieb er stehen, und ich schrie ihn an: ›Es geht mir schlecht! Ich lebe so ungern hier! Ich habe Schwierigkeiten mit meiner Arbeit!‹ und so fort, ein richtiger Ausbruch! Er hörte mir zu, aber dann sagte er, daß er schnell weitergehen wolle, weil wir sonst zu spät kämen.

Als ich erwachte, was gleich darauf geschah, war ich sehr ärgerlich über seine Gefühllosigkeit. Doch später, als ich den Traum in seine Einzelteile zerlegte und sie untersuchte, erkannte ich, daß es darin gar nicht darum ging, ob er Mitgefühl hatte oder nicht, sondern daß es um mein Bedürfnis ging, etwas herauszuschreien. J. war in dem Traum viel gleichgültiger, als er es im wirklichen Leben gewesen wäre. Zudem trat seine Gestalt im Traum nicht sehr deutlich zutage, während ich selbst sehr genau porträtiert war. Ich war mit meinen Problemen beschäftigt und forderte, er solle sie lösen. Das konnte er natürlich nicht, was mich frustrierte. Das war die Erklärung dafür, warum ich so verärgert hinter ihm herrief, während er so schnell wie möglich weiterging.

Es ist schwer zu erklären, wie ich zu der Erkenntnis über die wahre Bedeutung des Traumes kam. Es wurde mir einfach allmählich klar, daß dieser Traum, in dem mein Mann scheinbar so böse war, in Wirklichkeit von mir handelte und daß ich meinen Mann im Traum nur hatte vorkommen lassen, weil er im Grunde ein Teil von mir ist.«

Auch wenn ein Traum oder unsere Beschäftigung damit vielleicht nicht zur Veränderung des Verhaltens in einer Beziehung unseres Wachlebens führt, kann beides doch ein Anstoß dafür sein, daß wir bewußter mit dieser Beziehung umgehen. Je wacher wir unsere Interaktion mit anderen beobachten, desto mehr Gelegenheiten werden wir entdecken, diese Interaktionen zu verbessern. In einem technologischen und individualistischen Zeitalter, in dem enge, wohltuende Beziehungen ernsthaft gefährdet sind, werden solch kostbare Gelegenheiten oft versäumt. Unsere Träume können unsere Wachsamkeit wecken und verstärken.

Experiment: Suchen Sie Begegnungen

Fassen Sie es das nächstemal, wenn Sie von irgend jemandem träumen, den Sie nicht täglich sehen, als Zeichen auf, daß Sie den Betreffenden anrufen, ihm schreiben oder ihn besuchen sollten. Sehen Sie diesen Austausch als eine Gelegenheit, Ihre Beziehung aufzufrischen oder zu vertiefen. Sie müssen den Traum selbst nicht erwähnen, wenn Sie glauben, Sie würden nicht gern darüber sprechen (obwohl es Ihnen helfen würde, dem anderen rasch und auf schmeichelhafte Weise zu erklären, warum Sie den Kontakt zu ihm aufgenommen haben, vor allem wenn seit Ihrer letzten Begegnung viel Zeit vergangen ist). Ganz nebenbei kann Ihr realer Austausch mit diesem Menschen als gesundes Gegengewicht zu Ihrer Begegnung im Traum dienen. Er wird Ihnen helfen, eine falsche Deutung des Traumes zu vermeiden, und wird dafür sorgen, daß Sie Ihren jüngsten Eindruck von diesem Menschen nicht nur auf den Traum beziehen. Zudem könnte es einen guten Grund dafür geben, mit diesem Menschen in Verbindung zu treten, den Sie bewußt gar nicht wahrgenommen haben, der aber den Traum bei Ihnen ausgelöst hat.
Wenn es Ihnen angenehm ist, mit dem anderen den Traum zu besprechen, dann drängen Sie ihm keinesfalls eine Interpretation auf, und lassen Sie sich auch selbst keine Interpretation aufzwingen. Sprechen Sie darüber, was die einzelnen Bilder und Ereignisse des Traumes bedeuten könnten, und lassen Sie Fragen offen.

Eine andere Möglichkeit ist es, mit einem Dritten auf diese Weise über den Traum zu sprechen. Vielleicht können Sie Ihre Beziehung zu dem Menschen, von dem Sie geträumt haben, in einem neuen Licht sehen, desgleichen die mögliche Bedeutung des Traumes. Auch Ihre Beziehung zu dem Dritten könnte dadurch gefördert werden!
Weitere Hinweise für Traumarbeit unter Freunden oder in Gruppen finden Sie im achten Kapitel.

Freunde und soziale Beziehungen

Wir sprachen schon von der Notwendigkeit, die einzelnen Rollen in einer Traumbeziehung von den Rollen der ihr entsprechenden Beziehung im Wachleben zu trennen. Wir sollten uns zudem im klaren darüber sein, daß Beziehungen sich auch gegenseitig beeinflussen, aufeinander einwirken und daß auch hier die Wirklichkeit nicht mit dem übereinstimmen muß, was sich im Traum abspielt.
Die reale Beziehung mit der Ehefrau beispielsweise kann sehr eng mit unserer Beziehung zu unserem besten Freund verknüpft sein: Wenn wir Probleme mit der Frau haben, suchen wir bei dem besten Freund Trost. Vielleicht tun wir im Traum das gleiche, vielleicht aber das Gegenteil — wir lassen unseren Ärger über die Figur »bester Freund« an der »Ehefrau«-Figur aus. Unser Verhalten im Traum kann uns Einsichten darüber vermitteln, wie die beiden Beziehungen aufeinander einwirken, aber sie müssen nicht richtig sein. Unser waches Selbst sollte zu einem klaren Urteil finden.
Keine Beziehung existiert in einem Vakuum, was um so offensichtlicher wird, je mehr wir uns mit unseren Träumen über Beziehungen beschäftigen. In manchen Fällen zeigen sich in einer relativ unwichtigen Beziehung unseres Lebens die glei-

chen Muster wie in einer sehr wichtigen Beziehung — so sehr, daß der Traum auf die Person in der ersteren zurückgreift, um eine Wahrheit über die an der letzteren Beteiligten zu verdeutlichen. Es ist nun zwar wichtig, mit den jeweils beteiligten Personen klarzukommen, noch wichtiger aber ist es, das Muster zu erkennen, das zutage tritt, und zwar unabhängig von den einzelnen Personen. Träume sagen uns viel mehr über die Grundzüge unserer Beziehungen im allgemeinen als über den Charakter spezifischer Beziehungen.

Und so ist unser »Ich« der gemeinsame Nenner unserer Beziehungen im Traumleben oder im Wachleben; die eigenen Talente, Einstellungen, Verhaltensweisen, Emotionen, Erfahrungen bilden die Parameter für jede Beziehung, die wir eingehen. Träume zeigen uns diese Eigenheiten und stellen uns vor Augen, wer wir als soziale Wesen waren, sind und sein könnten.

In seinem 1987 veröffentlichten Essay »Night Rule: Dreams as Social Intelligence« erinnert sich Dr. John Wikse, Dekan am Shimer College in Waukegan, Illinois, an einen Traum, in dem er ein eindrucksvolles Bild für das soziale Netzwerk, in dem er sich befindet, geschaffen hatte:

> »Ich träumte einmal, daß ich im Blutstrom eines großen organischen Körpers schwamm, indem ich mich von einem Mitglied einer Forschungsgruppe, zu der ich gehörte, zum nächsten fortbewegte. Dieses Gefühl blieb bestimmend für mich. In dem Traum war es so, als seien alle anderen, mit denen ich verbunden war, Organe, die ihre Funktion in dem großen Körper, den wir bildeten, innehatten. Wenn ich mich den einzelnen Mitgliedern der Gruppe näherte, wurde ich manchmal durch die Arterien, die uns verbanden, zurückgestoßen; manchmal schwebte ich in einem harmonischen Gleichgewicht, und manchmal spürte ich Spannungen

in einem flüssigen Medium. Ich sah, daß dieser Traum mir einen klaren Blick auf die Konfliktmuster beim Austausch mit anderen in meinem ›sozialen Körper‹ geboten hatte. Dieser Blick kann sich einem durch Trauminterpretation eröffnen« (aus: Ullman und Limmer [Hg.], *The Variety of Dream Experience*, New York 1987, S. 196).

6. KAPITEL

Träume und Problemlösungen

Im Frühjahr 1893 saß Hermann Hilprecht, Professor für Assyriologie an der Universität von Pennsylvania, mehrere nervenaufreibende Wochen lang über Zeichnungen von zwei kleinen Fragmenten, die man aus den Ruinen eines babylonischen Tempels ausgegraben hatte. Was für Fragmente waren das? Wie alt waren sie? Als er alles einschlägige Material über dieses Thema gesammelt hatte, kam er zu dem Schluß, daß die beiden Bruchstücke zu zwei Fingerringen aus verschiedenen historischen Epochen gehörten, wobei er aber nicht sicher wußte, ob er recht hatte. Beide Stücke trugen Keilschriftgravierungen, aber er konnte die Inschriften nicht entziffern.

Eines Nachts hatte Hilprecht einen Traum, in dem ihm ein »großer, dünner Priester des alten vorchristlichen Nippur« in den Tempel führte und ihm folgende Geschichte erzählte:

> »König Kurigalzu (etwa 1300 v. Chr.) schickte einst unter anderen Gegenständen aus Achat und Lapislazuli eine zylinderförmige Votivfigur aus Achat in den Tempel von Bel. Wir Priester erhielten dann sofort den Befehl, für die Statue des Gottes von Ninib ein Paar Achatohrringe zu fertigen. Das versetzte uns in große Bestürzung, da wir keinen unbearbeiteten Achat zur Verfügung hatten. Um den Befehl ausführen zu können, blieb uns nichts anderes übrig, als die Votivfigur

in drei Teile zu schneiden, woraus drei Ringe entstanden, von denen jeder einen Teil der Inschrift enthielt. Die ersten beiden Ringe dienten als Ohrringe für die Götterstatue; die beiden Fragmente, die dir soviel Kopfzerbrechen bereitet haben, sind Teile von ihnen. Wenn du die beiden zusammenfügst, wirst du die Bestätigung für meine Worte erhalten. Den dritten Ring aber hast du bei deinen Ausgrabungen nicht gefunden und wirst ihn auch nie finden« (aus: Patricia Garfield, *Creative Dreaming*, New York 1974, S. 42 f.).

Einige Zeit darauf kam Hilprecht zum erstenmal in das Museum von Konstantinopel, dem heutigen Istanbul, wo die angeblich nicht zusammengehörenden Bruchstücke in verschiedenen Behältern aufbewahrt wurden. Als er die beiden Teile aneinanderhielt, paßten sie genau zusammen. Nun konnte er auch die Inschrift zum erstenmal entziffern. Wir werden wahrscheinlich nie feststellen können, ob die Geschichte des Priesters aus diesem Traum wirklich wahr ist. Sicher wissen wir jedoch, daß dieser Träumer in akademischen Kreisen als tüchtiger, ehrenwerter und genauigkeitsliebender Wissenschaftler galt und sein Traum ihn zu der Lösung eines Problems geführt hatte, für das er auf anderen Wegen keine Lösung hatte finden können.
Als was sollen wir solch einen Traum betrachten? War er hellsichtig? Da er zu keiner anderen Erklärung gelangen konnte, erklärte sich Hilprecht bereit, seinen Traum in der Zeitschrift *Proceedings of the Society for Psychical Research* (London 1896) zu veröffentlichen – ein kühner Entschluß für solch einen konservativen Mann. War dieser Traum eine Laune der Natur oder einfach ein ungewöhnlich eindrucksvolles Beispiel für eine Art von Träumen, die jeder von uns zuweilen hat?
Betrachten wir ein etwas weniger geheimnisvolles Beispiel, das

ein Jahrhundert früher datiert. Der arme englische Dichter und Maler William Blake, der seine Träume oft in seinen Werken verarbeitete, suchte verzweifelt nach einer billigeren Methode, Stiche anzufertigen. Blake verlor mehrere Tage mit ergebnislosem Experimentieren, als sein Bruder Robert ihm im Traum erschien und ihm eine völlig neue und andere Art des Kupferstichs beschrieb. Am nächsten Tag befolgte William Blake die detaillierten Anweisungen seines Bruders genau, und wie durch ein Wunder fand er, wonach er so mühsam gesucht hatte.

Blakes Traum kann man leichter rational erklären als Hilprechts Traum. Sein verstorbener Ratgeber war schließlich ein naher Verwandter, ein Mensch, den Blake in seiner Jugend gut gekannt und geliebt hatte. Die neue Kupferstichtechnik könnte Blake auch unbewußt in den vorangegangenen Tagen gefunden haben, während er verschiedene Möglichkeiten ausprobierte. Dennoch ist es erstaunlich, daß ein solch neuartiges und kompliziertes Verfahren ihm im Traum einfiel. Ein einmaliges Wunder oder ein singuläres Beispiel für die wunderbaren Möglichkeiten des Traumes im allgemeinen?

Betrachten wir noch einen berühmten hellsichtigen Traum, bevor wir versuchen, eine Antwort zu finden — einen Traum, der an der Grenze zwischen Nachvollziehbarem und Wunderbarem liegt. Friedrich August Kekulé von Stradonitz hatte ihn in einer Winternacht 1865, nachdem er sich jahrelang bemüht hatte, die Molekularstruktur des Benzols zu finden. Kekulé war vor dem Feuer eingenickt und träumte, wie schon oft, daß Atome vor seinen Augen tanzten, als plötzlich folgende Vision Gestalt annahm:

> »Diesmal hielten sich die kleineren Gruppen (von Atomen) bescheiden im Hintergrund. Mein geistiges Auge, durch häufige Visionen dieser Art geschärft, konnte

jetzt größere Strukturen in vielfältigeren Zusammensetzungen unterscheiden; lange Reihen, manchmal eng verbunden; alle drehten und wanden sich schlangenartig. Doch siehe da, was war das: Eine der Schlangen hatte ihren eigenen Schwanz gepackt, und die Form drehte sich spöttisch vor meinen Augen. Wie von einem Blitzstrahl getroffen, erwachte ich.«

Kekulé sah sofort, daß die logische Strukturformel der Kohlenstoffverbindungen (einschließlich Benzol) eine geschlossene Kette oder ein Ring sein mußte wie das etwa sechseckige Traumbild der Schlange, die sich in den eigenen Schwanz beißt. Seine Erkenntnis führte zu einer Revolution in der auf Kohlenstoff beruhenden organischen Chemie und veranlaßte ihn, auf einer Versammlung im Jahre 1890 seinen wissenschaftlichen Kollegen folgenden Rat zu geben: »Lernen wir zu träumen, meine Herren, so werden wir vielleicht die Wahrheit entdecken.«

Dieser Traum, der zu einem wichtigen Durchbruch verhalf, scheint unmittelbar mit den bewußten Bemühungen des Träumers, die ihm vorangingen, verbunden zu sein. Die Flammen des Feuers, in das Kekulé sah, könnten ihn ohne weiteres dazu gebracht haben, von tanzenden Atomen zu träumen, und das Bild der Schlange selbst ist nicht weit entfernt von der Art von Diagrammen, die man vor dem geistigen Auge sieht, wenn man ein schwieriges wissenschaftliches Problem analysiert. Die historische Entdeckung in Hilprechts Traum und die genauen Anweisungen in Blakes Traum sind hingegen viel komplexer und exotischer. Auch zeigte sich Kekulé kein magischer Führer, der ihm die Lösung mitteilte. Er mußte sie durch eine nachträgliche Analyse des Traumes finden. Dennoch ist das ein außerordentlicher Traum.

Wenn es sich bei Träumen dieser Art auch nicht um wirkliche

hellseherische Erfahrungen handelt, so sind sie doch sicher geniale Einfälle, die zu schöpferischen Durchbrüchen führen. Das siebte Kapitel, »Träume und Kreativität«, wird sich ausführlich mit dieser Art von Träumen beschäftigen. Aber auch weit weniger spektakuläre Träume können wichtige und sinnvolle Beiträge zur Lösung von konkreten Problemen liefern. Man muß keine außerordentliche geistige oder spirituelle Begabung aufweisen, um solche hilfreichen Träume zu haben oder sie nach dem Erwachen in der Realität umzusetzen. Es heißt nicht umsonst, man müsse ein Problem überschlafen, und wer hat sich nicht schon die Lösung eines Problems »zusammengeträumt«.

Es gibt Leute, die es mit diesem »Überschlafen« sehr ernst nehmen. Bertrand Russell beispielsweise pflegte besonders knifflige Probleme (in seinem Fall mathematischer, philosophischer oder politischer Art) zu lösen, indem er sein Gehirn den Tag über mit möglichst vielen Informationen füllte und sich dann einen besonders langen Nachtschlaf gönnte. Er bestätigte, daß sich die Lösung des Problems sehr häufig am nächsten Morgen mühelos einstellte. Patricia Garfield, von der schon öfters die Rede war, hat dieses Prinzip der Vertiefung in ein Thema, das sowohl unbewußt wie bewußt funktioniert, als wichtiges Phänomen beschrieben.

Jüngere wissenschaftliche Forschungen haben ergeben, daß wir intensiver und sinnvoller träumen, wenn wir unter Streß stehen oder wenn wir besonders schwierige Probleme zu lösen haben. Das könnte erklären, warum so viele Träume, an die wir uns erinnern, unangenehm sind. Es ist, psychologisch betrachtet, nur natürlich, daß wir mehr über den Schwierigkeiten und Fehlern in unserem Leben brüten als über den Dingen, die uns leichtfallen oder Vergnügen machen.

In den frühen achtziger Jahren untersuchte Dr. Rosalind Cartwright, Psychologieprofessorin in Chicago, die Träume von drei Gruppen von Frauen, die sich als freiwillige Versuchspersonen gemeldet und bereit erklärt hatten, in regelmäßigen Abständen in dem dafür vorgesehenen Labor zu schlafen. Eine Gruppe bestand aus Frauen, die glücklich verheiratet waren, eine weitere aus Frauen, die sich kürzlich hatten scheiden lassen und unter Depressionen litten, und die letzte Gruppe bestand aus geschiedenen Frauen, die mit dem Alleinleben gut zurechtkamen. Rosalind Cartwright fand nicht nur heraus, daß die Träume unmittelbar durch wichtige Lebensereignisse beeinflußt werden, sondern auch, daß sie deutlich unterschiedliche Muster aufweisen, je nachdem, in welchem Seelenzustand sich der Träumer befindet.

Nach dieser Studie erinnern sich die Versuchspersonen, wenn alles im Leben glattgeht, im allgemeinen weniger an ihre Träume, und wenn sie sich erinnern, so sind sie gewöhnlich leicht und sehr vielfältig. Unter Streß werden die Träume strukturierter, so als befaßten sie sich eingehend mit der Lösung von Problemen. Die nächtlichen Träume von Rosalind Cartwrights depressiven Versuchspersonen — das heißt die verschiedenen Träume, die sie häufig in einer Nacht hatten — verliefen fast durchweg nach folgendem Schema: Zunächst erfolgte ein zehnminütiger Traum, der das Problem darstellte, dann zwei oder mehr Träume, die es ausführlicher behandelten, wobei oft Material zutage trat, das sich auf ähnliche Probleme in der Vergangenheit bezog, und schließlich ein Traum, in dem versucht wurde, das Problem grundsätzlich zu lösen — wobei dies der positivste, negativste oder verwirrendste Traum war.

Inzwischen hat Rosalind Cartwright eine zweite, weit umfangreichere Studie — diesmal mit geschiedenen Männern und geschiedenen Frauen — unternommen, um die Ergebnisse ihrer früheren Arbeit zu überprüfen. Die Ausgabe der Zeitschrift *American Health* vom Juli 1987 druckte den folgenden Traum einer ihrer männlichen Versuchspersonen ab, um das klassische Muster zu illustrieren, das sie immer wieder in den Träumen ihrer besonders schwer betroffenen Versuchspersonen findet:

> »Das erste Bild: Er (der Träumer) räumt die Garage in dem Haus aus, in dem er mit seiner früheren Frau gelebt hat. Dann steht er am Bordstein und sammelt alles, was er in seine neue Wohnung mitnehmen will. Plötzlich beginnt ein Mann, die Sachen in einem kleinen Lieferwagen wegzutransportieren. Der Träumer protestiert, aber der andere Mann sagt: ›Sie haben das Zeug hier herausgestellt, so kann es jeder wegnehmen.‹ Der Träumende packt einen Stuhl und beginnt, auf den Mann einzuschlagen.«

In den an die Untersuchung anschließenden Therapiesitzungen fand der Träumer heraus, daß das »Zeug, das er nicht zurücklassen wollte«, seine Kinder waren. Die Aussicht, daß ein anderer Mann bei ihnen die Vaterrolle übernehmen könnte, war plötzlich als der Faktor erkennbar, der für den Träumer in seinem Leben am schwierigsten zu akzeptieren war. Sein Traum bot zwar keine sinnvolle Lösung an, zeigte ihm aber, wo das Problem lag, ließ spürbar werden, wohin ihn die damit verbundenen Gefühle führen konnten, und regte ihn an, sich auf reifere Weise mit dem Problem auseinanderzusetzen.
In einem anderen, ebenso faszinierenden Experiment legte Rosalind Cartwright einer gemischten Gruppe freiwilliger Versuchspersonen beispielhafte Probleme vor wie Situationen, in denen sexuelle Schuldgefühle auftreten oder Konflikte zwischen Arbeit und Vergnügen eine Rolle spielen. Sie wurden gebeten, ihre Lösungen auf diese hypothetischen Probleme sieben Stunden später vorzuschlagen. In der Zwischenzeit blieb

die Hälfte der Versuchspersonen wach, während die andere Hälfte im Labor schlief – wobei manche von letzteren geweckt wurden, wenn sie in einer REM-Schlafphase waren, die anderen jedoch nicht. Die Problemlösungen der Gruppe, die die Möglichkeit gehabt hatte, zu träumen, waren deutlich realistischer, einsichtiger und aktiver als jene, die von den anderen beiden Gruppen gefunden worden waren.
Sowohl die Experimente Rosalind Cartwrights als auch die in den Anekdoten überlieferten Erlebnisse zeigen, daß unsere Träume unwillkürlich und automatisch auf unsere Probleme reagieren. Ob es die ausdrückliche biologische und psychologische Funktion von Träumen ist, bei der Lösung von Problemen zu helfen, konnte nicht nachgewiesen werden, daß das Träumen aber einen positiven Einfluß auf die anschließende Problemlösung hat, wurde innerhalb wie außerhalb des Labors vielfach demonstriert.

Wege zur Problemlösung

Im realen Leben können uns Träume bei der Lösung großer wie kleiner Probleme helfen. Das Geheimnis liegt in der Fähigkeit des träumenden Geistes, eine Vielfalt eindrucksvoller Bilder hervorzubringen, die mit einem bestimmten Problem zusammenhängen und die wir benutzen können, um das Problem besser zu verstehen und in den Griff zu bekommen. Die meisten Bilder dieser Art sind im wesentlichen visuell, viele jedoch sprechen auch auf die anderen Sinne an. Dieses vielfältige Material gibt einem ein deutlicheres Gefühl für ein Problem, vor allem wenn es sich überwiegend auf der verbalen oder begrifflichen Ebene stellt.
Wenn wir vor dem alltäglichen Problem stehen, uns entscheiden zu müssen, was wir essen wollen, stellen wir uns die ver-

schiedensten Gerichte in Gedanken vor, riechen sie, schmecken sie, wir fühlen und hören sie sogar manchmal (zum Beispiel das Brutzeln des Steaks). Wenn wir es mit einem umfassenderen und abstrakteren Problem zu tun haben, beispielsweise der Frage, wie wir mit einer Krise in unserer Arbeit fertig werden, versuchen wir instinktiv, das gleiche zu tun — wir versuchen, mögliche Lösungen im voraus zu empfinden —, doch das gelingt uns oft nicht recht, weil uns hier kein so reiches Vorstellungsrepertoire zur Verfügung steht.

Diese Begrenzung gibt es für unseren träumenden Geist kaum. Er bringt eine Vielzahl von Bildern und Empfindungen hervor, die sich auf unsere täglichen Konflikte beziehen. Es mag zwar einige Mühe bedeuten, sinnvolle Beziehungen herzustellen, doch gerade diese Mühe kann uns der Lösung des Problems näherbringen. Manche Träume bieten aber auch eine kurze und treffende Lösung. Der Träumer muß dann nur noch die Anregung aufgreifen und umsetzen. Dr. William C. Dement, ein amerikanischer Schlaf- und Traumforscher von der Stanford University, berichtet, der professionelle Golfspieler Jack Nicklaus träumte einmal, daß er seinen Schläger auf andere Weise halte und seinen Schlag dadurch außerordentlich verbessere. In den nächsten Wochen experimentierte Nicklaus mit dem neuen Griff, den er in seinem Traum gelernt hatte, und das mit solch einem Erfolg, daß es mit seiner Karriere plötzlich steil bergauf ging.

Während meines Studiums hatte ich einmal Probleme mit dem Abgabetermin für eine schriftliche Arbeit; da träumte ich, daß ich am Fenster eines Ferienhauses mit dem Blick auf einen See saß und mein fertiges Manuskript durchkorrigierte. Am nächsten Tag begann ich, über die Möglichkeit nachzudenken, an einen ruhigen Ort zu fahren, wo ich mich auf die Beendigung meiner Arbeit konzentrieren könnte. Normalerweise hätte ich diese Idee sofort verworfen. Ich hätte Bedenken gehabt, meinen Zeitplan durcheinanderzubringen und zuviel Geld aufs Spiel zu setzen, einerseits wegen der Kosten dieser Unternehmung, andererseits weil ich in dieser Zeit meine Einkünfte als Taxifahrer verlieren würde. Zudem kannte ich keinen erreichbaren Ort, der dem im Traum gesehenen entsprach. Trotzdem gab mir der Traum den Anstoß, meine Studienkollegen nach einem Ferienhaus zu fragen. Einer von ihnen bot mir an, das Jagdhaus seiner Familie in Maine umsonst zu benutzen, und ich ergriff die Gelegenheit. Es war ein sehr primitives Häuschen, und ich hatte auch keinen Ausblick auf einen See, aber es lag abgeschieden und war vollkommen ruhig. Ich hatte keine Schwierigkeiten, meine Arbeit rechtzeitig zu beenden, und sie machte mir auch noch Spaß.

Ein Weg, um der Lösung eines Problems näherzukommen, besteht darin, daß Sie sich mit Situationen Ihres Wachlebens beschäftigen, sie »visualisieren«, und durch diese bewußte, bildhafte Vorstellung etwas Ähnliches tun wie der Traum. Je intensiver Sie sich mit wichtigen Einzelheiten Ihrer bewußten Erfahrung beschäftigen, desto besser wird es Ihnen auch gelingen, die entscheidenden Details Ihrer Träume zu identifizieren. Wenn Sie versuchen, die folgenden Fragen zu beantworten, sollten Sie sich bemühen, die auftauchenden Ereignisse wieder ganz lebendig werden zu lassen, und sei es auch nur für ein paar Sekunden. Auf die allgemeineren Fragen zu antworten ist vielleicht einfacher, wenn Sie sie jeweils nur auf einen Lebensbereich beziehen, beispielsweise Arbeit, Ausbildung, Beziehungen, Freizeitaktivitäten, Gesundheit, Besitz, Haushaltsfragen.

1. *Was waren einige der schwierigsten Probleme, die Sie in Ihrem Leben hatten?* Fragen Sie sich bei jedem Problem, an das Sie sich erinnern:

— Was machte dieses Problem so schwierig?
— Wie habe ich das Problem gelöst?
— Welche Faktoren führten mich zur Entscheidung für diese Strategie?
— Was waren die positiven und negativen Ergebnisse dieser Strategie?
— Wie hätte ich dieses Problem effektiver lösen können?

2. *Welche Art von Problemen treten häufig bei Ihnen auf?* Fragen Sie sich bei jedem einzelnen Problem:

— Warum habe ich immer wieder diese Art von Problem?
— Wie löse ich es gewöhnlich?
— Was sind die positiven und negativen Ergebnisse dieser Strategie?
— Wie könnte ich sie effektiver lösen?
— Wie könnte ich die Dinge so verändern, daß ich weniger oft mit solchen Problemen zu tun habe?

3. *Welchen Mustern folgen Sie, wenn Sie versuchen, Ihre Probleme zu lösen?* Fragen Sie sich bei jedem Muster:

— Warum folge ich diesem Muster?
— Was sind die positiven und negativen Aspekte dieses Musters?
— Wie könnte ich dieses Muster verbessern?
— Welche anderen Basisstrategien könnte ich mir aneignen, um dieses Muster zu ergänzen oder zu ersetzen?

4. *Welche spezifischen Probleme möchten Sie jetzt oder in der näheren Zukunft unbedingt lösen?* Fragen Sie sich bei jedem Problem:

- Warum ist dieses Problem so wichtig für mich?
- Was ist seine Geschichte (der Hintergrund, die Ursachen, die Wirkungen)?
- Was wäre das Ergebnis, wenn es mir gelänge, dieses Problem erfolgreich zu lösen?
- Welche verschiedenen Möglichkeiten gibt es, dieses Problem zu lösen?
- Was sind die möglichen Schwächen und Stärken jeder dieser Strategien?
- Welche Hindernisse oder Möglichkeiten könnten jetzt oder in der Zukunft die Art, wie ich dieses Problem löse, beeinflussen?

Wenn wir solche Visualisierungsübungen machen, lernen wir allmählich, daß die Bezeichnung Problemlösung diesen sehr komplexen Vorgang eigentlich gar nicht ausreichend beschreibt. Bevor wir uns an die Lösung eines Problems machen können, müssen wir sicher sein, daß wir es wirklich durchschaut haben. In vielen Fällen ist das die Herausforderung bei der Problemlösung: Nicht auf das Feststellen, sondern auf das Vorstellen kommt es an.
Nehmen Sie an, Sie hätten immer Schwierigkeiten, in einer Woche all das zu schaffen, was Sie wollen oder müssen. Vielleicht meinen Sie, das läge im Grunde an Ihrer Zeitplanung, und so erstellen Sie ausführliche Listen und kaufen sich vielleicht eine Armbanduhr mit eingebautem Wecker. Ihr Grundproblem ist aber vielleicht in Wirklichkeit, daß Sie sich zuviel vornehmen, Ihnen die nötige Motivation fehlt, Sie die Hilfe anderer nicht annehmen oder daß Sie an irgendeiner physischen oder emotionalen Beeinträchtigung leiden. Wenn es Ihnen nicht gelingt, klar herauszuarbeiten, wo die entscheidenden Probleme liegen, weil Sie an der Oberfläche hängenbleiben, sind Ihre Erfolgschancen sehr gering.

Zudem müssen wir einsehen, daß nicht jedes Problem lösbar ist. Manche schwierigen Situationen lassen sich überwinden, abschwächen, angehen oder vermeiden, doch wenn wir andauernd versuchen, sie grundsätzlich zu lösen, verschwenden wir nur unsere begrenzte Zeit und Energie. Das ist fast immer der Fall bei schwierigen zwischenmenschlichen Beziehungen. Wenn sich Ihr Ehepartner beispielsweise nicht so verhält, wie Sie es wollen, mag es zwar sinnvoll sein, sich um Verständnis für alle Faktoren zu bemühen, die zu seinem Verhalten ebenso wie zu Ihrem beitragen, und dann mit Techniken zu experimentieren, die auf eine Verhaltensänderung beider hinzielen, zum Beispiel ernsthafte Gespräche, Systeme, bei denen Sie Ansporn und Belohnung einsetzen, oder Veränderungen des Lebensstils. Es ist jedoch bei allem, was Sie tun, unrealistisch und möglicherweise sogar schädlich, die Erwartung zu hegen, daß das Problem zwischen Ihnen und Ihrem (Ehe-)Partner, wie Sie es wahrnehmen, völlig verschwinden könne.

Der Versuch der »Problemlösung« bringt uns dazu, ungeduldig nach der »richtigen« Antwort zu suchen, anstatt den langsameren, aber sicheren Weg zu gehen, der darin besteht, ein Problem erst einmal gründlich zu verstehen und dann sorgfältig aus einer Reihe von Möglichkeiten des Vorgehens eine auszuwählen. Dieses ungeduldige Suchen nach Antworten und richtigen Lösungen richtet beträchtlichen Schaden an. Wie ich schon im dritten Kapitel erwähnt habe, bringt diese Mentalität einen hohen Prozentsatz von amerikanischen Schülern und Studenten dazu, bei Schwierigkeiten vorschnell die Flinte ins Korn zu werfen. Auch Menschen an Arbeitsstellen, die hohe Anforderungen an sie stellen, haben deshalb oft eine negative Haltung gegenüber ablenkenden und nichteffektiven Aktivitäten wie Phantasieren und Träumen, die in Wirklichkeit außerordentlich produktiv sein können.

Um der Gefahr einer vorschnellen Entscheidung zu entgehen,

sollte man die Problemlösung als Vorgang sehen, der aus zwei aufeinanderfolgenden Stufen besteht, nämlich der Problemanalyse und dem Treffen der Entscheidung. Hier sind einige der Schritte genannt, die auf beiden Stufen getan werden sollten:

Die Problemanalyse:

1. Untersuchen Sie das Umfeld des Problems, finden Sie dabei Umstände heraus, die mit dem Problem in Zusammenhang stehen, und ziehen Sie alle möglichen Ursachen und Wirkungen in Betracht.
2. Definieren Sie so genau wie möglich, worin das Problem besteht.
3. Stellen Sie eine Liste aller möglichen Schritte zur Lösung oder Klärung des Problems auf.
4. Stellen Sie fest, welche Ziele Sie durch die Lösung oder Klärung des Problems erreichen wollen.
5. Finden Sie auf der Basis dieser Ziele Entscheidungskriterien, also bestimmte Ergebnisse, die Sie durch Ihre Art der Lösung oder Klärung des Problems erreichen wollen.

Das Treffen der Entscheidung:

6. Untersuchen Sie das Umfeld der Entscheidung, und finden Sie soviel wie möglich über die Mittel heraus, die Sie zur Lösung oder Klärung des Problems anwenden können, über die Möglichkeiten, die Sie haben, und die Hindernisse, die sich Ihnen entgegenstellen, sowie über die möglichen Konsequenzen der verschiedenen Vorgehensweisen (siehe Schritt 3) – wobei Sie alle Faktoren berücksichtigen sollten, die Sie unter Kontrolle haben und die Sie nicht unter Kontrolle haben.

7. Finden Sie die Methode zur Lösung oder Klärung des Problems heraus, die Ihnen aufgrund dieser Überlegungen am praktikabelsten erscheint.
8. Wählen Sie die Alternative aus, die Ihre Entscheidungskriterien am besten erfüllt (siehe Schritt 5).
9. Entwickeln Sie einen Plan für diese Vorgehensweise, der Ihnen erlaubt festzustellen, ob und wann Sie Fortschritte machen.

Hier haben wir einen sehr nüchternen Überblick über den gesamten rationalen Prozeß, der dem Begriff Problemlösung zugrunde liegt. Träume haben vor allem den Vorzug, daß sie unsere Bemühung um Problemlösung durch irrationale Aspekte bereichern. Der träumende Geist geht mit Informationen auf eine Weise um, die für das Bewußtsein nur schwer oder gar nicht nachvollziehbar ist und die uns deshalb hilft, in die unbekannten Elemente eines kniffligen Problems oder einer hypothetischen Lösungsmöglichkeit einzudringen: Er zeigt uns die Dinge, die wir übersehen, denen uns zu stellen wir Angst haben oder die wir ahnen, aber nicht richtig zum Ausdruck bringen können.

Ich glaube, daß jene englischen Dichter, die wir Romantiker nennen, am besten beschreiben, was der träumende Geist vollbringt, um zu dem zu gelangen, was wir Problemlösung nennen. Träume verleihen uns das, was der Dichter John Keats die »Negativfähigkeit« nennt, durch die wir »in der Lage sind, in Ungewißheiten, Geheimnissen und Zweifeln zu verharren ohne das störende Streben nach Tatsachen und Vernunft«. Träume stellen das dar, was der Dichter Samuel Taylor Coleridge die »sekundäre Phantasie« nennt, die »auflöst, zerstreut und verflüchtigt, um wieder Neues zu schaffen«.

Träume haben etwas, das der Romanschriftsteller F. Scott Fitzgerald als genial bezeichnet: »die Fähigkeit, zwei gegensätzliche Ideen zugleich mit dem Geist zu erfassen und dabei nicht die Möglichkeit zum Denken zu verlieren«. Kurz gesagt, unsere Träume können freier als unser rationaler Verstand über die widersprüchlichen Situationen in unserem Leben sprechen, und wir können viel über unsere Probleme und unsere Suche nach Lösungen lernen, wenn wir diesem Gespräch aufmerksam zuhören.

Erst wägen, dann wagen: Der »Klapperer«-Traum

Im dritten Teil von Jonathan Swifts Roman *Gullivers Reisen* besucht Gulliver Laputa, eine von Wissenschaftlern, Mathematikern und Philosophen bewohnte fliegende Insel. Seine Neugier wird sogleich geweckt, als er ihre ungewöhnlichen Begleiter sieht:

> »Hin und wieder bemerkte ich andere Leute in der Kleidung von Dienern, die aufgeblasene Schweinsblasen wie Dreschflegel an einem Stocke in der Hand trugen. In jeder Blase befand sich eine Quantität getrockneter Erbsen oder kleiner Kiesel, wie ich nachher erfuhr. Mit diesen Blasen rasselten sie mitunter vor den Ohren der Nächststehenden, ein Verfahren, dessen Sinn ich damals noch nicht verstehen konnte. Wie es scheint, sind diese Leute so sehr zu Spekulationen geneigt, daß sie weder sprechen noch auf die Rede anderer hören können, wenn ihre Sprech- und Hörorgane nicht durch irgendeine äußerliche Berührung aufgeweckt werden; deshalb halten alle, die nur einiges Vermögen besitzen, Klapperer (das Originalwort ist *Clinemole*, Anmerkung von Swift) in ihrem Haushalt sowie

auch einen Bedienten; sie verlassen ohne beide niemals ihre Wohnungen. Das Geschäft dieses Beamten besteht darin, daß er, wenn zwei, drei oder mehrere Personen sich in Gesellschaft befinden, mit der Blase den Mund desjenigen, der sprechen, und das rechte Ohr des anderen, der hören soll, berührt. Dieser Klapperer begleitet ferner seinen Herrn auf Spaziergängen, um ihm bei Gelegenheit einen sanften Klaps auf die Augen zu geben. Der Herr ist nämlich stets in so tiefes Nachdenken versunken, daß er in fortwährender Gefahr schwebt, in einen Abgrund zu stürzen oder an jeden Balken mit dem Kopf zu rennen, in den Straßen die Umherstehenden zu stoßen oder selbst in den Rinnstein gestoßen zu werden« (aus: Jonathan Swift, *Gullivers Reisen zu mehreren fernen Völkern der Welt*, Stuttgart [Reclam] 1971, Übersetzung Fr. Kottenkamp, S. 169 f.).

Wenn wir schwierige Zeiten erleben, wirken unsere Träume oft als »Klapperer«. Sie zwingen uns dazu, unsere Aufmerksamkeit auf Dinge zu lenken, die uns entgehen, weil wir zu sehr mit trivialen Notwendigkeiten beschäftigt sind. Sie machen Aspekte komplizierter Situationen fühlbar, die sich unseren bewußten Überlegungen und Spekulationen entziehen. Sie machen uns auf Krisen und Hindernisse auf unserem Weg aufmerksam, die unsere physischen Sinne nicht wahrgenommen haben. Sie weisen auf mögliche Lösungen hin, auf die wir sonst nicht gekommen wären, weil sie zu schwer greifbar oder verwirrend erscheinen.
Seine wachrüttelnde Funktion übt der Traum oft dadurch aus, daß er uns ein provokatives Bild, ein Rätsel oder eine Übung vor Augen stellt, die das Problem umreißen und den Träumer zwingen, sich mit ihm auseinanderzusetzen. Dr. Martin E. P. Seligman, Psychologe an der Universität von Pennsylvania,

gehört zu den ersten Fachleuten, die die Ansicht vertreten, daß Träume eine wichtige physiologische Funktion erfüllen, indem sie zur Erprobung schwieriger geistiger und emotionaler Aufgaben dienen. Zum REM-Schlaf sagt Seligman:

> »Vielleicht ist er ein Übungsfeld für die kognitive Synthese, die wir tagtäglich zu vollbringen haben, indem er uns ermöglicht, durch unsere Träume die Fähigkeit einzuüben, disparate Bilder und Gefühle in Einklang zu bringen. Kinder, die zehn oder zwölf Stunden pro Tag schlafen, hätten so reichlich Gelegenheit, diese Fähigkeit einzuüben.«

Große Lebenskrisen können uns in einen Zustand kindlicher Hilflosigkeit zurückwerfen, und in diesem Zustand suchen wir vielleicht Hilfe bei unserem Traumgenius. Eine meiner Bekannten trennte sich kürzlich von ihrem Mann und löste dann auch ihre Geschäftsbeziehung zu ihm auf. Vor einer unsicheren Zukunft stehend, hatte sie den folgenden »Erprobungstraum«. In ihm kommt eine Weggabelung vor, ein Bild, das (wie ein Klassenzimmer, eine Gerichtsverhandlung, ein Wettbewerb, ein Spiel oder eine Ausstellung) häufig in Träumen auftaucht, die mit Problemlösungen zu tun haben:

> »Ich gehe auf einer gepflasterten Straße einen kahlen, verlassenen Hügel hinauf. Ich schaue hinab und sehe vor mir die Lichter von Phoenix, Arizona, einer Stadt, in der ich ein paar Jahre lang ein sorgloses Vagabundenleben geführt hatte. Die Lichter sind schön, doch während ich sie betrachte, höre ich den Verkehrslärm immer deutlicher, und bald schon stelle ich fest, daß Rauch über sie hinzieht. Ich wende den Blick ab. Vor mir gabelt sich die Straße in drei Richtungen. Links

läuft sie gerade den Hügel hinauf, auf eine große, leuchtende Backwarenfabrik zu. Menschen strömen plaudernd hinein. Ich wende den Kopf ab, damit sie mich nicht bemerken und sich nicht fragen, wer ich bin. Zu meiner Rechten führt die Straße in Kurven den Hügel hinunter zum Haus einer Freundin von mir, die ein Tagespflegeheim leitet und Meditation lernt. Ich bin versucht, zu ihr zu gehen, doch ich sehe plötzlich, wie sie in ihrem Haus hin und her läuft; da verläßt mich der Wunsch, sie zu besuchen. Vor mir verläuft die Straße eben weiter. Ich sehe einen Kiefernhain vor mir. In der Mitte des Hains sind Holzstapel aufgerichtet, und überall liegen Werkzeuge umher. Ich eile, um diesen Ort in Besitz zu nehmen.«

Dieser Traum umreißt klar die vier Entscheidungsmöglichkeiten der Träumerin (und er geht sogar noch darüber hinaus, indem er ihr rät, welche Entscheidung sie treffen soll):

1. Sie könnte die gleiche Art zielloses Leben wählen, das sie einst in Phoenix geführt hatte. Der Traum zeigt ihr, daß solch ein Leben vielleicht viele glänzende Augenblicke haben kann, aber letztlich zu immer mehr ohrenbetäubendem Lärm und rauchverhangener Unklarheit führen würde.
2. Sie könnte ein strukturiertes, produktives Leben mit sozialen Kontakten haben, indem sie eine konventionelle Arbeitsstelle (symbolisiert durch die Bäckerei) annehmen würde. Ihr Verhalten im Traum weist darauf hin, daß es einen starken Konflikt gibt zwischen dieser Lebensmöglichkeit und dem, was sie wirklich ist.
3. Sie könnte ein Leben führen wie ihre Freundin, das scheinbar anziehend häuslich und friedlich ist; wenn sie es sich

im Traum jedoch näher betrachtet, scheint es ihr nicht mehr so wünschenswert.
4. Sie könnte ein völlig neues Leben beginnen (symbolisiert durch das frisch geschlagene Holz und die Werkzeuge). Die Tatsache, daß sie sich im Traum rasch auf diesen Wald zubewegt, um den Platz für sich in Anspruch zu nehmen, zeigt, daß diese Möglichkeit für sie die anziehendste und natürlichste unter den vieren ist.

In seltenen denkwürdigen Fällen schafft einem die »Klapper« im Traum eine Art Aha-Erlebnis, ein positives Erwachen. Ich hatte einmal Schwierigkeiten, das Manuskript zu einem Videounterrichtsprogramm zu schreiben. Obwohl mir die Anordnung der einzelnen Punkte gefiel, hatten die Produzenten des Videobandes immer wieder etwas auszusetzen und behaupteten, das Manuskript sei für das Publikum nicht tiefgehend genug. Ich fügte einige ausführliche Punkte hinzu, erweiterte das Manuskript und machte es komplexer, aber die Produzenten kamen wieder mit der gleichen Kritik. Es frustrierte mich mit der Zeit, daß sie sich nicht deutlicher ausdrücken konnten. Es half mir auch nicht, mich daran zu erinnern, daß sie wahrscheinlich niemanden zum Verfassen des Textes gebraucht hätten, wenn sie sich selbst klar genug hätten ausdrücken können. Es war mir völlig schleierhaft, was der Produzent wollte, und zu allem Überfluß war es ihm selbst unklar. Eines Nachts träumte ich, daß ein ungewöhnlicher Wohnwagen auf der Straße vor meinem Appartementhaus geparkt war und den Verkehr blockierte. Man hatte ihn wie ein mittelalterliches Schloß hergerichtet, und er sah überraschend schön aus. Ich ging hinüber und spähte in eines der Fenster. Dort lag auf einem Ständer ein aufgeschlagenes Buch, mit wunderbaren Ornamenten und reichen Schnörkeln verziert. Ich sah plötzlich, daß es eine Jefferson-Bibel war, in der alle Worte Jesu (das

heißt die wichtigsten Worte) rot und nicht schwarz gedruckt waren. Ich sah, daß diese rot gedruckten Worte im Druckbild eine besondere Tiefe zu haben schienen.
Am nächsten Morgen wußte ich sofort, daß der Traum etwas mit meinem Problem mit dem Manuskript zu tun hatte. Sofort beschloß ich, in die Tat umzusetzen, was der Traum mir offenbar hatte zeigen wollen. Ich unterstrich die wichtigsten Punkte im Manuskript und ließ die anderen wegfallen, die mich immer gestört hatten, obwohl sie durch ihre Ausführlichkeit dem Text mehr »Tiefe« verliehen. Dann konzentrierte ich mich darauf, diese Hauptgedanken zu verstärken und zu »verschönern«. Ich wiederholte sie auf verschiedene Weise, verdeutlichte sie durch mehr Beispiele und versuchte sie im allgemeinen eindrucksvoller zu gestalten. Wie das Schicksal es wollte, gefiel den Produzenten das überarbeitete Manuskript. Was ich als Wiederholung und Unterstreichung grundlegender Gedanken betrachtete, kam ihnen »tiefgehend« vor, eine Tatsache, die mir nur mein Traum hatte klarmachen können.

Experiment: Nachtschule

»Klapperer-Träume« können, wie wir sahen, in unterschiedlichen Formen auftreten. Manche von ihnen, wie der Traum mit der Weggabelung, halten uns ein symbolisches Bild vor Augen, das wir unmittelbar mit dem Problem des Wachlebens in Verbindung bringen können. Andere, wie der Traum von der Jefferson-Bibel, sind etwas dunkler. Sie machen uns manchmal auf ein Problem durch ein Äquivalent aufmerksam, das auf einer etwas entfernteren Ebene liegt, oder sie stellen uns eine schwierige Aufgabe, indem sie uns ein besonders lebhaftes Bild vorführen, das wir nur dann mit einem Problem des realen Lebens in Verbindung bringen können, wenn wir uns bewußt intensiv damit auseinandergesetzt haben.

Um aus solchen »Klapperer-Träumen« zu lernen, müssen wir sie als erzieherische Rätsel betrachten, wie ein Gedicht, das wir im Literaturunterricht zu interpretieren versuchen, wie eine Pflanze, die wir im Biologieunterricht unter der Lupe analysieren, oder eine mathematische Gleichung, an der wir herumrätseln. Wenn Sie herausfinden wollen, ob ein Traum oder Traumbild, die Ihnen keine Ruhe lassen, wirklich Bezug zu einem realen Problem haben, beantworten Sie die folgenden Fragen, und führen Sie mit Hilfe Ihrer Antworten eine Analyse durch:

1. *Hat die Traumhandlung mit irgendeinem Problem (wozu auch Konflikte und Rivalitäten gehören können) zu tun?* Wenn ja:

   — Beschreiben Sie die sich widersprechenden Seiten des Problems so prägnant wie möglich. Je nach Traum können die zwei Personen durch eine Person und eine Situation durch zwei verschiedene Situationen ausgedrückt sein. Natürlich kann das Problem auch mehr als zwei Seiten haben. Wenn der Traum zwei oder mehr verschiedene Probleme behandelt, betrachten Sie jedes für sich. Später finden Sie vielleicht heraus, daß alles miteinander zu tun hat.
   — Erfassen Sie das Umfeld des Problems (das heißt die Menschen, Orte, Ereignisse, Objekte und Verhaltensweisen). Notieren Sie alle tatsächlichen und möglichen Ursachen und Wirkungen des Problems. Untersuchen Sie die Faktoren, die mit der Entwicklung des Problems zusammenhängen. Erwägen Sie spätere Konsequenzen des Problems, die vom Traum abgeleitet werden können.
   — Finden Sie Lösungen für das Problem heraus. Wenn im

Traum Lösungen versucht werden, bestimmen Sie, warum diese Lösungen versucht werden und warum sie gelingen oder scheitern. Denken Sie über Lösungsmöglichkeiten für das Problem nach, die sich aus dem Traum ableiten lassen.

— Machen Sie eine Aufstellung aller wichtigen Probleme (einschließlich Konflikte oder Rivalitäten), die in Ihrem Wachleben häufig eine Rolle spielen. Betrachten Sie bei jedem Problempunkt die beiden Seiten, das Umfeld des Problems (Ursachen, Wirkungen, Assoziationen, spätere Konsequenzen) und die möglichen Lösungen; dann versuchen Sie, alle möglichen Beziehungen zwischen diesem Problem und dem Problem in Ihrem Traum herzustellen.

— Überlegen Sie, ausgehend von dem Traum, welche wirklichen oder möglichen Probleme im Wachleben damit gemeint sein könnten und worin die Ähnlichkeiten bestehen.

— Finden Sie auf der Basis Ihrer rationalen und intuitiven Antworten auf die beiden vorigen Abschnitte heraus, welches Problem Ihres Wachlebens, falls es überhaupt solch einen Bezug gibt, Ihr Traum meinen könnte.

2. *Enthält der Traum ein besonders eindrucksvolles Bild?* Wenn ja:

— Betrachten Sie das Bild genau, finden Sie die kontrastierenden Elemente in seiner Komposition heraus. Sehen Sie sich seine verschiedenen Teile, Farben, Gewebe, Umrisse, Volumina, Gestaltungen, Stile, Funktionen und so fort an. Überlegen Sie, was Ihnen daran vertraut ist und was, im Kontrast dazu, Ihnen fremd ist.

— Betrachten Sie das Umfeld des Bildes. Finden Sie heraus, was für die Entstehung dieses Bildes verantwortlich ist oder sein könnte. Überlegen Sie, welche Faktoren mit dem Bild in seiner gegenwärtigen, eindrucksvollen Form zusammenhängen könnten. Denken Sie über die mögliche Zukunft dieses Bildes nach (Veränderungsmöglichkeiten, anderer Umgang damit, andere Wirkung) — immer auf der Basis dessen, was Sie aus dem Traum ableiten können.

— Schaffen Sie sich ein geistiges Bild, das der Gegensatz des Traumbildes ist (vielleicht finden Sie verschiedene Bilder, die auf verschiedene Weise einen Gegensatz dazu darstellen). Oft ist es leichter, ein Bild dieser Art auf Ihr reales Problem zu beziehen, vor allem wenn das Traumbild eine positive Lösung präsentiert, die Sie bis jetzt noch nicht erkannt haben und die einer negativen Lösung entgegensteht, die Sie bereits gefunden haben.

— Machen Sie eine Aufstellung aller wichtigen Probleme (einschließlich Konflikten und Rivalitäten), mit denen Sie im Wachleben häufig zu tun haben. Betrachten Sie die verschiedenen Seiten des Problemumfelds (Ursachen, Wirkungen, Assoziationen, spätere Konsequenzen und die möglichen Lösungen); dann stellen Sie alle Beziehungen her zwischen diesem Problem und dem eindrucksvollen Bild Ihres Traumes oder einem entgegengesetzten Bild, das Sie geschaffen haben (siehe voriger Abschnitt).

— Überlegen Sie, vom Traumbild ausgehend, welche möglichen Probleme Ihres Wachlebens damit gemeint sein können. Nehmen Sie das entgegengesetzte Bild, das Sie gefunden haben (siehe oben), und tun Sie das gleiche.

Inkubation eines Traumes

Wir müssen nicht Nacht für Nacht passiv auf einen Traum warten, der Licht auf unsere Probleme wirft. Wir können auf das Erscheinen solch eines Traumes bewußt Einfluß nehmen. Das ist einfach eine Sache der Autosuggestion. Wenn wir daran glauben, daß Träume die Fähigkeit haben, die Probleme des Wachlebens zu behandeln, und wenn wir einen Sinn dafür entwickeln, *wie* unsere Träume das im allgemeinen tun, ist es nicht schwierig, noch einen Schritt weiter zu gehen und unser Traumbewußtsein darauf vorzubereiten, sich mit dem gewünschten Material auseinanderzusetzen. Ebenso wie man das bewußte Denken gestalten kann, kann man auch auf das Traumdenken Einfluß nehmen.

In alten Zeiten war es Brauch, um Träume zu bitten und die Ernsthaftigkeit des Verlangens durch Rituale zu bestärken. Die früheste Aufzeichnung, die wir von dieser Art Zeremonie haben, ist eine Anweisung auf einem ägyptischen Papyrus von ungefähr 2000 v. Chr., die im Britischen Museum in London ausgestellt ist:

> »Um eine Vision des Gottes Besa (des Hüters der Mysterien) zu empfangen, mach eine Zeichnung von Besa auf deine linke Hand, umwickle die Hand mit einem Streifen schwarzen Tuchs, das der Isis geweiht wurde, und leg dich schlafen, ohne ein Wort zu sprechen, auch nicht als Antwort auf eine Frage.«

Die Griechen institutionalisierten im 6. Jahrhundert v. Chr. den Traumwunsch als religiösen Ritus. Pilger, die eine bestimmte Art von Traum haben wollten, verbrachten die Nacht in einem Tempel, der dem entsprechenden Gott geweiht war.

Asklepios, der Gott des Heilens, gewann bald den glaubhaften Ruf, daß er diagnostische und sogar heilende Träume sende, und sein Tempel in Epidaurus wurde das Zentrum eines blühenden Kultes, der dann im 5. Jahrhundert n. Chr. rigoros unterdrückt wurde, nachdem sich Konstantin als erster römischer Kaiser im 4. Jahrhundert hatte zum Christentum bekehren lassen.

Heute ist der Akt des absichtlichen »Programmierens« von Träumen als »Trauminkubation« bekannt, eine Technik, für die als begeisterter Befürworter Dr. Henry Reed auftritt, der häufig Trauminkubationsworkshops und Experimente unter der Schirmherrschaft der »Association for Research and Enlightenment« in Virginia Beach, Virginia, durchführt. Nach Reed könnte »ein symbolisches Ritual eine hilfreiche Methode sein, damit die Menschen die transformierende Kraft ihrer Träume assimilieren können«, und so schafft er meist einen zeremoniellen Rahmen für die Trauminkubationsnächte seiner Gruppenteilnehmer.

Bei einem Wochenendkurs beispielsweise bat Reed die Teilnehmer, kleine Zelte mitzubringen. Jeder »Inkubant« wurde dann dazu angeleitet, aus dem Gedächtnis einen sehr weisen Menschen zu visualisieren und sich vorzustellen, daß das Zelt ein Heiligtum an einem Ort sei, den der Betreffende als besonders friedlich und ungewöhnlich betrachtete. Den Tag über mußte jeder Inkubant mit diesem weisen Menschen durch Rollenspiele in Verbindung treten, die mit dem Problem zu tun hatten, das im Traum bearbeitet werden sollte, und jeder Inkubant verbrachte daraufhin die Nacht in seinem Zelt in der Erwartung eines hilfreichen Traumes.

Reeds berühmtestes und ehrgeizigstes Trauminkubationsprojekt in den letzten Jahren war die Serie der »Traumhelfer«-Experimente, die er mit seinem Kollegen Dr. Robert Van de Castle, Professor für Psychologie an der Universität von Virginia, durchführte. Das zwei Tage währende »Traumhelfer«-Experiment geht folgendermaßen vor sich: Eine Gruppe von Leuten wird dazu angeregt, ihre Träume auf ein bestimmtes Gruppenmitglied und sein (oder ihr) Problem, das nicht ausgesprochen wird, zu richten. Am Tag vor dem Traum verbringt die Gruppe einige Zeit, auch meditierend, zusammen, so daß jeder den Betreffenden besser kennenlernen kann. Am folgenden Morgen treffen sich die Gruppenmitglieder und teilen sich ihre Träume mit. Übereinstimmende Einzelheiten aus den verschiedenen Träumen werden notiert, und die Versuchsperson wird befragt, ob diese Bilder mit ihrem/seinem Problem in Zusammenhang stehen und wie.

Reed und Van de Castle haben durch diese Experimente einige erstaunliche Einsichten gewonnen. Bei einer Sitzung träumte jedes Gruppenmitglied von einem Bild in Zusammenhang mit Wasser; die Versuchsperson hatte tatsächlich eine schwere Wasserphobie. Als sie mit den spezifischen Bildern aus der Gruppe arbeitete, konnte sie besser verstehen, wie sie die Phobie erworben hatte, und kam zu dem Entschluß, Schwimmunterricht zu nehmen. In einer anderen Sitzung sagten verschiedene Gruppenmitglieder, daß sie von Gegenständen geträumt hätten, die durch die Luft flogen. Die Versuchsperson, eine schüchterne, unsichere Frau, zeigte daraufhin sehr heftige Reaktionen. Sie hatte über ihre unglückliche Kindheit nachgegrübelt, und durch die Traumberichte war in ihr schlagartig die Erinnerung daran wach geworden, wie ihr Stiefbruder und ihre Stiefschwester sie auf dem Heimweg von der Schule fast täglich mit Steinen beworfen hatten.

Es ist unmöglich zu erklären, warum die »Traumhelfer«-Experimente so oft erfolgreich verlaufen. Empfangen die Helfer subliminale Hinweise von der Versuchsperson während des Tages vor dem Traum? Verbinden sich einzelne Gruppenmitglieder telepathisch miteinander? Hat die Sache etwas mit Massenpsychologie oder Hellseherei zu tun? Vielleicht werden wir es eines Tages wissen. Inzwischen bleibt die Tatsache bestehen, daß der Vorgang funktioniert und hilfreich ist. Ich erwähne diese Experimente hier nur, um zu zeigen, wie weitreichend die Anwendung von inkubierten Träumen auf die Lösung von Problemen sein kann.

Ein praktischeres, aber ebenso faszinierendes Trauminkubationsexperiment wurde 1980 von Dr. William C. Dement in der Stanford University durchgeführt. In diesem Fall nahmen fünfhundert Studenten teil — also viel mehr Versuchsteilnehmer als in den Gruppen von Reed und Van de Castle —, zu denen auch Menschen gehörten, die wenig oder kein Interesse an Träumen hatten. Dement legte den Versuchspersonen folgendes Problem vor: »Die Buchstaben E, Z, D, V, F bilden den Anfang einer Sequenz. Finden Sie eine einfache Regel, um einige oder alle folgenden Buchstaben zu bestimmen. Was wären Ihrer Regel nach die nächsten beiden Buchstaben der Sequenz?« Zudem erhielten seine Versuchspersonen einen Fragebogen, auf dem sie alle Träume eintragen sollten, die sie in dieser Nacht haben würden.

Am nächsten Tag sammelte und verglich Dement die Fragebogen jener Studenten, die eine Antwort auf das Problem gefunden und wenigstens einen Traum gehabt hatten. Er fand heraus, daß neun Studenten sich an Träume erinnern konnten, die die richtige Lösung präsentierten. Zwei von diesen neun Studenten hatten die Lösung vor dem Schlafengehen herausgefunden, so daß sieben Studenten blieben, die das Problem wirklich im Traum lösten. Hier ist einer dieser Träume:

»Ich stand in einer Kunstgalerie und betrachtete die Bilder an den Wänden. Als ich durch den Saal ging, begann ich die Bilder zu zählen: ›Eins, zwei, drei, vier, fünf.‹ Als ich zum sechsten und siebten kam, waren die

> Bilder aus den Rahmen gerissen. Ich sah die leeren Rahmen mit dem seltsamen Gefühl an, daß ich hier einem Geheimnis auf der Spur war. Plötzlich merkte ich, daß der sechste und siebte Platz die Lösung des Problems war!«

Die Lösung des Problems bestand darin, daß die Sequenz die ersten Buchstaben von »Eins, Zwei, Drei, Vier, Fünf« bildete, so daß die nächsten beiden Buchstaben der Sequenz logischerweise S (»Sechs«) und nochmals S (»Sieben«) sein mußten.
In einem anderen spontanen Experiment fragte Dement einige seiner Studenten nach einer Lösung in einem Wort für die Buchstaben H, I, J, K, L, M, N, O und bat sie, ihre Träume in der folgenden Nacht zu notieren. Ein männlicher Versuchsteilnehmer notierte:

> »Ich hatte verschiedene Träume, in denen überall Wasser eine Rolle spielte. In einem Traum jagte ich nach Haien. In einem anderen griff mich ein Barrakuda an, während ich beim Schwimmen tauchte. In einem anderen Traum regnete es heftig, und in wieder einem anderen segelte ich gegen den Wind.«

Der Betreffende gab als Lösung das Wort »Alphabet« an, aber die Antwort, die Dement ursprünglich gesucht hatte, war »Wasser«, da die chemische Formel für Wasser (H_2O) im Englischen auch H bis O lautet (»H-to-O«).
Dr. Morton Schatzman, ein in London lebender amerikanischer Psychiater, beschloß, im Sommer und Herbst 1983 eine Reihe ähnlicher Experimente mit den Lesern der angesehenen englischen Zeitung *New Scientist* durchzuführen. In der Juniausgabe fragte er: »Was ist bemerkenswert an folgendem Satz: ›I am not very happy acting pleased whenever prominent

scientists overmagnify intellectual enlightenment.‹ (Ich tue nicht gern so, als gefiele es mir, wenn prominente Wissenschaftler intellektuelle Erleuchtung zu sehr verherrlichen).« Unter den »positiven« Antworten, die in der Augustausgabe veröffentlicht wurden, war folgende:

»Bevor ich zu Bett ging, las ich den Satz zehnmal. In dieser Nacht hatte ich folgenden Traum.
Ich halte vor einigen Wissenschaftlern eine Vorlesung über Hypnose. Sie sitzen an runden Tischen, die in einem großen Saal verteilt stehen. Niemand hört mir zu. Das macht mich sehr ärgerlich, und ich rufe: ›I am not very happy!‹ Die Wissenschaftler, die mir an den Tischen zunächst sitzen, tauen auf. Ich erwache.
Es wurde mir plötzlich klar, daß die Wissenschaftler, die darauf regiert hatten, an fünf verschiedenen Tischen saßen, wobei der erste Wissenschaftler am mir zunächst stehenden Tisch saß, zwei Wissenschaftler an einem anderen Tisch, drei an einem dritten und so weiter — bis zu fünf. Ich merkte, daß Zahlen bei der Frage eine Rolle spielten, und zählte die Worte in dem Satz. Dabei merkte ich, daß die Anzahl der Buchstaben in jedem Wort entscheidend war. Ich zählte die Buchstaben und kam zu der Sequenz eins (I), zwei (am), drei (not)... dreizehn (enlightenment).«

In seinem Kommentar zu diesem Experiment sagte Schatzman:

»Anekdoten über Problemlösungsträume bieten kaum einen Beweis dafür, daß Träume zum Lösen von Problemen beitragen (oder das beabsichtigen), aber dennoch illustrieren die Anekdoten, daß zumindest manche Träume das vollbringen... Aus praktischen Gründen ist vielleicht die wichtigste Frage: Wenn Sie in Ihren Träumen ebenso wie durch Ihr Nachdenken im Wachleben nach Antworten auf Probleme suchen — haben Sie dann eine größere Chance, die Antwort zu finden, als wenn Sie nur im Wachzustand darüber nachdenken?« (Dieses und das vorangehende Zitat sind aus: Dr. Morton Schatzman, »Solve Your Problems in Your Sleep«, *New Scientist*, August 1983, S. 692.)

Selbst in der pragmatischen Geschäftswelt findet die Trauminkubation ihre Anwendung. Francis Menezes, ein international bekannter Managementtrainer, demonstrierte das 1987, als er von einer riesigen chemischen Manufaktur der indischen Regierung angestellt wurde, um ein Problem der Arbeitsmoral in der Forschungs- und Entwicklungs-Abteilung der Firma zu lösen. Menezes lud zweiundfünfzig Wissenschaftler dieser Abteilung dazu ein, drei Tage und Nächte in einem komfortablen Landsitz in Poona in Indien zu verbringen. Jeden Abend nach dem Essen bat Menezes die Wissenschaftler, über ein Problem am Arbeitsplatz nachzudenken, das sie beschäftigte, es in einem Satz zusammenzufassen, diesen Satz auf ein Stück Papier zu schreiben und dieses Stück Papier in einen Umschlag zu stecken. Wenn sie sich, den Umschlag neben sich, schlafen legten, sollten sie sich auf den Satz, den sie geschrieben hatten, konzentrieren mit der Absicht, einen Traum dazu zu haben. Am Morgen nach der ersten Nacht gaben fast alle Wissenschaftler — einschließlich jener, die sich sehr skeptisch gezeigt hatten — an, daß sie überraschend vielsagende Träume über ihre Arbeitsproblematik gehabt hatten. Ein Wissenschaftler beispielsweise träumte, daß er einen seiner tüchtigsten Mitarbeiter mit einem Wortschwall überschüttete, ein anderer Wissenschaftler bewarf seinen Chef, der ihn nicht richtig würdigte, mit Gegenständen aus der Laborausstattung. Menezes sammelte und analysierte alle Träume und gab der Firmenleitung entsprechende Empfehlungen. Sie war so beeindruckt von den Ergebnissen, daß sie Veränderungen herbeiführte, um eine bessere interne Kommunikation und die Produktivität der Forschungsteams zu fördern und um flexiblere Arbeitsbedingungen zu schaffen. Unabhängig davon begannen die meisten Wissenschaftler, die an dem Trainingsseminar teilgenommen hatten, ihre eigenen wöchentlichen Treffen abzuhalten, um ihre Träume aus der vergangenen Woche zu diskutieren und jeweils für die folgende Woche die Trauminkubationsarbeit fortzusetzen.

Viele erfolgreiche Firmenangehörige verlieren im Laufe der Zeit einen Teil ihrer Neugier, ihres Einfallsreichtums und ihrer Initiative. Menezes ist der Ansicht, daß individuelle wie Gruppentraumarbeit, die auf Trauminkubation basiert, einen Teil des Schadens wieder beheben kann. »Träume zielen immer auf mehr Ganzheit hin«, erklärt er, »deshalb können sie ein sehr wichtiges Instrument der Veränderung sein« (*The Omni Whole Mind Newsletter*, Oktober 1987).

Experiment: Traummanipulation

Wenn Sie das nächstemal vor einem Problem stehen — sei es ein gedankliches oder ein eher praktisches Problem, das mit der Arbeit, mit der Schule, der Wohnung, der Freizeit, der Gesundheit oder mit Beziehungen zu tun hat —, versuchen Sie, einen Traum um Rat zu fragen. Hier ist eine einfache Technik zur Trauminkubation:

1. Widmen Sie am Tag vor Ihrem Traum mehrmals einige Minuten dem Nachdenken über das Problem: seine Ursachen, seine Auswirkungen, sein Umfeld und die mögli-

chen Lösungen. Sagen Sie sich, daß Sie einen Traum dazu haben wollen und daß Sie sich auf den Traum vorbereiten, indem Sie sich jetzt Zeit nehmen, darüber nachzudenken.

2. Fassen Sie, bevor Sie schlafen gehen, Ihre Gedanken in einem kurzen Satz zusammen. Es könnte beispielsweise eine Feststellung des Themas sein, über das Sie träumen wollen, oder eine sehr offene Frage, auf die Sie eine Antwort haben möchten (eine offene Frage ist eine, die nicht einfach mit Ja oder Nein beantwortet werden kann).
3. Schreiben Sie diesen Satz in Ihr Traumtagebuch oder auf ein Stück Papier. Dann legen Sie das Tagebuch oder das Papier und einen Stift in erreichbare Nähe neben Ihr Bett.
4. Wiederholen Sie den Satz, bevor Sie einschlafen, in dem Bewußtsein, daß Sie etwas träumen möchten, was damit zu tun hat.
5. Wenn Sie während der Nacht aufwachen, bleiben Sie still liegen, und versuchen Sie, sich an die Träume zu erinnern, die Sie bisher hatten. Wenn Sie auch nur einen Traum rekonstruieren können, schreiben Sie ihn in Ihr Traumtagebuch oder auf das Blatt Papier. Können Sie das nicht, so wiederholen Sie den Satz vor dem Wiedereinschlafen in dem Bewußtsein, daß Sie etwas träumen möchten, das damit in Zusammenhang steht.
6. Wenn Sie am Morgen erwachen, bleiben Sie still liegen, und versuchen Sie, sich an die Träume zu erinnern, die Sie in der Nacht hatten. Wenn Sie irgendeinen Traum rekonstruieren können, schreiben Sie ihn sofort in Ihr Traumtagebuch oder auf das Blatt Papier, und notieren Sie, welche Bedeutung er für Ihr Problem haben könnte. Widmen Sie am folgenden Tag mehrmals einige Minuten dem Nachdenken über mögliche Beziehungen zwischen Ihrem Traum oder Ihren Träumen der vergangenen Nacht und dem Problem, das Sie formuliert haben.

Vielleicht müssen Sie verschiedene Versuche machen, bevor ein Inkubationsexperiment funktioniert. Sie erinnern sich beispielsweise in einer bestimmten Nacht nicht an Ihren Traum, oder es gelingt Ihnen nicht, einen Bezug zwischen dem Traum in dieser Nacht und dem von Ihnen formulierten Problem herzustellen. Versuchen Sie es jedoch immer wieder. Denn wenn die Trauminkubation funktioniert, ist das etwas besonders Befriedigendes, so als hätte die Lösung des Problems schon durch den bloßen Traum begonnen.

Vielleicht möchten Sie im Sinne von Dr. Henry Reed dem Trauminkubationsvorgang ein zeremonielles Gepräge geben. Jede Ihrer Gesten, mit der Sie kundtun, daß Sie beabsichtigen, einen Traum zu inkubieren, wird ihre geistige Vorbereitung auf diesen Traum wahrscheinlich intensivieren. Ich kenne Leute, die am Tag, bevor sie den Traum haben wollen, über ihr Problem regelrecht meditieren; manche benutzen in dieser Nacht einen bestimmten Kissenbezug, um eine fühlbare Erinnerung daran zu haben, daß sie zu einem bestimmten Thema träumen möchten, oder sie legen ein Kräutersäckchen unters Kissen, um sich durch diesen Duft an ihr Vorhaben zu erinnern.

Träumend Entscheidungen treffen

In diesem Kapitel haben wir bereits den wichtigen Unterschied zwischen der Problemanalyse und dem Treffen der Entscheidung festgestellt und gesehen, daß es dabei um zwei verschiedene Stadien des gesamten Prozesses zur Problemlösung geht — wobei zum ersten die Erfassung, Untersuchung und theoretische Analyse gehört und zum zweiten die Urteilsfindung. Bis jetzt haben wir uns meist mit Problemsituationen beschäftigt, die beide Stadien des Prozesses illustrierten. Bevor wir das Thema Traum und Problemlösung verlassen, sollten wir uns noch mit jenen problematischen Situationen beschäftigen, in denen die Hauptschwierigkeit nicht darin besteht, herauszufinden, mit was für einem Problem man es zu tun hat und wie man es lösen kann, sondern die Entscheidung zu treffen, welche von zwei oder mehreren gleichwertigen Lösungen man wählen soll.

In vielen Lebensumständen sehen wir uns vor eine Vielzahl von Möglichkeiten gestellt, die wir nicht durch analytisches Denken oder die Besinnung auf unsere wichtigsten Ziele einschränken können. Da keine Entscheidung ganz willkürlich ist, weil jede Alternative ihre eigenen Möglichkeiten und Grenzen hat, sind wir oft außerstande, allein aufgrund der Logik eine Entscheidungsmöglichkeit der anderen vorzuziehen. Dann bleibt uns nichts anderes übrig, als auf unsere innere Stimme zu hören und herauszufinden, was wir *wirklich* wollen.

Solch eine Selbstbefragung stellt sich für viele von uns schwieriger dar, als es scheinen mag. Unsere innere Stimme liegt immerzu in Wettstreit mit anderen, weniger authentischen, aber lauteren Stimmen, die uns an unserer Fähigkeit, die richtige Entscheidung zu treffen, zweifeln lassen. Es sind die beredten Stimmen äußerer Autoritäten, die uns sagen, was wir wollen sollten, ob sie gefragt wurden oder nicht. Es sind die geliebten Stimmen unserer Freunde und unserer Familie, die uns sagen, was sie wollen, auch wenn wir nicht damit einverstanden sind. Da sind die verführerischen Stimmen unserer Phantasien, die sagen, was wir gerne wollen würden, auch wenn wir es im tiefsten Inneren gar nicht wollen. Und da ist die teuflisch laute Stimme unserer eigenen Verdrehtheit, die uns dazu treibt, zu leugnen, was wir wollen, und wenn es nur um des bittersüßen Verzichtes willen ist.

Unsere Träume machen es möglich, daß wir unsere innere

Stimme durch all die anderen Stimmen hindurch hören. Eine Bekannte erzählte mir von einem Traum, der ihr in dieser Weise half, als sie dabei war, ein gerade gekauftes Ferienhaus auf dem Land im nördlichen Teil des Staates New York herzurichten. Sie war mit Ratschlägen von professionellen wie von Amateurinnenarchitekten (einschließlich Familienmitgliedern, die sich das Haus mit ihr teilten) überschüttet worden und hatte die meisten davon brav befolgt; aber da gab es noch eine längliche, geschlossene Veranda neben dem Schlafzimmer, die sie zu ihrem Privatbereich machen und deshalb selbst nach ihrem Geschmack herrichten wollte. Sie versuchte es mit verschiedenen Farbproben an den Wänden, konnte aber zu keinem Ergebnis kommen. Die Wochen verstrichen, ohne daß sie herausgefunden hatte, welche Farbe am besten paßte. Sie bekam nur weiterhin zahlreiche, einander widersprechende Meinungen von den verschiedensten Ratgebern zu hören.

Eines Nachts träumte sie, daß sie wieder ein Kind von etwa zehn Jahren war und sich in einem Eisladen befand. Sie schaute in die vielen Behälter mit den verschiedenen Eissorten, und als sie den Behälter mit Mint- und Schokoladeneis sah, da wußte sie sofort, daß sie dieses Eis wollte. Sie rannte mit ihrer Eistüte nach Hause und ging in ein dunkles, leeres Zimmer, das sie nie zuvor gesehen hatte. Sie setzte sich in einer Ecke nieder und aß mit Genuß ihr Eis. Vor sich konnte sie durch eine lange Reihe von Fenstern dunkle Bäume sehen, die sich im Wind bewegten. Als sie erwachte, wußte sie, daß dieses Zimmer ihre noch unausgemalte Veranda war, von der aus man in den Wald sehen konnte, und sie wußte nun auch, daß sie die Wände der Veranda in mintgrün mit einem schokoladenbraunen Rand ausmalen wollte.

Ein Töpfer aus meiner Traumgruppe hatte einmal eine Reihe von Träumen, die ihm halfen, nach dem Abschluß seines Studiums eine wesentlich kompliziertere Entscheidung zu treffen: ob er nach Seattle zu Freunden ziehen sollte, die dort eine Künstlerkolonie gründeten, oder ob er nach New York gehen, für sich arbeiten und Anregungen seiner Lehrer folgen sollte. Es half nichts, sich das Pro und Kontra beider Alternativen vor Augen zu halten oder Ratschläge von anderen zu sammeln. Beide Möglichkeiten schienen gleich gut zu sein und zu bleiben.

Schließlich begann der Mann aus meiner Gruppe, sich noch einmal mit allen Träumen zu beschäftigen, die er seit dieser Zeit mit diesem Thema gehabt hatte. Bei genauerer Betrachtung wurde es ihm klar, daß er in den Träumen über Seattle viel mehr Angst empfunden hatte als in denen über New York. Er hatte sich vor allem Sorgen darüber gemacht, ob er mit seinen Freunden in Seattle gut zurechtkommen und wie er es aushalten würde, so weit entfernt von seinen anderen Freunden und Bekannten aus Boston zu leben. Diese Erkenntnis half ihm, die Entscheidung für New York zu treffen – eine Entscheidung, zu der er vielleicht ohnehin gekommen wäre, zu der er aber dank seiner Träume mit viel mehr innerer Sicherheit gelangt war.

Wenn es nun darum geht, außergewöhnlich schwierige Entscheidungen zu treffen, dann ist es besonders wichtig, auf unsere innere Stimme zu hören, und dann wird auch der Traum als Ratgeber noch wichtiger. In der Anfangszeit der Materialsammlung für dieses Buch betreute ich mit anderen zusammen einen zwanzigjährigen Mann, der Aids hatte. Wie alle Menschen, die an Aids leiden, stand er vor einer verwirrenden Zahl von lebensentscheidenden Fragen, vor allem was seine Diät anbetraf. Sollte er weiter so essen wie bisher, damit sein Leben wenigstens in diesem Punkt normal weiterging? Sollte er nur Naturkost zu sich nehmen, vielleicht nur makrobiotisches Essen, um die Widerstandskraft seines Körpers zu stärken? Sollte er die Dinge essen, auf die er die größte Lust hatte (wie beispielsweise die üppigen Süßspeisen, für die im Fernsehen immer so verlockend geworben wurde), da ihm ja wahrscheinlich doch nicht mehr sehr viel Zeit bleiben würde, so etwas zu genießen? Selbst die Diätexperten und Pfleger gaben ihm die unterschiedlichsten Ratschläge.

Eines Nachmittags, nachdem er sich wieder mit dieser Frage herumgequält hatte, schlief er ein und hatte einen Traum, in dem seine Mutter (die damals ziemlich weit von ihm entfernt lebte) in wunderschöner Schwesterntracht an sein Bett trat. Sie rollte ein Plakat auf und begann über die wichtigsten Gruppen von Lebensmitteln zu sprechen: Obst und Gemüse, Getreideprodukte, Milchprodukte und Fleisch.

Im Traum hatte der junge Mann das Gefühl, seine Mutter wolle sich mit diesem Vortrag um eine neue Stelle bewerben, die es ihr ermöglichen würde, in seiner Nähe zu leben. Als er erwachte, wurde ihm schlagartig klar, was der Traum ihm wirklich sagen wollte: Er wußte jetzt ganz genau, daß er eine vernünftige, ausgewogene Hausmannskost essen sollte, die er immer mit Gesundheit und Häuslichkeit assoziiert, aber in den Jahren des Alleinlebens nicht ernst genommen hatte. Der Traum und die Entscheidung, die er aufgrund des Traumes traf, trösteten ihn sehr — es war ein Aufruf zur Vernunft unter extrem schwierigen und verwirrenden Umständen.

Experiment: Der Brief

Falls Sie das nächstemal Schwierigkeiten haben, wenn Sie sich zwischen mehreren gleich plausiblen Möglichkeiten entscheiden müssen, versuchen Sie, einen Traum zu Hilfe zu nehmen. Dazu gibt es zwei Möglichkeiten: Sie warten darauf, was Ihr Traumleben Ihnen über Ihre Entscheidungsmöglichkeiten sagt, oder Sie inkubieren Träume, um mehr herauszufinden.

Hier ist eine zugleich ungewöhnliche und raffinierte Strategie, die beides verbindet und durch die Sie vielleicht einen Durchbruch zur richtigen Entscheidung herbeiführen können:

1. Schreiben Sie jede Möglichkeit, ohne etwas daran zu korrigieren und ohne sie wiederzulesen, auf ein Blatt Papier. Dann stecken Sie diese Blätter rasch in einen Umschlag.
2. Schreiben Sie auf ein weiteres Blatt Papier, welche Belohnung Sie sich selbst geben wollen, wenn Sie Ihre Entscheidung getroffen haben. Stecken Sie auch dieses Blatt in einen Umschlag, und verschließen Sie ihn.
3. Adressieren Sie den Umschlag an sich selbst, und geben Sie ihn auf die Post.
4. Denken Sie immer wieder an diesen Umschlag, wünschen Sie sich einen Traum, der die Wahl unter den verschiedenen Möglichkeiten getroffen hat, bis der Brief bei Ihnen ankommt.
5. Schreiben Sie in dieser Zeit jeden Traum, an den Sie sich erinnern, so bald wie möglich auf.
6. Wenn der Brief bei Ihnen ankommt, bevor Sie sich an einen Traum mit der richtigen Antwort erinnern konnten, öffnen Sie ihn nicht. Legen Sie ihn an einen Platz, wo Sie ihn jeden Tag öfters sehen, und lassen Sie ihn dort liegen als Traumstimulans, bis Sie eine befriedigende Antwort durch einen Traum erhalten haben.

Traumblumen pflücken

Der Prozeß der Problemlösung hat auch mit dem Finden neuer Möglichkeiten zu tun. Die meisten schwierigen Situationen, mit denen wir konfrontiert sind, präsentieren uns ja zugleich Probleme und Möglichkeiten. Knifflige intellektuelle

Fragen beispielsweise bereiten uns Kopfzerbrechen, aber sie trainieren zugleich unseren Verstand. Wenn Sie in einem alten Haus wohnen, das in einem schlechten Zustand ist, so haben Sie das Problem, es zu reparieren, aber auch die Gelegenheit, es nach Ihrem Geschmack neu zu gestalten.

Probleme bringen unser Gedankenleben in Fluß, und in diesem Fluß werden wir auch allerlei neue Möglichkeiten wahrnehmen. Unsere Träume — die weder auf Logik noch auf Gründlichkeit ausgerichtet sind — bieten einen wunderbaren Schauplatz, auf dem sich diese Möglichkeiten zeigen können. Deshalb sollten wir einen Traum, der deutlich ein bestimmtes Problem unseres Lebens behandelt, in zweifacher Hinsicht untersuchen. Wir sollten nicht nur nach Bildern forschen, die spezifische Lösungen für unsere Probleme darstellen, sondern auch auf jede Art von neuen und fesselnden Bildern achten, die darin auftauchen. Sie könnten vielleicht der Schlüssel dafür sein, daß wir die positiven Aspekte einer Situation wahrnehmen, die von unserem rationalen Verstand kurzerhand als negativ eingestuft wurde.

Nehmen Sie an, Sie träumen, daß ein Bekannter, den Sie lange nicht mehr gesehen haben, Ihnen zur Lösung eines lästigen Problems verhilft, während Sie zusammen Tennis spielen. So könnte der Traum Ihnen zusätzlich dazu, daß er hilft, Ihr Problem zu lösen, die Anregung geben, diesen Menschen dazu einzuladen, mit Ihnen zusammen einen neuen Tennisplatz auszuprobieren, was ein Schritt zur Wiederbelebung einer möglicherweise für Sie wichtigen Beziehung sein könnte. Wenn Sie während eines Traumes über die Schwierigkeiten, die Sie in der Arbeit haben, sehnsüchtig ein Bild von einem Gartenparadies betrachten, könnten Sie dadurch angeregt werden, in Ihrem Tagesprogramm Platz zu schaffen für einen Spaziergang in einem nahegelegenen Park — nicht um Ihren Arbeitsproblemen zu entrinnen, sondern um sich ein bißchen mehr Lebensfreude zu gönnen.

Vor allem sollten wir uns angewöhnen, unsere Träume auch in die Tat umzusetzen, anstatt nur über sie nachzudenken. Am schwersten fällt es uns oft, angesichts eines Problems das Gefühl auszuhalten, daß wir die Situation nicht unter Kontrolle haben, daß wir machtlos sind und nichts tun können, weil wir keine unmittelbare Lösung finden. Träume können uns Anregungen zum Handeln geben, sowohl was den Umgang mit dem Problem anbelangt als auch hinsichtlich des Verhaltens in der Zeit, in der wir noch nach der Lösung des Problems suchen. Immer wenn Sie von einem Traum erwachen, von dem Sie glauben, er hätte sich mit einem Problem in Ihrem Leben beschäftigt, versuchen Sie, einen Entschluß zu fassen, der auf etwas basiert, was der Traum Sie gelehrt hat. Es könnte eine so vorsorgliche wie allgemeine Entscheidung sein wie: »Höre K. aufmerksamer zu, ohne sie zu unterbrechen« (etwas, was Sie im Traum nicht getan haben, was die Dinge noch verschlimmerte). Oder es könnte der erste konkrete Schritt eines weitreichenden Planes sein wie: »Suche einen geeigneten Abendlehrgang in Spanisch« (eine erste Initiative zur Verbesserung Ihrer beruflichen Aussichten, die durch den Traum angeregt wurde). Wie schon erwähnt, sind die Schriftsteller, die wir Romantiker nennen, am beredtesten, wenn es um Träume und trauminspiriertes Handeln geht. Samuel Taylor Coleridge, der aus einem seiner Träume Visionen von Xanadu mitbrachte, machte folgenden Vorschlag: »Was wäre, wenn Sie in Ihrem Schlaf träumten und wenn Sie in Ihrem Traum in den Himmel kämen und dort eine seltsame und schöne Blume pflückten und wenn Sie erwachten und die Blume in der Hand hielten?« Coleridges Worte sind für viele Träumer wahr geworden, die ihr Alltagsleben bereichert haben, indem sie Schönes und Wichtiges aus ihren Träumen holten und im Leben konkret werden ließen.

7. KAPITEL

Träume und Kreativität

Drei Jahre lang teilte der französische Maler Saint-Pol-Roux eine große, heruntergekommene Wohnung in Paris mit einigen anderen Künstlern. Wenn Saint-Pol-Roux schlafen wollte, hängte er ein handgeschnitztes Schild an seine Zimmertür, das dafür sorgte, daß seine Freunde ihn nicht störten. Darauf stand: »Der Dichter arbeitet.« Im April 1925 erschien eine Zeichnung dieses Schildes in der streitlustigen Zeitschrift *La Révolution Surréaliste*, worauf es in der Kunstwelt rasch zu einem Symbol der wichtigen Rolle wurde, die der Traum in der surrealistischen Ästhetik innehat. Schließlich haben wir alle das Recht, ein Schild mit der Aufschrift »Der Dichter arbeitet« an unsere Schlafzimmertür zu hängen.

Ob wir uns nun Dichter nennen, wenn wir wach sind, oder nicht — immer wenn wir schlafen, schaffen wir wundersame Träume, die uns so oft Kopfzerbrechen machen. Sie erschüttern unsere Sinne, verwirren unsere Logik, stellen unsere Erwartungen auf den Kopf und krempeln unsere Erinnerungen um. Und sie bringen uns Traumdichter in die verrücktesten Situationen. Warum sollten wir im Licht des Tages diese bizarren Traumabenteuer ernst nehmen? Die Antwort liegt in der Erkenntnis, daß Traum und Kreativität sehr eng miteinander verbunden sind.

Wie ein Gedicht, ein Gemälde, ein Garten, ein Spielplan oder irgendeine andere schöpferische Leistung entspricht der Traum einem Schöpferwillen, der im Innersten der menschlichen Psyche entspringt. Plato nannte diesen Schöpferdrang die »göttliche Unzufriedenheit«. Andere Philosophen sehen in ihr den persönlichen Genius des Individuums. Sie sind sich darüber einig, daß wir uns durch die Einschränkungen, die wir als menschliches Wesen empfinden, getrieben fühlen, neue Zusammenhänge zu erfinden. Diese spontane Aktivität kommt in keinem Kontext so unermüdlich und stark zum Tragen wie in unseren Träumen. Wenn wir unseren Träumen keine Beachtung schenken, verlieren wir nicht nur einen großen Teil unserer schöpferischen Leistungen, sondern verscherzen auch eine hervorragende Gelegenheit zu studieren, wie unsere Kreativität funktioniert, damit wir die schöpferischen Impulse unseres Wachlebens besser erkennen und wirksam werden lassen können.

Wenn es uns gelingt, uns schöpferisch auszudrücken, dann, weil es uns gelungen ist, die Kluft zwischen dem, was für uns »wahr« ist, und dem, was in der uns umgebenden Welt »real« ist, zu überprüfen. Im Traum nimmt diese Überbrückung die Gestalt imaginärer Lebensszenen an, die von originellen Einzelheiten, Mustern und Empfindungen geprägt wird. Oft haben diese Szenen etwas Erfrischendes, Spielerisches. Darin erinnern sie an das Spiel des Kindes, das Psychologen als grundlegend selbsterzieherischen Prozeß, als Erproben von Möglichkeiten, betrachten. Nehmen Sie als Beispiel dafür den Traum von Alison Kroger, Leiterin eines Fitneßcenters in Seattle und zusammen mit fünf Leuten aus der Nachbarschaft Mitglied einer Traumgruppe, die sich zweimal wöchentlich trifft:

»Ich trage ein wackliges Gestell mit alten, kaputten Langspielplatten durch einen Hobbyraum in einem dunklen Keller. Zuerst bewege ich mich vorsichtig, damit die Platten nicht aus dem Gestell fallen. Dann merke ich, daß ich gar nicht soviel achtgeben muß, weil die Platten überhaupt nichts mehr wert sind. So werfe ich alle Schallplatten übermütig auf den Boden. Ich sehe nicht, wo sie gelandet sind, und ich frage mich, ob ich es schaffen werde, die ganze Unordnung wieder zu beheben. Doch im Augenblick will ich mir den Spaß nicht verderben. Ich beginne, wild im Raum herumzutanzen. Mit jedem Schritt lande ich genau auf einer Schallplatte, die daraufhin zu glühen beginnt. Ich staune, was das für ein angenehmes Gefühl ist. Als ich zu tanzen aufhöre, komme ich zurück und sehe, daß alle Platten ganz glühend und völlig unbeschädigt auf dem Boden liegen.«

Alisons Traum ist schon für sich ein schönes Gebilde, aber was sie bei späterer Betrachtung besonders beeindruckte, war die schöpferische Idee, die zudem noch darin verborgen lag: die Art und Weise nämlich, wie ihr Traum selbst die kaputten Platten wieder heil gemacht hatte. Das Tanzen hatte ihr so viel Spaß gemacht, und das Bild der verwandelten Schallplatten fesselte sie weiterhin so, daß sie sich gedrängt fühlte, den Traum im Wachleben zu erfüllen. Zunächst nahm sie sich am Ende ihrer regelmäßigen Aerobicübungen Zeit zum »Austoben« mit völlig freien Bewegungen, die ihr im Augenblick gut taten. Als sie merkte, in welch gute emotionale und physische Verfassung sie dieses Austoben brachte, führte sie am Ende ihrer Aerobicstunden, die sie in ihrem Fitneßcenter gab, einen ähnlichen Freiraum zum Tanzen ein, den sie in Erinnerung an ihren Traum »Revolutionsminuten« nannte.
Eine Traumschöpfung kann aber auch beunruhigen und verstören. In solch einem Fall müssen wir uns klarmachen, daß Kreativität nicht notwendigerweise mit Freude und Schönheit gleichzusetzen ist. Jeder schöpferische Akt hat etwas Seltsames, Fremdes, Wildes, mit dem wir uns beschäftigen sollten.

Das Unvertraute, oft Absonderliche kann uns verwirren, verärgern oder geradezu bedrohlich erscheinen. Deshalb müssen wir uns um besonders viel Geduld mit häßlichen, beängstigenden Träumen bemühen. Ob wir sie mögen oder nicht, sie können ebensoviel schöpferisches Potential enthalten wie angenehme Träume.

Es war ein furchtbarer Alptraum, der den Amerikaner Elias Howe Anfang der vierziger Jahre des vorigen Jahrhunderts dazu inspirierte, die Doppelsteppstich-Nähmaschine mit Nadeln, deren Öhr nahe an der Spitze angebracht ist, zu erfinden. Howe träumte, ein Stamm wilder Kannibalen hätte ihn entführt und von Kopf bis Fuß gefesselt. Sie wollten ihm nur das Leben schenken, wenn er eine Maschine erfände, die Stoff nähen könne. Da er ihre Forderung nicht erfüllen konnte, wurde Howe in einen großen Topf mit Wasser geworfen, in dem er lebendig gekocht werden sollte. Das letzte, an das er sich erinnerte, bevor er zitternd und in Schweiß gebadet erwachte, waren die merkwürdigen Speere, mit denen die Kannibalen ihm im Gesicht herumgefuchtelt hatten. An der Spitze jedes Speeres war ein unheimliches, augenförmiges Loch. Nachdem er den ganzen Tag von diesem furchteinflößenden Traum verfolgt wurde, kam ihm plötzlich der Gedanke, daß eine Nähmaschine funktionieren könne, wenn die Nadel den Faden an der Spitze führen würde. Es kann gut sein, daß Howe durch ein sanfteres Traumbild nicht den nötigen Anstoß zum Handeln bekommen hätte, beispielsweise durch eine Schreibfeder mit einem Loch an der Spitze. Wahrscheinlich beschäftigte sich sein Geist weiterhin damit, weil das Bild der durchlöcherten Speere einen tief erschreckenden Eindruck auf ihn gemacht hatte.

Besondere Träume wie die eben besprochenen können schöpferische Aktivität in der realen Welt auslösen; alle Träume aber haben ihren unabhängigen Wert als schöpferische Produkte, und sie können uns helfen, unsere schöpferischen Fähigkeiten intensiver zu nutzen. Träume durchbrechen die Routine und zeigen uns unkonventionelle Möglichkeiten. Sie verleihen uns neue Fähigkeiten oder lassen uns die Fähigkeiten, die wir haben, in einem neuen Licht sehen, so daß wir fertigbringen, was wir nie für möglich gehalten hätten. Sie hauchen unseren Hoffnungen, Ängsten und Intuitionen Leben ein, daß das Ungreifbare greifbar wird. Sie stellen den Zusammenhang von Ursache und Wirkung auf den Kopf, und dadurch kann unsere geistige und emotionale Flexibilität wachsen. Da unsere spezifischen Traumbilder, Empfindungen und Muster die reinsten und unmittelbarsten Produkte unseres individuellen schöpferischen Genius sind, können sie auch besonders vielversprechende Quellen schöpferischer Inspiration sein. Zudem bieten Träume ein geeignetes und nützliches Rohmaterial zur Übung und Entwicklung kreativen Denkens.

Im allgemeinen beruhen Techniken zur Erlangung schöpferischer Durchbrüche im Wachleben durch die Arbeit mit Träumen auf einem oder mehreren der folgenden Vorgänge:

1. Wir können uns bewußt bemühen, unser Wachleben mit dem gleichen Geist, mit der gleichen Energie und euphorischen Magie zu erfüllen, die wir in unseren Träumen erleben.
2. Wir können mit den Bildern, Empfindungen und Mustern aus unseren Träumen spielen, um unser kreatives Denken zu fördern.
3. Wir können etwas Schöpferisches hervorbringen, das auf bestimmten Bildern, Empfindungen und Mustern aus unseren Träumen beruht — und zwar sowohl aus Träumen, die wir spontan haben, als auch aus solchen, die wir mit dem ausdrücklichen Ziel inkubieren, aus ihnen schöpferische Inspiration zu beziehen.

Die Experimente, die ich Ihnen in diesem Kapitel vorschlage, werden Ihnen helfen, diese Techniken zu lernen, so daß Sie Ihre selbstgesetzten schöpferischen Ziele erreichen können.

Setzen Sie sich schöpferische Ziele

Ein Traumbild muß nicht so intensiv sein wie eine geheimnisvoll glühende Schallplatte oder ein bedrohlicher Speer, um schöpferische Einfälle im realen Leben zu bewirken. Der Prozeß kommt dadurch in Gang, daß der Träumer bereit ist, das kreative Potential des betreffenden Bildes zu erkennen. Je intensiver wir uns mit der Beobachtung und Förderung der schöpferischen Entwicklung in unserem Alltagsleben beschäftigen, desto eher können wir auch Unterstützung in unseren nächtlichen Träumen finden.

In der unten folgenden Auflistung werden Sie aufgefordert, sich an Augenblicke der Kreativität oder des Mangels an Kreativität in Ihrer Lebensgeschichte zu erinnern. Sie sollten sich nicht anstrengen, irgendeine Antwort zu finden. Halten Sie einfach nach jeder Frage inne, lassen Sie es zu, daß Erinnerungen und persönliche Phantasien in Ihrem Geist aufsteigen — so wie Bilder in einem Traum.

Sinn dieser Übung ist es, Augenblicke wiederzubeleben, in denen Kreativität oder ihre Abwesenheit ein wichtiges Thema war, so daß Sie Ihre Fähigkeit schulen können, in der Zukunft einen für Sie persönlich bedeutsamen »kreativen Kontext« zu erkennen, ob Sie ihm nun im Wachleben oder in Ihren Träumen begegnen.

An Zeiten, in denen Sie vor Einfällen nur so sprühten, werden Sie sich leicht erinnern: beispielsweise die beiden Wochen, in denen Sie eine recht gewagte neue Geschäftsstrategie ausarbeiteten, mit der Sie Ihre Kollegen in Erstaunen versetzten, oder

der ekstatische Nachmittag, an dem Sie auf dem Klavier Ihres Nachbarn ein Lied nach dem anderen komponierten. Zahlreicher und in vieler Hinsicht ergiebiger sind die weniger dramatischen schöpferischen Leistungen, die bei einem raschen Rückblick leicht übersehen werden: beispielsweise eine schwierige Verhandlung mit einem Kunden im letzten Augenblick, bei der Ihnen blitzartig die richtigen Worte zur Verfügung standen; der Tag, an dem draußen ein Schneesturm wütete und Sie aus den fünf letzten Sachen aus dem Kühlschrank ein köstliches Menü zauberten; ein festlicher Anlaß, bei dem Sie Ihre Freundin mit dem idealen Geschenk überraschten, oder ein Sommer, in dem Sie die schönsten Gespenstergeschichten erfanden, um Ihren vierjährigen Neffen zu unterhalten.

Es wird Ihnen aber auch nicht schwerfallen, sich an quälende Episoden in Ihrem Leben zu erinnern, in denen Sie sich verzweifelt nach schöpferischen Einfällen sehnten: beispielsweise eine einmonatige, unerklärliche Krise in Ihrer Arbeit, bei der Sie gerade besonders auf Draht hätten sein müssen; das erste Jahr nach einer schmerzhaften Scheidung, wo Sie nicht wußten, was Sie mit sich anfangen sollten, oder ein quälender Abend bei einem Klassentreffen, wo Sie keinen vernünftigen Satz über die Lippen brachten.

Je geduldiger und offener Sie versuchen, Ihre Reaktionen auf jede der untenstehenden Fragen zu betrachten, desto mehr innere Bilder werden auftauchen, und desto reicher und stärker wird jedes dieser Bilder sein. Diese Bilder werden Ihnen immer von Nutzen sein, wenn Sie beschließen, inspirierende Träume zu inkubieren oder in den Träumen, die Sie hatten, nach kreativen Ideen zu forschen. Vor allem aber werden sie Ihnen helfen, sich selbst bestimmte schöpferische Ziele zu setzen.

1. *Erinnern Sie sich an Gelegenheiten in Ihrem Leben, bei denen Sie schöpferisch waren.* Wenn Sie ein Beispiel gefunden haben, fragen Sie sich:

— Wie geschah es?
— Wie fühlte ich mich damals?
— Waren dabei mehrere unterschiedliche Gefühle beteiligt?
— Wie beeinflußte es mein Leben und das Leben der Menschen in meiner Umgebung?
— Wenn ich ein möglichst genaues Bild auswählen oder schaffen müßte, um diese Erfahrung zu symbolisieren, wie sähe es aus?

2. *Erinnern Sie sich an Gelegenheiten in Ihrem Leben, bei denen Sie gern kreativer gewesen wären.* Nachdem Sie ein Beispiel gefunden haben, fragen Sie sich:

— Was hielt mich davon ab, schöpferisch zu sein?
— Wie fühlte ich mich damals?
— Spielte dabei eine Reihe von unterschiedlichen Gefühlen eine Rolle?
— Wie beeinflußte mein Mangel an Kreativität mein Leben und das Leben der Menschen in meiner Umgebung?
— Wie hätte ich damals schöpferischer sein können?
— Was hätte geschehen können, wenn ich schöpferischer gewesen wäre?
— Wenn ich ein Bild auswählen oder schaffen müßte, das diese Erfahrung symbolisiert, wie sähe es aus?

3. Durch welche persönlichen Eigenschaften sind Sie in Ihrer eigenen Einschätzung und in der Einschätzung anderer kreativ?

4. Welche äußeren Umstände stimulieren Ihre Kreativität?
5. Welche persönlichen Eigenschaften hindern Sie daran, kreativ zu sein?

Betrachten Sie jeden wichtigen Lebensbereich — Ihre Arbeit, Ihr Zuhause, Ihre persönlichen Beziehungen, Ihre Freizeit — für sich, und dann beantworten Sie folgende Fragen:

1. Welche Möglichkeiten gäbe es für Sie, in diesem Bereich kreativer zu sein?
2. Welche Vorteile könnten sich für Sie daraus ergeben, daß Sie in diesem Bereich kreativer sind?
3. Was könnte Ihnen dabei helfen, in diesem Bereich kreativer zu sein?
4. Was könnte Sie daran hindern, in diesem Bereich kreativer zu sein?
5. Was könnte passieren, wenn Sie in diesem Bereich nicht kreativer werden?

Es ist sehr schwierig, sich ein festumrissenes Kreativitätsziel zu setzen. Kreativität ist etwas, das sich nicht quantitativ fassen läßt. Wir können kein kreatives Vorhaben angehen, indem wir die Ärmel hochkrempeln und in genauen Zahlen festlegen, welche Hilfsmittel wir brauchen, wie die einzelnen Schritte aussehen und wann wir das gewünschte Ergebnis erreicht haben. Was wir jedoch tun können, ist, uns Bilder vor Augen zu halten, die uns dazu inspirieren, schöpferischer zu sein.
Wenn Sie beispielsweise ein Architekt sind, der einen unorthodoxen Bürogebäudekomplex für die Angestellten einer Tageszeitung entwerfen will, können Sie sich innovative Gebäude vorstellen, die Sie in der Vergangenheit gebaut haben, den Namensschriftzug oder das Impressum von Zeitungen, die Sie mögen, oder Einzelheiten, die Sie mit Tageszeitungen assoziie-

ren, wie Karikaturen, grüne Sonnenschutzscheiben, Computerbildschirme oder Verlagssignets. Die Bilder, die Ihnen am deutlichsten vor Augen stehen, sind wahrscheinlich die meistversprechenden Katalysatoren für Ihre Kreativität. Wenn Sie beispielsweise das Bild der schwarzen Spalten auf weißem Grund am meisten beeindruckt, kommen Sie vielleicht auf die Idee, dieses Bild in ein eindrucksvolles architektonisches Motiv wie eine Reihe schwarzer und weißer Säulen an der Fassade des Gebäudes umzuwandeln.

Ebenso inspirierend sind die Bilder, die wir finden, um das darzustellen, was wir als Ergebnis unseres kreativen Erfolges erhoffen (wobei wir das Endprodukt selbst ebenso wie die Reaktionen, die es auslöst, im Auge haben können). Nehmen wir an, es ginge wieder um das gleiche Vorhaben; Sie könnten sich dann verschiedene ungewöhnliche Formen, Farben oder Materialien vorstellen, mit denen Sie den Entwurf ausschmücken, oder einen begehrten Preis, den Sie für Ihre Arbeit an diesem Projekt überreicht bekommen; einen Empfang in einer repräsentativen Vorhalle, in dem die Eröffnung dieses Gebäudes gefeiert wird, oder bestimmte Zeitungsleute, die sich bei Ihnen für die Besonderheiten des Baus bedanken. Bilder dieser Art können Ihnen zur entscheidenden Idee für Ihr Projekt verhelfen.

Bilder, die unsere Kreativität entzünden, sprechen zu uns, wenn wir unsere Alltagsbeschäftigungen immer wieder einmal unterbrechen und einfach offen für sie sind. Viele dieser Bilder zeigen sich uns in unseren Träumen. Andere stehen plötzlich vor uns, während wir gerade dabei sind, uns mit unseren Träumen zu befassen. Und wieder andere nehmen Gestalt an, wenn wir das Leben mit träumerischen Augen betrachten — und dies ist vielleicht der erste Schritt dazu, ein kreativerer Mensch zu werden.

Machen Sie einen Traum aus Ihrem Leben

Ob Ihr Traumleben Sie regelmäßig mit ganz bestimmten kreativen Inspirationen beschenkt oder nicht, es führt Ihnen immerzu anschaulich das Spiel des schöpferischen Geistes vor. Wenn Sie Ihre geistigen Fähigkeiten schöpferischer einsetzen wollen, ist das wichtigste, daß Sie rasch und leicht aus Ihren Träumen lernen können, die Kunst, Ihr Wachleben auf andere, phantasievolle Weise zu betrachten.

Ein persönliches Kreativitätsziel kann so vage formuliert sein wie »Ich möchte mehr Spaß an meiner Arbeit haben« oder »Ich möchte mein Liebesleben aufregender gestalten«. Im Grunde erreicht man solch ein Ziel dadurch, daß man eine bestimmte Sache anders betrachtet und dementsprechend auch sein Verhalten ändert – etwas, das Sie jede Nacht mühelos in Ihren Träumen tun. Es ist die Fähigkeit, die man Dichtern so oft zuschreibt, das Gewöhnliche (das manchmal langweilig sein kann) als etwas Neues, Geheimnisvolles zu behandeln und das Geheimnisvolle (das manchmal schaurig erscheinen kann) als das beruhigend Vertraute.

Man weiß, daß Franz Kafka Träume benutzte, um Meisterwerke wie *Der Prozeß* und *Das Schloß* zu schaffen. Weniger bekannt ist, daß er sich oft in einen schöpferisch-traumwandlerischen Zustand versetzte, um seine Büroarbeit anregender zu gestalten.

Kafka begann die Welt anders zu sehen, als er Assoziationen zwischen Bildern aus seinen Träumen und Bildern aus dem Arbeitsleben herstellte. Zu einem Traumbild von einer mit Schlangennestern überfüllten Felsklippe wurde ein von Ungenauigkeiten durchsetzter Vertragsentwurf. Später kehrte er dieses Verfahren um. Er pflegte die Geschehnisse in seinem Büro auf die gleiche Weise zu notieren, wie er seine Traumereignisse aufschrieb: er benutzte die Gegenwartsform und achtete darauf, die magische Einzigartigkeit jedes Augenblickes dadurch festzuhalten, daß er seinen konkreten wie seinen metaphorischen Gehalt wahrnahm. Anstatt Traumbilder in gewöhnliche Begriffe des Wachlebens zu übersetzen, übersetzte er gewöhnliche Bilder des Wachlebens in die Sprache der Träume.

Bei einem Tagebucheintrag verwandelte Kafka einen Telefonanruf, den er an seiner Arbeitsstelle von einem nervösen Antragsteller erhielt, in ein ungeheuer dramatisches und ausdrucksstarkes, traumartiges Ereignis. Er erzählt, er sei ein König, der auf einem Thron sitzt. Neben seiner rechten Hand schreit ein schwarzer Kasten. Er hält einen Teil davon an sein Ohr. Eine schwache Stimme flüstert gegen einen heulenden Wind an — eine Stimme voller Schmerz und Angst. Er sieht einen metallenen Wald und einen Mann, der mit einem roten Bein hindurchstolpert. Während die Stimme von dem Mann spricht, nimmt er einen blutenden Zweig und malt Symbole auf ein weißes Rechteck. Dann sieht er den Mann zuversichtlich im Sonnenlicht dahingehen.

In diesem Tagebucheintrag ist Kafka ein König, ein Mann, der die Macht und die Autorität hat, seinem Klienten zu helfen. Der schwarze Kasten ist sein Telefon; der heulende Wind ist ein Störgeräusch im Telefon; der metallene Wald ist die Fabrik, in der Kafkas Klient verletzt wurde und die sich Kafka vorstellt, als er von dem Unfall hört; der blutende Zweig ist Kafkas Federhalter, und die Symbole auf dem weißen Rechteck sind Worte, die er auf ein Blatt Papier schreibt; der Mann, der im Sonnenlicht geht, ist Kafkas letztes inneres Bild des Klienten, dem er nun zu helfen versuchen muß. Indem er diese imaginative Version des wirklichen Geschehens gestaltet, gelingt es Kafka, mehr über die emotionale und sinnliche Wirkung, die der Unfall auf ihn hatte, mitzuteilen, als wenn er ihn in objektiveren, alltäglicheren Worten beschrieben hätte.

Im Laufe der Jahre fand Kafka große Befriedigung in einer Tätigkeit, die andere seinesgleichen als langweilig und eines Dichters unwürdig bezeichnet hätten. Seine Arbeitgeber belohnten ihn mit häufigen Gehaltserhöhungen und Beförderungen, und Kafka führte neue Maßnahmen zur Sicherheit am Arbeitsplatz ein, die in der Zeit zwischen dem Ersten und dem Zweiten Weltkrieg Hunderten von Menschen in Osteuropa das Leben gerettet haben sollen. Zum Einfluß der Träume auf Kafkas Sicht der Dinge sagt sein Biograph Max Brod, für Kafka sei das Büro einschließlich der Rolle, die er darin spielte, zu etwas so Wunderbarem geworden, wie es eine Lokomotive für ein kleines Kind sei. Seine Aufmerksamkeit für seine Träume habe seinen Geist lebendig und fruchtbar bleiben lassen wie den eines Kindes. Und es sei diese ursprüngliche Ehrfurcht vor dem Mysterium der Dinge gewesen — dem Geheimnisvollen und Rätselhaften, das allem innewohnt, was andere für selbstverständlich hielten —, aus der sein Genius entsprang.

Experiment: Das Leben ist nur ein Traum

Erfinden Sie im Geiste Kafkas traumhafte, phantastische Versionen verschiedener Augenblicke Ihres täglichen Lebens. Benutzen Sie als Thema sowohl routinehaft Wiederkehrendes als auch ungewöhnliche Ereignisse. Sie können beispielsweise eine Fahrt zum Einkaufen zu einer Abenteuerreise in ein fremdes Universum machen oder eine unangenehme Auseinandersetzung am Arbeitsplatz zu einem verrückten Märchen, in dem ein Held und ein Schurke die Hauptrolle spielen. Versuchen Sie, sich lebendige, detaillierte Szenarien für Emotionen, Phantasien und Erkenntnisblitze vorzustellen, die während des Tages nicht zum Ausdruck kommen konnten.
Ziel Ihrer Phantasievorstellungen ist es, Ihre Erfahrungen im Wachleben mit soviel wunderbarer und beunruhigender Ori-

ginalität zu erfüllen, wie sie die Traumerlebnisse normalerweise besitzen. Das wird zur Folge haben, daß Sie nicht nur Ihre allgemeine Fähigkeit zum kreativen Ausdruck erhöhen, sondern auch die Sie umgebende Welt mit wacheren Augen betrachten und mehr darauf achten, wie Sie auf das reagieren, was rings um Sie geschieht, und welche Möglichkeiten zur Veränderung es gäbe.

Machen Sie Schlagzeilen mit Ihren Träumen

Kreativität beginnt mit der Fähigkeit, die möglichen Bedeutungen einer Erfahrung zu erfassen und zu artikulieren. Wissenschaftler nennen das die Fähigkeit, aus konkreten Empfindungen abstrakte Begriffe abzuleiten. Erzieher beschreiben es als den Schritt vom persönlichen Eindruck zur allgemeinen Idee. Geschäftsleute sehen es als das Talent, in einzelnen Details große Zusammenhänge zu erkennen. Alle sind sich darüber einig, daß es systematischer Übung bedarf, um sich diese geistige Beweglichkeit zu erwerben und sie zu pflegen.

Träume sind ein besonders geeignetes Medium zur Übung geistiger Beweglichkeit, weil sie so fließend und vieldimensional sind. Sie können, je nach Ihrem Standpunkt, ein und denselben Traum als ernst oder töricht, lehrreich oder unterhaltend, raffiniert oder kindisch, real oder halluzinatorisch betrachten. Diese plastische Qualität der Träume nutzend, schuf Tom Cowan, freier Schriftsteller und Gründer der »Brooklyn Dream Community«, eine Übung zur »Traumkurzfassung«, die er regelmäßig bei Workshops in und um New York durchführte.

Cowan bittet die Teilnehmer zunächst, sich vorzustellen, daß einer ihrer Träume in einer Zeitung oder Zeitschrift veröffentlicht würde, wofür sie eine passende Überschrift und eine kurze Zusammenfassung finden sollten. Dann fordert er sie auf, verschiedene journalistische Stile auszuprobieren und Schlagzeilen und Zusammenfassungen für einen Artikel über den Traum zu schreiben, die in einer seriösen Zeitschrift wie *Die Zeit*, einem Sensationsblatt wie der *Bild-Zeitung* und einer speziellen Zeitschrift wie *Psychologie Heute* oder *Freundin* erscheinen könnten.

Natürlich ergibt sich aus den Traumbildern jedesmal ein neuer Sinn, wenn sie neu interpretiert werden. Das Grundmuster der Bilder bleibt jedoch das gleiche. Auf jeden Fall erhöht sich durch diese Übung die Chance, die verschiedensten »Wahrheiten«, die der Traum enthält, zu entdecken. Cowan meint dazu:

> »Die meisten Träume bergen mehrere Bedeutungen zugleich in sich. Es gibt keine ›guten‹ oder ›schlechten‹ Titel. Jeder Titel, wie ausgefallen er auch sein möge, tut seine Wirkung, wenn er beim Lesen Einzelheiten des Traumes heraufbeschwört. Allein das Suchen nach verschiedenen Überschriften, das Auswählen der Bilder, die Ihnen für jede Überschrift am wichtigsten erscheinen, das Ausscheiden scheinbar unwichtiger Einzelheiten und das Formulieren des geeigneten Wortlauts — all diese geistigen Aktivitäten öffnen Ihr Bewußtsein dafür, tieferen Einblick in die symbolischen Möglichkeiten des Traumes zu bekommen.«

Die Überschriften, die Gary fand, ein Mann, den ich an einem der monatlichen offenen Abende der »Brooklyn Dream Community« begegnete, sind ein anschauliches Beispiel dafür, wie diese Übung vor sich gehen kann. Hier ist Garys Traum:

> »Ich besuche mit einer Gruppe ein prachtvolles Herrenhaus im gotischen Stil in Louisiana, das jetzt ein Mu-

seum ist. Ein älterer, bärtiger Führer begleitet die Gruppe in einen Raum im Keller, in dem ein Fenster den unterirdischen Blick auf den Mississippi freigibt. Ihr klopfe an das Glas, und eine wunderschöne Seejungfrau erscheint. Ich versuche, zu hören, was sie mir sagen will, aber der Führer schreit mich an, ich solle nicht an das Fenster klopfen.«

Hier sind Garys Schlagzeilen, die er für die vier obenerwähnten Publikationen entworfen hat:

Die Zeit: »Tourist verursacht Aufruhr in historischem Baudenkmal.«
Bild-Zeitung: »Seejungfrau verführt Mann in Spukhaus.«
Psychologie Heute: »Naturwunder können gefährliche Wahnvorstellungen auslösen.«
Freundin: »Der erfrischend neue Marinestil im Kreuzfeuer konservativer Kritik.«

Gary bemerkte nach der Übung, daß jede Schlagzeile zusammen mit kurzem Text behutsam eine andere Wahrheit über den Traum enthüllte, die er vielleicht übersehen hätte, wenn er sich auf die Erklärung beschränkt hätte, die von seiner morgendlichen Stimmung nach dem Traum beeinflußt war. Die Überschrift in der *Zeit* beispielsweise machte ihm klar, daß seine privaten Gedanken und Phantasien (durch die Seejungfrau symbolisiert) ihn vielleicht von seinen Verpflichtungen gegenüber seinen Arbeitskollegen (symbolisiert durch die Reisegruppe) ablenkten. Andererseits wurde ihm durch die Titelzeile in der Modezeitschrift klar, wie erfrischend es sein konnte, wenn er sich ein wenig mehr von seinen kreativen Gedanken und Phantasien inspirieren ließ, auch wenn das seine Umgebung schockieren mochte.

Es war faszinierend für Gary, daß er auf diese Weise verschiedene Wahrheiten identifizieren konnte, die in einem einzigen Traum verborgen waren. Aufregender jedoch war das befreiende Gefühl, das er dabei empfand, die gleichen »kreativen Muskeln« zu bewegen, die er benutzt hatte, um den Traum hervorzubringen.

Experiment: Den müssen Sie gesehen haben!

Machen Sie Tom Cowans Kurzfassungsübung mit einem Ihrer eigenen Träume: Stellen Sie sich vor, es handle sich um eine Erfahrung des wirklichen Lebens, über die Sie in einer kurzen Zeitungs- oder Zeitschriftengeschichte berichten. Erfinden Sie Überschriften und Zusammenfassungen, die für die verschiedenen Arten von Publikationen passend sind. Benutzen Sie dazu eine beliebige Zeitschrift; Sie können auch selbst Publikationen erfinden.

Eine Variation dieser Übung stammt von Frank Stefano, einem Steuerberater, der wie Tom Cowan in Brooklyn wohnt und schon seit langem mit Traumgruppen arbeitet. Stellen Sie sich vor, Ihr Traum sei ein Film, und suchen Sie einen Titel, der nicht nur zu Ihrem Traum paßt, sondern der kurz und treffend ist und die Neugier des Publikums weckt. Schreiben Sie eine ganz kurze Zusammenfassung des Films, wie sie in Zeitungen oder Fernsehzeitschriften zu lesen sind.

Wiederholen Sie dasselbe, indem Sie aus Ihrem Traum verschiedene Arten von Filmen machen. Nehmen wir beispielsweise an, Sie hätten Garys oben beschriebenen Traum gehabt und ihn sich ursprünglich als unkomplizierten, romantischen Fantasy-Film für Erwachsene vorgestellt, so machen Sie jetzt daraus einen Kinderfilm, einen Spionagefilm, einen Science-fiction-Film, einen Horrorfilm, einen Dokumentarfilm. Erfinden Sie für jeden Film einen passenden Titel, und schreiben

Sie eine kurze Zusammenfassung des Inhalts. Vielleicht wollen Sie die Rollen auch an berühmte Schauspieler, Verwandte, Freunde oder Bekannte verteilen und geeignete Regisseure und Drehorte bestimmen.

Traummaterial und bildende Kunst

Sie müssen kein Kind sein, das noch nicht schreiben kann, kein Gewohnheitskritzler oder professioneller Illustrator, um zu wissen, wieviel leichter es sein kann, Ihre Emotionen und Ideen durch ein Bild auszudrücken als durch Worte. Das Verbalisieren erfordert die Beherrschung eines genau definierten, formellen Systems der Kommunikation, während das Visualisieren sich viel freier aus unseren ursprünglichen Sinneseindrücken entwickelt. Das, was wir uns im Geist oder auf dem Papier bildlich vorstellen, werden wir kaum so leicht zensieren wie das, was wir in Worte fassen. Das erklärt ohne Zweifel, warum Träume so intensiv visuell sind und warum die meisten Fürsprecher der inspirierenden Kraft der Träume weltberühmte bildende Künstler waren, zum Beispiel Michelangelo, El Greco, Goya, Gauguin, Picasso, Chagall, Dalí, Klee und O'Keeffe.

Je mehr wir uns bemühen, Bilder aus unseren Träumen zu greifbaren Kunstwerken zu machen, desto unmittelbarer wird die Verbindung zu unseren eigenen Gefühlen. Diese Integration kann sich außerordentlich gut sowohl auf unser Selbstbewußtsein als schöpferisches Individuum wie auch auf die Qualität unserer künstlerischen Produkte auswirken. Es geht darum, unsere eigenen authentischen Weltbilder ans Licht des Tages zu bringen, damit wir mit ihnen und sie an uns arbeiten können.

Dr. Helene Fagin, Psychoanalytikerin in Westchester County,

New York, erlebte diese fruchtbare Beziehung zwischen Traum und Kunst während eines speziellen siebenmonatigen Programms, das sie für zwölf Malerinnen, Bildhauerinnen, Textdesignerinnen und Collagekünstlerinnen durchführte, die in ihrer Nähe lebten und arbeiteten. Dr. Fagin, die sich durch einen experimentellen Kurs mit Dr. Montague Ullman hatte anregen lassen, traf sich wöchentlich mit den zwölf Frauen zur Besprechung ihrer Träume, wobei besonderes Gewicht darauf gelegt wurde, welche Beziehung diese Träume zu ihrer Arbeit hatten.

Im Laufe von Dr. Fagins Programm wurden die Teilnehmerinnen immer interessierter und fähiger, Traumbilder und Stimmungen in Kunstwerke umzusetzen. Die daraus resultierenden Arbeiten waren nicht mehr nur persönlich befriedigend, sondern fanden auch mehr positives Echo bei den Kritikern. Gegen Ende des Programms erzählte eine Teilnehmerin Dr. Fagin:

> »Ja, wahrscheinlich mache ich jetzt die besten Arbeiten, die ich je gemacht habe. Meine Bilder waren so schrecklich süßlich. Ich wollte nie, daß jemand wissen sollte, was in mir vorging. Die Träume erlaubten mir, anderen Menschen zu zeigen, was wirklich los ist. Die Kritiken waren phänomenal. Ein Professor stellte fest: ›Es scheint ein großer Entwicklungsschritt stattgefunden zu haben.‹ Mein Bildhauerlehrer dachte, daß ich meinen inneren Kampf benutzte, um so starke Formen hervorzubringen. Die Traumgruppe öffnete meine Gefühle, tauchte tief in meine Metaphern ein, manchmal tiefer, als ich wollte. Die Rezeption dieser Arbeiten war interessant. Jeder sieht die Gefühle in ihnen und die Traumbilder, die ich darin verarbeitet habe. Zum erstenmal habe ich so viele Stücke auf einmal ausgestellt,

es ist eine Ausstellung von zwanzig Arbeiten, die meine Persönlichkeit zum Ausdruck bringen, mein Innerstes zur Schau stellen.«

Ob Sie es nun gewöhnt sind, sich in Ihrem Wachleben durch Kunstwerke auszudrücken oder nicht, in Ihren Träumen tun Sie es jede Nacht. Eine Möglichkeit, eine unmittelbare Verbindung zwischen Ihrem Alltagsselbst und dem in Ihnen wohnenden Genius herzustellen – eine Verbindung, die bei jeder Art von Arbeit zu kreativen Durchbrüchen führen kann –, besteht darin, Erfahrungen, die Sie im Traum hatten, bildlich darzustellen.

Experiment: Nächtliche Visionen

Zeichnen Sie eine Szene aus einem Traum, den Sie kürzlich hatten. Machen Sie sich keine Gedanken, wenn die Zeichnung nicht genau den Bildern Ihres Traumes entspricht. Solange Sie beim Thema bleiben und sich bemühen, die Stimmung des Traumes wiederzugeben, wird Ihre Zeichnung höchstwahrscheinlich die wichtigsten Elemente der Traumwelt, durch die sie inspiriert wurde, enthalten.
Wenn Sie sich unsicher fühlen, weil Sie glauben, zuwenig Talent zum Zeichnen zu haben, versuchen Sie, eine Collage aus ausgeschnittenen Bildern alter Zeitschriften zu machen. Wählen Sie dazu Bilder aus, die das gleiche Thema wie der Traum haben, und versuchen Sie, sie so zu arrangieren, daß sie eine ähnliche Botschaft vermitteln.
Wenn ein bestimmtes Bild in einem Traum, den Sie kürzlich hatten, sich von allen anderen besonders hervorhebt, sollten Sie sich bei der Gestaltung nur auf dieses Bild konzentrieren.
Anstatt einer Zeichnung oder einer Collage können Sie versuchen, eine Skulptur zu machen, die sich auf das Traummaterial

bezieht. Ein dreidimensionales Medium ist für einen Traum sogar besonders angemessen, in dem sinnlich greifbare oder architektonische Qualitäten vorherrschen oder in dem Bewegung eine große Rolle spielt.

Während Sie an Ihrem Kunstprojekt arbeiten, sollten Sie Ihren Traum immer im Bewußtsein haben. Er wird in dem Maß an Bedeutung gewinnen, wie Sie sich auf ihn konzentrieren und sich mit ihm befassen. Um einen bestimmten Traum noch lebhafter ins Wachleben einzubeziehen, möchten Sie vielleicht etwas Künstlerisches oder Kunsthandwerkliches schaffen, das einen praktischen Sinn hat: eine Zeichnung, die Sie jemandem schenken können, der im Traum eine Rolle spielte, ein verziertes Gerät, das Sie im Haushalt benutzen können, oder eine grafische Darstellung, die Sie auf Ihr persönliches Briefpapier aufdrucken lassen.

Mit Traummaterial Literarisches schaffen

Träume sind wohl überwiegend visuell, und starke Gefühle lassen sich in Bildern leichter ausdrücken als in Worten; dennoch wurden auch unzählige literarische Meisterwerke unmittelbar von Träumen inspiriert, beispielsweise Dantes Epos *Die göttliche Komödie*, Voltaires Novelle *Candide*, Coleridges Gedicht *Kubla Khan*, Shelleys Roman *Frankenstein*, Dostojewskis *Schuld und Sühne*, Edgar Allen Poes Gedicht *The Raven*, Joyces Roman *Ulysses* und Styrons Roman *Sophy's Choice*. Große Dichter fühlen sich vielleicht gerade deshalb gedrängt, ihre Träume zu artikulieren, weil sie so bildhaft und nonverbal sind. Wir alle brauchen Worte, um uns an unsere Träume zu erinnern, und Menschen, die über literarische Ausdrucksfähigkeit verfügen, fühlen sich vielleicht unwiderstehlich angezo-

gen, ein geschriebenes Porträt eines Traumes anzufertigen, das ebenso vielseitig und provokativ ist wie der Traum selbst.
Robert Louis Stevenson ließ viele seiner Träume in seine literarischen Werke einfließen. Als Kind von häufigen Alpträumen gequält, nahm Stevenson den Rat seines Hausarztes an und versuchte, sich in den Schlaf zu wiegen, indem er sich schöne Geschichten ausdachte. Beinahe schlagartig wurde sein Traumleben eine Quelle des Vergnügens anstatt der Qual, auch wenn bestimmte Bilder etwas beunruhigend Seltsames hatten. Er behauptete, daß seine Karriere als Romanschriftsteller ausschließlich auf die erwähnte Therapie zurückginge und daß viele seiner Ideen ihm im Schlaf durch seine »Heinzelmännchen«, wie er es nannte, gebracht wurden. In seinen Memoiren (in denen er häufig von sich selbst in der dritten Person spricht) berichtet Stevenson, daß, immer wenn er sich gedrängt fühlte zu schreiben, die kleinen Männchen sofort kämen und die ganze Nacht lang Bruchstücke von Geschichten auf ihr erleuchtetes Theater vor ihn hinstellten. Dann habe er keine Angst mehr zu erschrecken; das »fliegende Herz« und die »eisige Kopfhaut« gehörten der Vergangenheit an. Zuletzt mache er einen begeisterten Sprung ins Erwachen mit dem Ausruf »Ich habe es, das ist es!« auf den Lippen...
Das bekannteste Produkt von Stevensons »Heinzelmännchen« ist *Dr. Jekyll und Mr. Hyde*, ein Werk, bei dem es eben um den Kampf zwischen dem rationalen Alltagsselbst und dem irrationalen nächtlichen Selbst geht. Stevenson schrieb zur Entstehung dieses Buches:

> »Ich hatte lange versucht, eine Geschichte über dieses Thema zu schreiben, ein Vehikel zu finden für dieses starke Gefühl, das jedes denkende Wesen von Zeit zu Zeit befallen muß: einen Doppelgänger zu haben. Dann kam einer dieser finanziellen Engpässe... zwei

> Tage lang lief ich herum und zerbrach mir den Kopf über irgendeine Art von Geschichte; und in der zweiten Nacht träumte ich die Szene am Fenster und eine spätere, zweigeteilte Szene, in der Hyde, der für irgendein Verbrechen verfolgt wurde, den Puder benutzte und im Angesicht seiner Verfolger die Verwandlung vornahm.«

In den Jahrzehnten nach diesem Eingeständnis Stevensons haben sich andere Schriftsteller noch bewußter darüber ausgesprochen, daß sie ihre äußeren Schöpfungen mit ihren inneren in Verbindung brachten. Jack Kerouac sagte öfters bei Interviews, daß ein großer Teil seines »Schreibrituals« darin bestand, seine Traumtagebücher nach Szenen, Sätzen und selbsterfundenen Worten zu durchforschen, die er in seine Erzählungen einbauen konnte. Als Kritiker seinen revolutionären Prosarhythmus seiner Begeisterung für Jazz zuschrieben, stimmte Kerouac zwar zu, fügte aber hinzu, daß einen ebenso wichtigen Einfluß der locker gefügte Stil seiner Traumtagebücher hatte, mit denen er seine flüchtigen nächtlichen Impressionen festzuhalten versuchte.
Graham Greene, dessen Stil entschieden traditioneller ist, bezieht die Themen für seine Romane ebenfalls aus seinen Träumen. Während eines Seminars in der Georgetown University im Oktober 1986 betonte er:

> »Eine wichtige Gestalt muß irgendwie aus dem Unbewußten kommen. Ich durchforsche meine Träume und suche nach den Spuren einer neuen Gestalt. Da ich im Alter von sechzehn Jahren eine Psychoanalyse machte, habe ich mich immer für Träume und das Unbewußte interessiert.«

Padgett Powell, ein junger Autor, der gerade dabei ist, das Interesse der Kritik zu wecken, fühlt sich ebenfalls seinen Träumen verpflichtet. Sein neuestes Buch, *A Woman Named Drown*, das in der *New York Times Book Review* als »starkes, humorvolles, einmaliges Buch« angekündigt wurde, basierte auf einem Traum, den der Autor vor einigen Jahren hatte, während er an einem Schreibworkshop an der Universität von Houston teilnahm. Powell gibt zu, er fand es anfangs etwas merkwürdig, daß der Traum ihn so beschäftigte, aber er konnte ihn nicht vergessen und auch nicht das Gefühl abschütteln, daß er daraus ein besonders starkes Kunstwerk würde entwickeln können. Seine Leser hatten das Glück, daß er seinem Traum folgte.

Viele Lyriker des 20. Jahrhunderts waren der exotischen Bilderwelt und Struktur der Träume ebenso verfallen wie ihre romaneschreibenden Zeitgenossen. Sylvia Plath, Adrienne Rich, W. S. Merwin, James Dickey und Robert Bly gehören zu jenen Schriftstellern, deren Gedichte oft reine Traumtranskriptionen waren.

Auch Komponisten und Songtexter haben sich durch ihre Träume zu neuen Ideen anregen lassen. Der Rockstar Sting beispielsweise hat seit seiner Jugend getreulich alle Träume notiert. 1985 erzählte er einem Reporter der *Newsweek*:

> »Die Zeile ›every breath you take‹ (Titel einer außerordentlich erfolgreichen Platte aus dem Jahr 1983 von Stings Gruppe Police) fiel mir im Traum ein. Ebenso die Idee und die Formulierungen von ›The Dream of the Blue Turtles‹ (Stings erstes erfolgreiches Soloalbum von 1985). Ich träumte, daß vier riesige Tauben eine Gartenhecke durchbrachen und begannen, den Rasen und die Blumenbeete aufzureißen. Diese massiven, machohaften, männlichen, prähistorischen blauen Tauben warfen sich herum, vor und zurück und zerstörten

alles. Ich stellte fest, daß diese Geschöpfe, die meinen ordentlichen Garten ruinierten, die vier Musiker waren, die ich eben angestellt hatte, um eine völlig neue musikalische Richtung einzuschlagen.«

Der Dichter Jean Paul nahm den Maler Saint-Pol-Roux vorweg, als er sagte, daß der Traum unwillkürliche Poesie sei. Träume sind eine reiche Quelle schöpferischer Bilder, und die Bemühung, sie zu übersetzen ist eine reiche Quelle schöpferischen Wachstums. Indem wir uns bewußt bemühen, unsere Träume in literarische Arbeiten umzuwandeln, lernen wir unsere sprachliche Fähigkeit zu verbessern und zugleich auch kreativer mit uns selbst und anderen zu kommunizieren.

Experiment: Spiel mit Form und Stil

Nehmen Sie Bilder oder Szenen aus einem Traum, den Sie in jüngster Zeit hatten, und benutzen Sie sie als Basis für eine Kurzgeschichte, ein Gedicht oder einen Liedtext. Ihre literarische Arbeit kann kurz sein, beispielsweise eine Fabel in wenigen Sätzen oder ein Achtzeiler, vorausgesetzt, sie hat eine erzählerische Struktur. Die erzählerische Struktur besteht üblicherweise aus drei Teilen: einer Einleitung (die Eröffnung, in der ein Konflikt dargestellt wird), einem Mittelteil (die Handlung, die diesen Konflikt weitertreibt) und einem Abschluß (die Auflösung, die den Konflikt zu einem »logischen« Ende bringt).
Viele Träume, vor allem Träume, an die wir uns gut erinnern, haben von sich aus eine dreiteilige erzählerische Struktur, so daß es Ihnen nicht zu schwer fallen dürfte, das Material zu ordnen. Wenn Sie lieber mit einem Traumfragment, beispielsweise einem einzelnen, besonders beeindruckenden Bild, arbei-

ten wollen, improvisieren Sie eine Geschichte, die diesem Fragment Sinn verleiht, und geben Sie ihm eine zentrale Rolle in irgendeiner Art von Drama.

Versuchen Sie, den gleichen Traum oder Traumbilder in verschiedenen literarischen Gattungen darzustellen, beispielsweise in einem Märchen, einem Kinderlied, einer Schauergeschichte, einem Reisebericht, einer Ballade, Memoiren, einem Glaubensbekenntnis, einem gereimten Gedicht, einem Theaterstück, einem Brief oder einem Bericht aus einem alten Mythos. Sie werden dann vielleicht entdecken, daß eine bestimmte Form Sinntiefen enthüllt, die andere nicht enthüllen. Oder Sie entdecken, daß Ihre Arbeit mit dem Traum von einer bestimmten Gattung zu einem aufregenderen und für Sie persönlich befriedigenderen Kunstwerk wird.

Sie können auch mit verschiedenen literarischen Stilen spielen. Suchen Sie sich einen Schriftsteller mit seiner ganz persönlichen Eigenart aus (beispielsweise Charles Dickens, Agatha Christie, Gertrude Stein oder auch Bob Dylan), und fassen Sie Ihren Traum in Worte, wie sie dieser Autor in einem seiner Werke hätte gebrauchen können. Wenn Sie einen Schriftsteller oder ein bestimmtes literarisches Werk kennen, das besonders gut zum Ton oder Thema Ihres Traumes paßt, wird dieser Versuch um so mehr Spaß machen und viele neue Einsichten vermitteln. Solch eine Nachahmung ist eine Übung, Ihren Traum auf verschiedene Weise auszudrücken. Vielleicht stoßen Sie dabei auf eine Ausdrucksweise, die den Kern der Sache trifft. Solch glückliche Entdeckungen sind das Wesen der Kreativität.

Traummaterial für Lebens- und Arbeitsprojekte

Kreativ zu sein bedeutet nicht notwendigerweise, Künstler zu sein. Es bedeutet, unsere persönlichen Wahrnehmungen und Kenntnisse in Handeln umzusetzen, gleichgültig, in welchem Bereich. Dieser Prozeß beginnt damit, daß wir eine kreative Idee erkennen, wenn wir sie haben. Solch eine Idee erscheint uns vor allem frisch und neu. Wir können spüren, wie sie in unseren Gedanken Gestalt annimmt und sich von dem unterscheidet, was wir fertig übernehmen oder was wir logisch und aufgrund bestimmter äußerer Tatsachen entwickeln. Eine schöpferische Idee weist auf Möglichkeiten hin, die von einem kosmischen Standpunkt aus nicht neu sein mögen, die für uns persönlich aber ganz entschieden neu sind. Wenn wir diese Idee kultivieren und dazu beitragen, daß sie in unserem Leben Gestalt annimmt, sind wir kreativ, ebenso wie wir es in den Träumen sind, die wir jede Nacht hervorbringen.

Leider ist unsere unmittelbare Reaktion auf schöpferische Ideen die gleiche wie unsere unmittelbare Reaktion auf Träume: Wir lehnen sie ab, weil sie so seltsam sind. Sie passen nicht in unseren vertrauten Bezugsrahmen, deshalb betrachten wir sie im besten Fall als wertlos und im schlechtesten Fall als störend.

Den Menschen Zeit und Raum zu lassen und ihre Träume als Quellen kreativer Ideen zu akzeptieren ist seit zehn Jahren die Mission von Mark Seidler, einem der Leiter von Cerebrics, einer Managementberatungsfirma, die sich auf Kreativitätsseminare für Firmenmitglieder spezialisiert hatte. Kürzlich führte Seidler ein Wochenendprogramm für zehn führende Mitarbeiter einer Computer-Software-Firma durch. Zwei Monate nach

Beendigung des Programms schrieb einer der Teilnehmer an Seidler:

»Es (das Programm) machte mir zwar Spaß, aber ich muß zugeben, daß ich nicht glaubte, es würde sich auf meine zukünftige Arbeit wesentlich auswirken. Dann hatte ich vor ein paar Wochen einen Traum, in dem ich durch meine ganze Abteilung ging und die Leute bei der Arbeit beobachtete. Alle waren sehr fleißig, die Leute hörten nicht einmal zu arbeiten auf und beachteten mich gar nicht, aber es war absolut ruhig. Keine Telefone läuteten, keine Gespräche in den Räumen, keine geräuschvollen Lieferungen. Zunächst beunruhigte mich der Traum. Ich hatte das Gefühl, als sei ich taub. Aber wie Sie rieten, blieb ich bei dem Traum und dachte weiter darüber nach. Schließlich merkte ich, wie friedlich diese Stille gewesen war, und ich brachte damit in Verbindung, wieviel Arbeit geschafft worden war. Jetzt habe ich eine ›stille Stunde‹ in meiner Arbeit eingeführt. In der ersten Stunde am Morgen werden keine Anrufe entgegengenommen (außer von der Zentrale), keine Termine mit Leuten von außerhalb der Firma ausgemacht und keine gegenseitigen Besuche der Büros unternommen. Die Leute können in dieser Zeit ungestört an ihren Schreibtischen arbeiten. Die Reaktion war wunderbar. Man bittet mich jetzt, ob man im Laufe des Tages nicht noch eine zweite ›stille Stunde‹ einführen könne!«

Manche Leute haben eine natürliche Begabung, wenn es darum geht, gute Ideen zu erkennen, die ihnen im Traum präsentiert werden. 1987 hatte die zehnjährige Claudine Rad aus New York City einen wunderschönen Traum, in dem sechs

Obstbäume auf einer Wiese vorkamen. Jeder Baum strömte einen anderen Duft aus — Banane, Kirsche, Orange, Zitrone, Kokosnuß und Erdbeer —, und sogar das Gras hatte einen wunderbaren Pfefferminzgeruch. Ihre Mutter, Nahia, war so beeindruckt, als sie von dem Traum hörte, daß sie beschloß, ihn in die Wirklichkeit umzusetzen. Zusammen mit ihrer Tochter schuf sie eine Reihe natürlicher Parfüms für Kinder mit dem Namen »Whiffy Wear« (wörtlich etwa »Modestink«). Im Juni desselben Jahres wurde es auf einer Ausstellung bei »Macy's« vorgestellt, wo es so viel Begeisterung auslöste, daß die Rads es nun überall im Osten der Vereinigten Staaten vertreiben lassen.
Träume sagen zu allen Facetten des Lebens etwas, und sie haben schon alle Arten von schöpferischen Lebens- und Arbeitsprojekten angeregt, von weltbewegenden wie Gandhis Kampagne des passiven Widerstandes in Indien bis zu weniger bedeutsamen wie dem Titel für die populäre Fernsehserie der sechziger Jahre »Bonanza«. Wenn Sie Ihre Träume ignorieren, kann das heißen, daß Sie Ihr persönliches Orakel mißachten.

Experiment: Finden Sie Entsprechungen!

Nehmen Sie ein ungewöhnliches Bild aus einem Traum, den Sie in jüngster Zeit hatten, und suchen Sie nach entsprechenden Bildern in der realen Welt, sowohl übereinstimmende wie auch Bilder, die nur ein oder zwei gemeinsame Züge mit Ihrem Traumbild haben.
Wenn Sie beispielsweise von einem brennenden Schuh geträumt haben, vergleichen Sie ihn mit den Schuhen in Ihrem Schrank und Schuhen, die Sie in der letzten Zeit an anderen Menschen, in Geschäften, in Zeitschriften, im Fernsehen oder im Kino gesehen haben. Finden Sie Dinge, die die gleiche Form haben wie ein Schuh, der gleichen Funktion dienen, aus dem gleichen Material angefertigt sind, oder Namen, in denen

die Silbe »Schuh« vorkommt. Beziehen Sie auch die verschiedenen Nebenbedeutungen von »brennend« in Betracht, und stellen Sie dann fest, was »brennend« für jedes der entsprechenden Bilder, die Sie gefunden haben, bedeuten könnte.
Nachdem Sie mit verschiedenen Bildern aus Träumen experimentiert haben, probieren Sie das gleiche mit verschiedenen Aktivitäten, Mustern und ganzen Traumszenen aus.
Der Sinn dieser Analyse ist es, Ihre Traumvisionen so stark wie möglich mit Assoziationen aus Ihrem Wachleben anzureichern, damit Ihre Chancen wachsen, daß Sie so auf einen kreativen Einfall stoßen.
Eine andere, speziellere Möglichkeit, Entsprechungen zwischen Ihrem Traum und dem Wachleben herzustellen, besteht darin, sich vorzustellen, daß Ihr Traum ein Werbefilm oder -foto für ein Produkt oder eine Dienstleistung ist, die es noch nicht gibt. Was könnte das für ein Produkt oder eine Dienstleistung sein? Denken Sie daran, daß es in der Werbung auch um Ratschläge und Warnungen gehen kann.

Träumen mit offenen Augen

Für jemanden, dem es darum geht, kreativer zu werden, ist es nicht so wichtig, was die Träume bedeuten, sondern was sie bewirken. Sie zeigen uns neue Welten. Sie schenken uns neue Empfindungen. Sie weisen uns neue Wege und Möglichkeiten. Diese Traumabenteuer sind aber verschwendet, wenn wir uns nicht vorher als kluge und verantwortliche Reisende für dieses Abenteuer rüsten. Arthur Koestler sagt in seinem Buch *Der göttliche Funke*, schöpferische Inspiration komme nie aus heiterem Himmel; wie die Gnade werde sie nur dem vorbereiteten Geist zuteil, der schon eine große Zahl bedeutsamer Tatsachen, Eindrücke und Ideen gesammelt habe.

Um einen Traum in ein Kunstwerk oder in ein kreatives Lebens- oder Arbeitsprojekt zu verwandeln, müssen Sie sich zuerst darin schulen, die reale Welt kreativ mit den Augen eines Träumers anzusehen. Was würden Sie dann verändern? Was, fürchten Sie, könnte geschehen? Was sind die möglichen Folgen oder Komplikationen eines Ereignisses? Was verleiht bestimmten Gegenständen eine besondere Ausstrahlung, die ähnliche Gegenstände nicht haben? Warum ziehen manche Menschen Sie mehr an als andere? Entwickeln Sie die Gewohnheit, sich Fragen zu stellen, die Sie sich normalerweise nicht stellen, und Fragen zu beantworten, denen Sie sonst aus dem Weg gehen. Und probieren Sie dann eines der Kreativitätsexperimente aus, die in diesem Kapitel angeregt werden.

Der letzte Schritt, um ein kreativerer Träumer zu werden, besteht darin, daß Sie Ihre Hoffnungen, Ängste und das, was Ihnen erstaunlich erscheint, mit in den Schlaf nehmen. Versuchen Sie, kurz vor dem Einschlafen über ein bestimmtes kreatives Ziel, das Sie erreichen wollen, nachzudenken; oder über ein Geheimnis, das Ihr schöpferisches Interesse weckt, oder über irgendeinen Aspekt Ihres Lebens oder Ihrer Arbeit, den Sie durch schöpferische Einfälle beleben wollen. Sagen Sie sich, daß Sie kreativ über dieses Thema träumen werden, und notieren Sie am nächsten Morgen alles Traummaterial, das Ihnen bemerkenswert erscheint, gleichgültig, ob es in Beziehung zu Ihren abendlichen Gedanken zu stehen scheint oder nicht. Die Ergebnisse einer »Trauminkubation« können sehr aufregend und schöpferisch anregend sein, wie man an einigen Beispielen sieht, die ich im sechsten Kapitel aufgeführt habe. Dabei sollte man sich jedoch darüber im klaren sein, daß eine Trauminkubation sehr subtil vor sich geht. Man braucht viel Übung — sowohl beim Versuch, einen Traum »auszubrüten«, wie bei der Traumarbeit mit den so erzeugten Träumen —, bevor man wirklich einmal einen Treffer hat: ein Traumbild, das eine klare und befriedigende Antwort auf das Problem gibt, mit dem man sich beschäftigt hat.

Vor allem ist Trauminkubation etwas, mit dem Sie experimentieren sollten — nicht etwas, auf das Sie rechnen dürfen oder über das Sie sich Sorgen machen sollten. Wenn Sie sich zu sehr bemühen, einen Traum zu erzeugen, werden Sie höchstwahrscheinlich gegen sich selbst arbeiten. Wenn Sie sich anstrengen, um unbedingt über ein bestimmtes Thema zu träumen, können Sie dabei alle psychische Energie aufbrauchen, die einem zur Beschäftigung mit diesem Thema zur Verfügung steht. In solch einem Fall wenden sich Ihre Träume vielleicht einem anderen Lebensaspekt zu. Möglicherweise sind Sie auch so sehr darauf fixiert, was Sie von Ihren Träumen hören wollen, daß Sie übersehen, was Ihnen Ihre Träume wirklich sagen, wenn Sie sich eingehend mit Ihnen beschäftigen.

Trauminkubation ist ebenso einfach und erfreulich, wie sich etwas zu wünschen. Wie wir in der Kindheit durch die Weisheit der Mythen und Märchen erfahren und wie wir als Erwachsene aus tatsächlichen Fallgeschichten lernen, können unsere Wünsche Träume hervorrufen, und unsere Träume können uns helfen, unsere Wünsche wahr werden zu lassen. Viele Künstler suchen bewußt in ihren Träumen schöpferische Inspiration. Die Tatsache, daß sie diese Inspiration von Zeit zu Zeit auch erfahren, verdanken sie zum großen Teil ihrer Bereitschaft, solch eine Inspiration aus ihren Träumen auch anzunehmen. Diese Bereitschaft ist das Wesentliche an der Trauminkubation; wenn man sich in dieser Grundhaltung nun noch mit bestimmten Bildern — die mit dem Kreativitätsvorhaben in Verbindung stehen — beschäftigt, dann muß man darüber hinaus nichts weiter tun, als einfach einzuschlafen und abzuwarten, was geschieht.

Für jemanden, der sich ernsthaft mit Träumen beschäftigt hat, steht es außer Frage, daß es eine Beziehung zwischen Träumen und Kreativität gibt. Und es ist nur zu natürlich, daß kreative Menschen viele Möglichkeiten entdeckt haben, durch die Arbeit mit Träumen ihre persönliche Kreativität zu fördern, denn das ergibt sich geradezu aus ihren eigenen schöpferischen Impulsen und der schöpferischen Natur von Träumen. Dennoch ist die einfachste und wirksamste Weise, Ihr Leben durch Träume kreativer zu machen, so einfach, so vergnüglich und so lehrreich wie ein Kinderspiel: Schenken Sie Traumbildern, die Sie beeindrucken, Beachtung. Dann werden Sie eines Tages belohnt.

8. KAPITEL

Weitere Traumabenteuer

Am 14. Juni 1986 flog ich über Leningrad. Der Tag war ungewöhnlich klar und sonnig. Das Chrom der winzigen Autos blitzte im Licht auf, goldene Kuppeln leuchteten wie geschmolzenes Gold, und der dunkle Fluß Newa, der unter mir dahinfloß, schimmerte wie ein juwelenbesetzter Gürtel. Als ich mich der Peter-und-Pauls-Festung näherte, versuchte ich angestrengt, einen Blick des inneren Hofes zu erhaschen. Da stand eine Schar Menschen in scharlachroten Gewändern, die Gesichter nach oben gewandt, und inmitten der Menge ein Ring von in Pelz gehüllten, starken Männern, die ein großes rundes Stück Leinwand hielten. Ich neigte meine ausgestreckten Arme in einem anderen Winkel und flog auf die Leinwand zu. Ich konnte sehen, wie mein Schatten unter mir langsam über das blaugraue Dach der Festung dahinglitt. Mein Kopf bewegte sich langsam hin und her, die Hosen flatterten im Wind.

Dieser Eintrag von 1986 in meinem Traumtagebuch sagt nichts darüber, was er in bezug auf mein Wachleben bedeuten könnte, und offen gesagt interessiert mich dieser Aspekt auch gar nicht. Manche Experten (vor allem Freud) behaupten, Träume vom Fliegen drückten den Wunsch nach sexueller Entspannung aus. Andere Fachleute interpretieren sie als den Wunsch, einer unguten Situation zu entfliehen oder die eigenen Grenzen zu überschreiten. Es gibt sogar kluge Leute, die als Erklärung von solchen Träumen die Regel »Die Ontogenese entspricht der Phylogenese« zitieren: Da wir in gewissen Stadien unserer vorgeburtlichen Entwicklung sogar auf die Evolution der Vögel zurückgreifen, könnten wir, so argumentieren sie, mit der unbewußten Disposition auf die Welt gekommen sein, unser angeborenes Potential zum Fliegen in unseren Träumen zu verwirklichen.

Vielleicht stimmen einige dieser Theorien, vielleicht auch alle, doch was mich an »Fliegeträumen« vor allem interessiert, ist das Vergnügen, das wir dabei haben. Ich glaube, daß wir uns in unseren Träumen in die Luft erheben, weil es aufregend ist, und daß ebendieses Gefühl solchen Träumen ihre wichtigste Bedeutung verleiht. Deshalb neige ich dazu, Träume vom Fliegen als eigenständige Erfahrungen zu genießen und sie nicht als symbolische Darstellungen anderer Erfahrungen zu analysieren. Nachdem ich die Aufzeichnungen über Träume einiger Monate durchgelesen habe, betrachte ich gewöhnlich alle Träume vom Fliegen gesondert und bewundere jeden einzelnen wie einen geschätzten Kunstgegenstand oder eine außergewöhnliche Erinnerung.

Die meisten von uns haben von Zeit zu Zeit solche Träume und können bestätigen, daß es sich fast immer um beglückende Erlebnisse handelt. Veröffentlichte Forschungsberichte, Traumtagebücher und Traumarbeitsprotokolle zeigen, daß die Art des Fliegens von Traum zu Traum wie von Person zu Person auf köstlichste Weise unterschiedlich sein kann. Ann Sayre Wiseman, Autorin aus Cambridge, Massachusetts, die gerade ein Buch über Träume vom Fliegen zusammenstellt, unterscheidet — unter anderen — folgende Hauptbewegungsmuster: Flattern, Schweben, Schwimmen, Riesensprünge machen, Schießen (wie eine Geschützkugel), Segeln (sich von Luftströmen tragen lassen), Levitation und das, was sie »unterstütztes Fliegen« nennt (sich in der Luft fortbewegen mit Hilfe eines Gegenstandes wie Zauberstab, Teppich oder Stuhl). In den verschiedenen »Fliegeträumen« kommen auch die unter-

schiedlichsten Höhen, Geschwindigkeiten, Ausdehnungen der Flüge, akrobatische Manöver etc. vor.
Daß Flugträume so vielfältig, spielerisch und unterschiedlich sind, weist darauf hin, daß Träume auch einfach den Sinn haben, uns zu erfrischen und Erholung und Vergnügen zu bereiten. Das gleiche gilt für die Traumarbeit. Beide Aktivitäten können für sich genommen sinnvoll und lohnend sein und uns auf vielerlei und besondere Art und Weise Freude bereiten.
In diesem Kapitel geht es um verschiedene grundlegende Methoden, ein allgemeines Ziel zu erreichen, nach dem jeder Träumer streben kann — die Träume und die Traumarbeit angenehmer zu gestalten. In einem Teil des Kapitels beschäftigen wir uns mit dem persönlichen Vergnügen, das wir finden können, wenn wir eine bestimmte Art von Traumerfahrung kultivieren, zum Beispiel luzides Träumen oder Wachträumen. Ein anderer Teil beschäftigt sich mit dem gemeinsamen Vergnügen und Abenteuer, das es bedeuten kann, unsere Träume mit anderen Träumern zu teilen, mit Menschen, mit denen wir schon vertraut sind, ebenso wie mit einer Gruppe von relativ fremden Menschen.
Bevor ich mich jedoch der Freude und dem Vergnügen zuwende, das aus der Welt der Träume entspringen kann, möchte ich noch etwas sehr Schmerzhaftem und Unangenehmem meine Aufmerksamkeit schenken: dem Alptraum. Obwohl ein Alptraum sicher auch ein Abenteuer ist, kann uns dieses Abenteuer doch so sehr verstören, daß wir uns davor fürchten, überhaupt noch zu träumen. Wenn wir also mehr Freude am Träumen haben wollen, müssen wir uns zunächst dieser Angst stellen und sie in den richtigen Proportionen sehen. Es gibt viele Möglichkeiten, wie wir unsere Alpträume allmählich überwinden und uns in hellere Regionen erheben können.

Den Alptraum zähmen

Die Schattenseite des Aufregenden ist Angst. Leider sind die mit der Angst verbundenen Emotionen im allgemeinen stärker. Wenn Träume vom Fliegen bewirken können, daß das Herz heftiger schlägt und mehr Adrenalin ausgeschüttet wird, so können das Alpträume ganz gewiß auch — und das so sehr, daß sie uns häufiger aus dem Schlaf reißen und tiefere Spuren im Gedächtnis hinterlassen als ihre hellen Gegenbilder.

Alpträume haben etwas so Erschreckendes, weil sie Ängste in uns wachrufen, die aus unserer Kindheit stammen, Ängste, die wir zwar beiseite zu schieben gelernt haben, die sich aber nie ganz aufgelöst haben. Die kindliche Angst vor dem Fallen beispielsweise kann in einem Traum wiederauftauchen als das Straucheln über einen steilen Abhang oder der Sturz im Auto über den Rand einer Brücke. Ein Traum, in dem unsere Füße bleischwer werden, wenn wir versuchen, einem Feind zu entfliehen, läßt vielleicht das längst vergessene Gefühl der Frustration über den Mangel an Koordination oder Schnelligkeit der Bewegung wiederaufleben. Durch unsere Träume erleben wir vielleicht wieder die Angst vor Feuer, vor scharfen Gegenständen, vor dunklen Orten oder Wesen, die größer sind als wir selbst und die wir nicht verstehen. Vielleicht leiden wir auch zutiefst wie in unserer Kindheit an einem möglichen oder wirklichen Mangel an Zuwendung oder Hilfe von einem geliebten Menschen.

All diese Urängste können durch den Verstand nie ganz gebannt werden, weil sie in unserer emotionalen und geistigen Entwicklung vor der Vernunft auftraten, zu einer Zeit, in der wir noch viel tiefer beeindruckbar waren. Immer wenn wir uns als Erwachsene verletzlich, klein, hilflos oder unbedeutend fühlen, kann es geschehen, daß unsere Träume ganz automatisch diese tief verwurzelten, prärationalen Gefühle wiederaufleben lassen. Bei einer näheren Betrachtung wird wahrscheinlich fast jedem Alptraum ein Bild der Kindheitswelt zugrunde liegen.

Es ist häufig, daß sich bestimmte Alpträume wiederholen, nicht nur weil wir alle dazu neigen, eine begrenzte Anzahl besonders angsteinflößender Motive zu entwickeln, sondern auch weil das Sichwiederholen eines Bildes schon selbst die Angst, gefangen zu sein oder keinen Ausweg mehr zu haben, zum Ausdruck bringen kann. Oft hat man auch im Laufe eines Jahres je nach den Höhen und Tiefen seiner emotionalen Zyklen bestimmte wiederkehrende Alpträume.

Die Experten haben allerdings noch nicht definiert, ab wann sich jemand über die Häufigkeit seiner Alpträume Sorgen machen muß. Auf die Frage, wieviel zuviel ist, gibt es keine Antwort. Das ist eine ganz subjektive Entscheidung, die zum Teil darauf beruht, was man als Alptraum definiert. Es gibt allerdings einige Richtlinien, um festzustellen, ob man überdurchschnittlich viele solche Träume hat und, wenn ja, ob das aufgrund der allgemeinen psychischen Verfassung zu erwarten ist.

Dr. Ernest Hartmann, Direktor der Abteilung für Schlafforschung an der Psychiatrischen Klinik in Boston, schätzt, daß etwa nur einer von zweihundert Menschen jede Woche einen Alptraum hat. Er behauptet auch, daß bestimmte Träumer von Natur aus dazu veranlagt sind, mehr Alpträume oder mehr erschütternde Alpträume zu haben als andere. Diese Menschen haben seiner Ansicht nach ein schwaches Abgrenzungsvermögen. Er beschreibt das Phänomen folgendermaßen:

> »Sie trennen die Dinge nicht so streng voneinander. Wenn ein Kind heranwächst, lernt es, zwischen sich selbst und anderen, zwischen Phantasie und Realität, zwischen Traum und Wachen zu unterscheiden. Die

> Grenzlinien können dünn und fließend oder stark und starr sein. Wenn ein Mensch ein schwaches zwischenpersönliches Abgrenzungsvermögen hat, neigt er dazu, leicht in Beziehungen hineingezogen oder von ihnen überwältigt zu werden. Dann gibt es die Grenzlinie zwischen Wachen und Schlafen. Manche Menschen wachen unmittelbar auf, jene, die ein schwaches Abgrenzungsvermögen haben, brauchen vielleicht eine halbe Stunde, bevor sie sich ganz bewußt sind, wach zu sein. Wenn es um die sexuelle Identität geht, sagt ein Mensch mit starkem Abgrenzungsvermögen: ›Ich bin ein Mann (eine Frau) und Männer (Frauen) verhalten sich so.‹ Er hat keine Zweifel. Ein Mensch mit einem schwachen Abgrenzungsvermögen ist zwar gewöhnlich nicht offensichtlich bisexuell, hat aber wahrscheinlich sexuell vieldeutigere Phantasien« (aus: Susan Seliger, »In the Dead of Night...«, *People*, 11. März 1985, S. 128).

Hartmann ist der Ansicht, daß Menschen mit einem schwachen Abgrenzungsvermögen vermutlich häufigere oder intensivere Alpträume haben, da sie nicht über ebenso starke Abwehrmechanismen wie andere Menschen verfügen. Sie lassen angsterregendes Material in ihren Träumen zu, das andere fernhalten. Es geht Hartmann bei dieser Theorie nicht darum, ein schwaches Abgrenzungsvermögen als allgemein negativ zu bewerten. Er vertritt die Ansicht, daß solche schwachen Grenzen auch für besonders befreiende Träume verantwortlich sein können, ganz zu schweigen von einem ungewöhnlich mitfühlenden und sensiblen Verhalten im Wachleben. Ihm geht es darum, den Menschen eine mögliche Erklärung für ihre Alpträume anzubieten, damit sie weniger Schwierigkeiten haben, sie anzunehmen, und besser damit umgehen lernen.
Ob unser Abgrenzungsvermögen nun stark, schwach oder

durchschnittlich ist, es gibt Möglichkeiten, die Intensität fast all unserer Alpträume zu verringern, uns von einer bestimmten Art von Alpträumen zu befreien oder manche von ihnen sogar so zu verändern, daß wir ein Gefühl der Überlegenheit aus ihnen beziehen. Der wichtigste Schritt dazu ist es, unsere Alpträume regelmäßig aufzuschreiben und uns mit ihnen zu befassen. Dadurch können wir herausfinden, welche Situationen in unserem Wachleben möglicherweise Alpträume auslösen — häufig wiederkehrende Situationen, wenn wir uns ängstlich, hilflos oder verloren fühlen oder die uns an eine Periode in der Vergangenheit (vor allem an die Kindheit) erinnern, in der wir ähnliche Empfindungen hatten. Wenn wir auf unsere Träume achten, werden wir auch ein klareres Bild unserer relativen Stärken und Schwächen auf psychologischer, geistiger, emotionaler oder sogar physischer Ebene bekommen. All diese Informationen werden uns helfen, mit unserem Leben bewußter und konstruktiver umzugehen, damit wir nicht so leicht Opfer eines »Alptraumkomplexes« werden. Unsere Träume werden uns dann nicht mehr so heftig angreifen müssen, um uns vor Augen zu halten, was uns beschäftigt oder womit wir uns beschäftigen sollten.
Je nach den Gegebenheiten gibt es dann noch verschiedene weitere Methoden zum Umgang mit Alpträumen. Intensive, häufig wiederkehrende Alpträume können den Schlaf so sehr beeinträchtigen, daß es ratsam ist, irgendeine Art professioneller therapeutischer Hilfe in Anspruch zu nehmen. Die meisten einmaligen oder wiederkehrenden Alpträume jedoch können Sie in den Griff bekommen, wenn Sie von Fall zu Fall folgende Punkte beachten:

1. Definieren Sie so genau wie möglich die Gefühle, die Sie während des Alptraumes und unmittelbar danach hatten. Am besten tun Sie das sofort unmittelbar nach dem Erwachen aus dem Alptraum, während sie noch völlig ruhig im

Bett liegen; falls Ihnen das aus irgendeinem Grund nicht gelingt, sollten Sie es noch irgendwann am gleichen Tag tun. Stellen Sie sich Fragen, die ganz genau darauf abzielen, was für Gefühle das waren: Hatten Sie Angst, verletzt, angegriffen, ausgesetzt, gedemütigt, beschuldigt, beraubt, zurückgewiesen zu werden? Fühlten Sie sich nach dem Erwachen hoffnungslos frustriert, angstvoll, ärgerlich, besorgt, beschämt, wertlos, bekümmert? Je deutlicher Sie artikulieren können, was emotional in Ihnen vorgegangen ist, desto rationaler können Sie bei der Überwindung oder Verhinderung dieser Art von Alptraum (und natürlich auch seines Äquivalents im Wachleben) in Zukunft vorgehen.

2. Denken Sie an alles, was Sie im Traum hätten tun können, um ihn positiver enden zu lassen. Beziehen Sie dabei alles ein, was in der unbegrenzten Welt des Traumes möglich ist. Wenn Sie beispielsweise von einem Ungeheuer angegriffen wurden, könnten Sie auf vielerlei Weise reagiert haben: Sie wehren sich gegen das Ungeheuer und besiegen es; Sie reden ihm so lange gut zu, bis es von Ihnen abläßt; Sie küssen das Ungeheuer und verwandeln es in einen wunderbaren Menschen; Sie lassen das Ungeheuer winzig klein werden und blasen es weg; Sie werden selbst riesengroß und blasen es weg; Sie fliegen einfach vor ihm davon und so weiter.
3. Entscheidend ist nicht, welche der genannten Strategien Sie einhalten wollen, wenn das Ungeheuer wieder einmal angreifen sollte (wenn Sie nach dem Erwachen aus dem Alptraum noch im Bett bleiben, versuchen Sie, wieder einzuschlafen, mit der vertrauensvollen Absicht, nicht noch einmal dasselbe zu erleben). Sie werden, nachdem Sie wieder eingeschlafen sind, den Alptraum vielleicht noch einmal mit einem positiven Ende erleben oder ihn ganz verbannt haben, weil Sie ihn zuvor bewußt durchgearbeitet haben.

4. Wenn Sie einen besonders beunruhigenden oder häufig wiederkehrenden Alptraum haben, schreiben Sie seine Geschichte auf, ebenso wie die Gefühle, die Sie während des Alptraumes und danach hatten, sowie alternative gute Ausgänge der Geschichte. Schreiben Sie dann die Geschichte neu mit dem Ende, das Ihnen am besten gefällt. Lesen Sie diese neu geschriebene Geschichte mehrmals durch, und lassen Sie sie vor Ihren Augen ablaufen, als machten Sie eine Visualisierungsübung. Wiederholen Sie das Ganze am Tag, der auf den Alptraum folgt, mehrere Male, sooft es Ihnen notwendig oder angenehm erscheint.
5. Versuchen Sie, den Alptraum jemandem zu erzählen, dem Sie vertrauen. Oft sind Alpträume ein Ventil für Gefühle, die auf andere Weise nicht zum Ausdruck kommen, und durch ein befreiendes Gespräch kann sich die Spannung lösen. Das können Sie auch dadurch erreichen, indem Sie das Thema des Alptraumes zur Grundlage eines Bildes, eines Gedichtes oder einer Geschichte machen (da Alpträume oft auf Kindheitsängsten basieren, kann eine Erzählung, die wie eine unbefangene Kindergeschichte klingt, besonders befreiend wirken).

Abgesehen vom Umgang mit unseren eigenen Alpträumen sind viele von uns aufgerufen, Kindern zu helfen, mit ihren Alpträumen fertig zu werden, die aus den bereits erwähnten Gründen häufiger und heftiger sind als die Alpträume Erwachsener. Im allgemeinen haben Kinder zwischen drei und fünf Jahren merklich die quälendsten Alpträume, in einer Zeit also, in der sie beginnen, Bewußtsein zu entwickeln und eine aktive Rolle bei der Bildung ihrer sozialen Persönlichkeit zu übernehmen. In dieser Periode sind sie ihren eigenen Bedürfnissen und Beschränkungen gegenüber sehr sensibel und deshalb geistig und emotional sehr damit beschäftigt, ob ihr Wohlergehen durch irgend etwas bedroht sein könnte.

Auch Kinder von der Geburt bis zu drei Jahren können von Alpträumen gequält werden. Da sie sich in diesen Jahren jedoch noch nicht verbal darüber mitteilen können, bleibt uns leider nicht viel zu tun. Wenn Kinder, die sich der Adoleszenz nähern, immer noch häufig Alpträume haben, kann Anlaß zu ernsthafter Besorgnis gegeben sein. Nach Hartmann bedeutet das möglicherweise erhöhte Selbstmordgefahr. Sie brauchen vielleicht eine Therapie oder einfach einen Freund, einen Menschen, der ihnen mehr Aufmerksamkeit schenkt.
Bei Kindern unter zehn Jahren ist das häufige Auftreten von Alpträumen jedoch meist kein Gefahrensignal, sondern ein normaler und gesunder Bestandteil des Reifungsprozesses. Dennoch ist jeder Alptraum für sich genommen ein ernstzunehmendes Signal, und man kann und sollte einem Kind helfen, besser mit solchen Träumen zurechtzukommen.
Das wichtigste ist, daß man auf die durch Alpträume ausgelösten Ängste eines Kindes ruhig, tröstlich und vor allem vernünftig reagiert. Hat ein Kind beispielsweise Angst, schlafen zu gehen, weil es fürchtet, in der Nacht einen Alptraum zu haben, sollte man seine Schlafzimmertür angelehnt lassen oder es durch leise Musik (am besten selbstgespielte) oder eine Nachtbeleuchtung beruhigen. Sonst könnte sich ein schädliches Syndrom der Schlaflosigkeit oder des unruhigen Schlafes entwickeln.
Verschlimmern kann man das Problem allerdings, wenn man sich auf Phantasiespiele einläßt, also beispielsweise behauptet, man würde die Ursache oder Wirkung des Alptraumes durch Magie oder eine mutige Tat beseitigen. Dr. Carolyn Schroeder, Kinderpsychologin an der Universität von North Carolina, zitiert ein negatives Beispiel dieser Art von verfehltem Umgang mit Alpträumen aus ihrer Praxis:

> »Ein Kind erwachte häufig und schrie, es sei ein Bär im Schrank. Der Vater reagierte darauf, indem er ins Zim-

> mer gerannt kam und sagte, er würde den Bären erschießen. Doch in den Augen des Kindes hinderte das den Bären nicht daran, jede Nacht wiederzukommen. Der Vater hätte sicher mehr Erfolg gehabt, wenn er das Licht angemacht und dem Kind gezeigt hätte, daß im Schrank kein Bär war.«

Unklug ist es auch, die Angst des Alptraumopfers nicht ernst zu nehmen oder den Alptraum selbst als töricht abzutun. Dr. John E. Mack, Professor für Psychiatrie an der Harvard Medical School, bemerkt dazu:

> »Es hat keinen Sinn, ihm (dem Opfer des Alptraumes) zu erzählen, sein Traum sei nicht real, denn für es war der Alptraum sehr real. Wichtig ist es, zu erklären, daß es keine wirkliche Gefahr gab, die es hätte bedrohen können.«

Weitere Möglichkeiten, einem Kind bei der Verarbeitung eines bestimmten Alptraumes zu helfen, sind:

1. Ermutigen Sie das Kind dazu, über das zu sprechen, was es im Alptraum erlebt hat. Es ist nicht notwendig und in den meisten Fällen auch nicht ratsam, etwas zu dem, was das Kind Ihnen erzählt, zu sagen oder es zu beurteilen. Wichtig ist, dem Kind zu helfen, sich durch das Sichaussprechen zu beruhigen. Außerdem können Sie dadurch Hinweise über die auslösenden Faktoren des Alptraumes bekommen; es ist jedoch am besten, diese Gedanken für sich zu behalten, damit das Kind zu seiner eigenen, unvoreingenommenen Sicht über die Bedeutung des Alptraumes kommt.
2. Fragen Sie das Kind, was es das nächstemal, das heißt, wenn der Alptraum wiederkommen sollte, tun könnte, damit es

nicht zu schlimm wird. Durch diese Technik wird das Kind veranlaßt, bewußt oder unbewußt Strategien für den Umgang nicht nur mit diesem speziellen Alptraum, sondern auch mit anderen, ähnlichen Situationen des Traum- oder Wachlebens zu entwickeln.

3. Bitten Sie das Kind, ein Bild von dem zu malen, wovor es Angst hatte. Sobald ein Kind ein Bild auf diese Weise hat greifbar werden lassen, wird es sich weit weniger davon bedroht fühlen.
4. Befolgen Sie den Rat von Dr. Robert Van de Castle, indem Sie dem Kind erklären, daß Träumen so ähnlich ist wie Fernsehen. »Sie können ihm sagen, daß die meisten Programme, die sich in seinem Kopf abspielen, Spaß machen«, rät er, »doch wenn es Angst hätte vor dem, was es sieht, könne es jederzeit das Programm wechseln.«

Außer Alpträumen haben Kinder auch nächtliche »Angstanfälle«, die häufig mit Alpträumen verwechselt werden, aber etwas ganz anderes sind. Eines meiner Patenkinder litt bis zum Alter von etwa vier Jahren etwa jedes halbe Jahr an einem solchen Angstanfall, was ärztlichen Angaben zufolge völlig normal ist. Der Junge wachte dann schreiend auf und rief manchmal nach seinen Eltern; wenn sie jedoch zu ihm kamen, wehrte er sich immer gegen ihre Bemühungen, ihn zu trösten. Manchmal schrie er dann noch lauter, als fürchte er sich vor seinen Eltern. Solch ein Anfall konnte bis zu einer halben Stunde dauern, bis der Junge dann schließlich wieder einschlief. Am nächsten Morgen konnte er sich nie mehr daran erinnern, nachts Angst gehabt zu haben.

Wir fanden bald heraus, daß solche nächtlichen Angstanfälle nicht durch bedrohliche Bilder verursacht werden. Sie sind überhaupt keine Träume. Wenn mein Patensohn zu erwachen schien, befand er sich tatsächlich noch in einer sehr tiefen

Schlafphase, auch wenn er die Augen geöffnet hatte. Zweimal erwachte er, während er schrie; er konnte für seine Panik nur unbestimmte Gründe angeben — »Ich bekomme keine Luft« in einem Fall und »Etwas hat mich getroffen« in einem anderen Fall —, und beide Male konnte er sich am Morgen nicht mehr daran erinnern, was er erlebt hatte.

Niemand weiß sicher, was das Opfer eines solchen nächtlichen Angstanfalles aufschreien und in manchen Fällen auch um sich schlagen, sich aufrichten oder sogar schlafwandeln läßt. Der Auslöser ist jedoch höchstwahrscheinlich ein plötzlicher Schmerz oder ein physisches Unbehagen, das den Schläfer eher überrascht, als daß es etwas Ernsthaftes wäre. Dr. Richard Ferber vom Bostoner Kinderkrankenhaus empfiehlt, sich über die nächtlichen Angstanfälle eines Kindes keine großen Sorgen zu machen, es sei denn, es liefe Gefahr, sich durch sein Umsichschlagen zu verletzen:

> »Da das Kind gewöhnlich während des ganzen Vorfalls schläft, ist es zu diesem Zeitpunkt sinnlos, mit ihm zu sprechen. Wenn es erwacht, wird es sich nicht daran erinnern, daß es Angst hatte, und deshalb Ihre Hilfe nicht brauchen. Wenn man es am nächsten Morgen über das Geschehene ausfragt, wird es sich vielleicht nur noch mehr fürchten.«

Gewöhnlich hören die nächtlichen Angstanfälle auf, wenn das Kind das schulpflichtige Alter erreicht; in seltenen Fällen haben jedoch auch ältere Kinder, Heranwachsende oder sogar Erwachsene solche Anfälle. Die Charakteristika, die sie von Alpträumen unterscheiden, bleiben ungeachtet des Alters die gleichen: eine panikartige physische Reaktion (wie Schlagen, Schwitzen oder Schreien), Fortsetzung des Tiefschlafzustandes (in den meisten Fällen) und keine detaillierte bildhafte Vorstellung, wie sie sonst zum Träumen gehört. Obwohl solche nächtlichen Angstanfälle im Augenblick sehr erschreckend sein können, sind sie selten symptomatisch für irgendeine psychologische oder biologische Störung und haben keine dauerhaften Nachwirkungen.

Luzides Träumen

Viele Menschen erleben häufig, daß sie sich bewußt sind zu träumen, während sie träumen. Oft wird uns das in dem Augenblick klar, wo wir etwas besonders Seltsames erleben. Wir bücken uns, um ein Geldstück aufzuheben, und unsere Hand greift durch den Boden hindurch, ohne daß wir etwas spüren. Wir sitzen im Zug und lesen die Zeitung, und wenn wir aufschauen, merken wir, daß wir am Meeresgrund dahinfahren. Wir versuchen, durch eine Tür zu gehen, doch es gelingt uns nicht, weil unser Geweih zu ausladend ist... In solchen Augenblicken sagen wir zu uns selbst: »Ich träume wohl!« Doch meist träumen wir dann weiter, ohne uns dessen bewußt zu sein, oder wachen ganz auf.

Die Traumforscher haben in den letzten Jahren dieser ausgefallenen Form von doppeltem Bewußtsein einen neuen Sinn gegeben. Sie haben Methoden herausgefunden, wie man es verstärken und erweitern kann, so daß der Träumer sogar während des Träumens bewußte Kontrolle über den Inhalt seines Traumes gewinnen kann. Das »luzide Träumen« ist eine Form kreativen Bewußtseins, an der man nicht nur sein Vergnügen haben, sondern durch die man auch seine geistige Entwicklung fördern kann.

Ein Vorkämpfer dieser Revolution im Bereich der Traumforschung ist Dr. Stephen LaBerge von der Universität Stanford. 1970 untersuchte LaBerge erweiterte Bewußtseinszustände in

Zusammenhang mit östlicher Spiritualität und hörte dazu eines Abends einen Vortrag von einem tibetischen buddhistischen Meister, der von der Kunst, »im Traum zu erwachen«, sprach. In der darauffolgenden Nacht hatte LaBerge den folgenden Traum:

> »Ich stieg auf den K2 im Himalaja, den zweithöchsten Berg der Welt. Der Wind sauste mir in den Ohren, und um mich herum war Schneetreiben. Ich faßte zufällig meinen Arm an und merkte, daß er nackt war. ›Was soll denn das bedeuten?‹ fragte ich. ›Nur mit einem T-Shirt bekleidet, werde ich ja frieren!‹ Plötzlich begriff ich, daß ich träumte. Ich hob die Arme, sprang in die Luft und flog davon« (aus: Anne Fadiman, »American Dreamer«, *Life*, November 1986).

Durch diesen Traum erinnerte sich LaBerge an eine Reihe von Tiefseeabenteuer-Träumen, die er im Alter von sechs Jahren Nacht für Nacht selbst hervorgebracht hatte. Ermutigt durch die Erinnerung daran, was ihm als Kind spontan gelungen war, versuchte er, durch eine Reihe von Experimenten herauszufinden, ob er einen luziden Traum induzieren und dann den Verlauf des Traumes seinen Wünschen gemäß bestimmen konnte. Er fand heraus, daß ihm das sehr häufig dadurch gelang, daß er sich am Abend zuvor psychisch darauf einstellte, und so setzte er sich ein ehrgeizigeres professionelles Ziel: zu beweisen, daß er seine Träume unter Kontrolle hatte, und dadurch den luziden Träumen den Rang einer wissenschaftlichen Tatsache zu verleihen.

LaBerge erreichte sein Ziel durch zwei verschiedene Demonstrationen im Labor. Zur ersten gehörte ein vorher festgelegtes Signal, das in einer Auf-und-ab-Bewegung des Auges bestand und das LaBerge geben sollte, um zu zeigen, daß er luzid träumte. Bevor er sich schlafen legte, ließ er sich an ein Gerät anschließen, das seine Augenbewegungen und Gehirnwellen messen sollte. Sieben Stunden später merkte er bewußt, daß er träumte, er läse eine Gebrauchsanleitung für einen Staubsauger. Sofort begann er den Finger seines Traumkörpers vor seinen Augen auf und ab zu führen, seine Augen folgten seinem Finger, und das Gerät zeichnete diese Bewegung für alle Techniker im Labor sichtbar auf.

Trotz zahlreicher erfolgreicher Wiederholungen solcher Experimente durch LaBerge und verschiedene andere Mitarbeiter argumentierten viele Wissenschaftler, daß seine Augenbewegungen zufällig gewesen sein konnten. Um diesem Einwand zu begegnen, schloß LaBerge die Muskeln seines Handgelenkes an das Gerät an und legte sich schlafen. Mitten in seinem ersten luziden Traum ballte er die linke Faust seines Traumkörpers viermal, dann die rechte einmal und schließlich die linke noch zweimal. Die Aufzeichnung dieser Bewegungen ergab, daß er seine Initialen S. L. nach dem Morsealphabet buchstabiert hatte, ein Hinweis auf einen Zustand der Bewußtheit im Traum, den auch die skeptischsten Wissenschaftler akzeptieren mußten.

LaBerge trainiert nun freiwillige Versuchspersonen im Induzieren von luziden Traumepisoden — in der Hoffnung, durch möglichst viel beweiskräftiges Material die weitere Forschung anzuregen. Seine Methode zur Anregung luzider Träume ist einfach und klar: Man schreibe seine Träume regelmäßig auf und untersuche sie auf Muster hin. Man unterstreiche jedes sich wiederholende Element, das einem als besonders auffällt, und sage sich, man solle sich, wenn dieses Element das nächstemal in einem Traum auftritt, bewußtmachen, daß dies ein Zeichen dafür ist, daß man träumt.

Wenn Sie intensiver mit dem luziden Träumen experimentieren und die Häufigkeit Ihrer luziden Träume erhöhen wollen, können Sie folgende weiteren Schritte aus LaBerges formeller Trainingsmethode befolgen, die ich hier kurz zusammenfasse:

1. Geben Sie sich am Abend die Anweisung, daß Sie nach einem Traum sofort aufwachen wollen. Wenn Sie aus einem Traum erwachen — was gewöhnlich in den frühen Morgenstunden, der Hauptzeit für luzides Träumen, geschieht —, konzentrieren Sie sich darauf, sich so lebhaft und ausführlich wie möglich an den Traum zu erinnern. Wiederholen Sie ihn sich mehrere Male, bis Sie ihn im Gedächtnis behalten haben. Wenn Sie zu müde sind, sich auf Ihren Traum zu konzentrieren, versuchen Sie, ihn niederzuschreiben, zu lesen oder ein paar Minuten zu meditieren.
2. Während Sie noch im Bett liegen und versuchen, wieder einzuschlafen, sagen Sie sich: »Wenn ich das nächstemal träume, möchte ich daran denken, daß ich merken möchte, daß ich träume.« Wenn Sie sich das mit ruhiger, aufrichtiger Entschlossenheit sagen können, wird die Wirkung um so stärker sein.
3. Visualisieren Sie sich selbst, wie Sie wieder in dem Traum sind, den Sie gerade hatten, nur daß Ihr Traumselbst diesmal merkt, daß Sie träumen.
4. Wiederholen Sie Ihren Vorsatz und die Visualisierung (Schritt zwei und drei), bis Sie wieder eingeschlafen sind.

Um den Novizen des luziden Träumens zusätzlich zu helfen, hat LaBerge eine Vorrichtung erfunden, die er »Dream Light« (Traumlicht) nennt. Sie hat die Form einer Augenmaske und ist mit Sensoren ausgerichtet, die die mit dem Schlaf verbundenen schnellen Augenbewegungen registrieren. Wenn diese Sensoren aktiviert werden, lösen sie ein sanftes rotes Blinklicht aus, das ausreicht, dem Schläfer bewußtzumachen, daß er träumt, ohne ihn zu wecken. Bis jetzt kann man das »Dream

Light« nur in LaBerges Kursen erhalten, wo er versucht, die ersten praktischen Erfahrungen damit in seine Trainingsmethode (»Mnemonic Induction of Lucid Dreams«, MILD) zu integrieren; die Maske wird jedoch vermutlich demnächst auf dem Markt erhältlich sein.

Manche, die sich auf dem Weg zu luziden Träumen befinden, praktizieren eine weniger komplizierte, aber dafür etwas mystischere Induktionstechnik, die sie aus einer der Lehren des Don Juan aus Carlos Castanedas Buch *Reise nach Ixtlan* übernommen haben. Ziel dieser Technik ist es, sich darauf einzustellen, die eigenen Hände im Traum zu sehen und diesen Anblick als ein Zeichen dafür zu erkennen, daß man träumt. Bevor man nachts luzid träumen möchte, nimmt man sich tags zuvor mehrmals ein paar Minuten Zeit, um sich zu entspannen und die Aufmerksamkeit auf seine Hände zu richten. Während man sie betrachtet, sagt man sich: »Wenn ich meine Hände im Traum sehe, werde ich wissen, daß ich träume.« Dann schließt man die Augen, visualisiert seine Hände und wiederholt diese Absicht. Man öffnet daraufhin seine Augen, sieht die Hände wiederum an und wiederholt seinen Vorsatz.

Der Schlüssel zum Erfolg sowohl bei der LaBerge- als auch bei der Castaneda-Methode liegt nicht in der Intensität, sondern in der Ausdauer. Vielleicht haben Sie Glück und erleben schon beim ersten Versuch eine relativ lange Periode der Luzidität. Beverly Kedzierski, LaBerges »Star-Oneironautin« (so bezeichnet er seine Versuchspersonen, es ist vom griechischen »óneiros« = Traum abgeleitet), hat eine besondere Gabe für das Induzieren luzider Träume; sie rät sehr davon ab, sich anzustrengen oder sich zu viele Gedanken über den Vorgang zu machen. »Halten Sie sich einfach offen dafür, luzid zu träumen, und akzeptieren Sie dann alles, was geschieht«, sagt sie. »Sie sollten sich entspannen. Stellen Sie sich darauf ein, daß es etwas ist, das Ihnen Spaß macht. Und es wird Ihnen Spaß machen.« Vielleicht bedarf es aber auch vieler Versuche, bevor Sie einen flüchtigen Augenblick luzider Freude in einem Traum erleben, und gewöhnlich muß man schon eine Weile üben, um die Luzidität bis zu dem Punkt auszudehnen, in dem Sie den Lauf der Ereignisse in Ihrem Traum wirklich lenken können.

Auch wenn es einiger Mühe bedarf, es ist diese Mühe wert. Man hat dann tatsächlich die Empfindung, in einer anderen Welt zu leben. Das Signal für die Luzidität in einem Traum ist häufig nicht der bewußte Gedanke »Ich träume«, sondern eine nonverbale physische Wahrnehmung, die etwas schockierend Reales und zugleich Merkwürdiges hat. Nehmen Sie als Beispiel diesen Eintrag aus dem Traumtagebuch von Deborah Jay Hillman, einer Traumforscherin aus New York City:

> »Ich wurde luzid in einem Garten in Akron, Ohio, der in der Nähe des Gartens meiner eigenen Familie lag. Ein Eichhörnchen huschte an meinem Bein vorbei. Ich fühlte sein Fell auf meiner nackten Haut, obwohl ich lange Hosen zu tragen schien. Die Erfahrung entzückte mich, das volle Bewußtsein in meinem Traumkörper zu haben.«

Deborah Jay Hillman sagt zu ihrem Eichhörnchentraum: »In dieser flüchtigen Episode war mein Erlebnis, bewußt in meinem Traumkörper zu sein, so nah und außergewöhnlich, daß ich beschloß, es zu genießen, anstatt mit seinen Möglichkeiten zu experimentieren.« Die Möglichkeiten, die man jedoch damit hat, sind geradezu berauschend. Ein Marineoffizier im Ruhestand aus New York City erzählte mir von dem folgenden Traum, den er kurz nach der Teilnahme an einem Kurs für luzides Träumen hatte:

»Ich kämpfte gerade mit einem dieser kleinen, fest verpackten Lunchteller in einem Flugzeug, als ich aus dem Lautsprecher eine mit sanfter Stimme gesprochene Ankündigung hörte, daß das Flugzeug nach Kuba fliegen würde. Ich dachte, ich hätte mich sicher verhört, denn dorthin wollte ich nicht fliegen. Dann stand vor mir plötzlich eine ganze Reihe wilder, häßlich aussehender Terroristen auf, die Gewehre mit scharfen Bajonetten in der Hand hielten. Sie hatten hervorquellende Augen, und ich wußte, daß sie wahnsinnig waren. Ich konnte hinter ihnen ins Cockpit sehen. Es war leer, und mir war klar, daß sie den Piloten überfallen haben mußten. Das Flugzeug begann zu schwanken, und ich hatte eine Höllenangst.
Doch dann merkte ich, daß ich träumte. Ich konnte tun, was ich wollte. Ich sagte mir, daß ich auf dem Sitz neben mir einen Zerstäuber mit Betäubungsgas finden würde. Ich besprühte die Terroristen damit. Sofort fielen sie zu Boden und waren eingeschlafen. Ich ging in das Cockpit und lenkte das Flugzeug leicht und geschickt zur Ladung an einen Strand. Dann merkte ich, daß ich in Kuba war und sehr gern im Mondschein in einer einsamen Bucht wandern würde, in der die Brandung gegen den Strand schlug. So verließ ich das Flugzeug und ließ es Nacht werden. Ich ging an einem Hügel vorbei, der in der Nähe lag, und da war meine einsame Bucht!
Der Gang am Strand glich einer meiner liebsten Erinnerungen, die ich an eine Nacht in Kalifornien vor vierzig Jahren habe; alles hatte nur etwas Theatralischeres, Überwirklicheres. Ich fühlte mich stark und so, als wäre ich wirklich dort.«

Abgesehen davon, daß er schreckliche Alpträume beherrschen und angenehme Phantasievorstellungen hervorrufen kann, stehen dem luziden Träumer eine ganze Reihe aufregender Möglichkeiten offen, konkrete Abenteuer zu erleben.

Ein luzider Träumer kann den Umgang mit schwierigen Situationen üben.

Die Assistentin des Vorsitzenden einer Handelsfirma an der Ostküste war sehr nervös angesichts der Aussicht, eine wichtige Rede vor vierhundert Menschen aus der Industrie halten zu müssen. Sie brachte einen luziden Traum zustande, in dem sie sich bemühte, diese Nervosität zu überwinden. Zunächst stellte sie sich vor, daß sie vor ein paar Freunden sprach, dann ließ sie allmählich noch ein paar andere Leute dazukommen, denen sie vertraute. Mit der Zeit war der Saal mit Menschen angefüllt, von denen sie manche kannte und manche nicht und die ihr voller Interesse und Bewunderung lauschten. Sie fühlte sich dabei sehr wohl und sprach besser als je zuvor. Ihre Rede, die sie dann in Wirklichkeit halten wollte, ging gut und erfolgreich vonstatten. Sie hatte das Gefühl, daß das Einüben im luziden Traum das bewirkt hatte.

Ein luzider Träumer kann Probleme lösen.

Ein Manager einer Transportfirma in Ohio hatte einen luziden Traum, in dem er an seinem Bürotisch saß und eine große Landkarte studierte, auf der die Transportrouten für die Lastwagen seiner Firma eingezeichnet waren. Sofort packte er die Gelegenheit beim Schopf. Er verfolgte mit dem Finger die Routen, um zu sehen, ob er herausfinden konnte, warum in einem bestimmten Bereich der Landkarte die Lieferungen immer wieder nicht klappten. Die Information, die er aus dieser buchstäblichen Traumarbeit gewann, half ihm schließlich, eine Lösung für das Problem zu finden.

Ein luzider Träumer kann unter verschiedenen Möglichkeiten die richtige herausfinden.

Ein Mitglied der »Brooklyn Dream Community« wußte nicht, welches Geschenk sie ihrem Freund zu Weihnachten machen sollte: einen Hausmantel, Ölfarben und Pinsel oder eine Angelausrüstung. Während des luziden Traumes legte sie ihrem Freund alle drei Geschenke vor und bat ihn, sich eines auszuwählen. Als sie dann im Wachleben ihren Einkauf machte, war sie ganz unbesorgt. Sie kaufte das, was ihr Freund im Traum gewählt hatte: die Ölfarben und die Pinsel.

Ein luzider Träumer kann kreative Projekte ausprobieren.

Ein Bildhauer aus Venice, Kalifornien, hatte einmal einen luziden Traum, in dem er sich in einer Kunstgalerie seiner Stadt befand. Er stellte sich vor, daß seine Arbeiten dort ausgestellt seien. Mit einem bestimmten Ausstellungsstück, das etwa kugelförmig war, hatte er sich in den letzten Wochen viel beschäftigt. In dem Traum veränderte er seine Form mehrere Male und sah sich jedesmal an, wie die neue Form mit den anderen ausgestellten Stücken harmonierte. Dabei hatte er ein paar gute neue Ideen, die er in den nächsten Tagen in die Tat umsetzte.

Talentierte »Oneironauten« haben mit all diesen Möglichkeiten experimentiert, seit LaBerge vor fast zwanzig Jahren das luzide Träumen populär machte. Unsere Träume, so sagt LaBerge, sind oft »sich wiederholende Melodramen«, in denen wir »uns aus Gewohnheit in ein Gefängnis der Selbstbeschränkung sperren«; luzides Träumen hingegen »zeigt uns den Weg aus diesem Schlaf im Schlaf«.

Wachträume

Der Ausdruck Wachtraum umfaßt eine ganze Reihe von Phänomenen: In seiner reinsten Form ist er wie eine Umkehrung des luziden Träumens. Anstatt während eines Traumes bewußt wahrzunehmen, glaubt man, man träume, während man in Wirklichkeit wach ist. Häufig jedoch geht es beim Wachtraum um eine weniger deutliche Verschiebung des Bewußtseins, bei der man irgendwo zwischen Wachen und Träumen schwebt. In diesem Zustand kann man das Traumhafte dessen, was man gewöhnlich die reale Welt nennt, erkennen oder eine Traumlandschaft betreten, die eine ganz andere Art von Wirklichkeit darstellt.

Man kann unfreiwillig in den Zustand des Wachträumens verfallen. Das passierte vor ein paar Jahren Sally Vargo, einer Hausfrau aus Montana. Sie ging mit ihrer Tochter durch ein Kaufhaus, als sie plötzlich die Vision eines Feuers hatte, das sie wie ein schwach projiziertes Bild auf einem dünnen Stoff sah, der zwischen ihr und ihrer realen Umgebung war. Dann wurde die Vision plötzlich so deutlich, daß sie die Wirklichkeit überlagerte. Sally Vargo sah ein brennendes Haus, spürte die Hitze des Feuers und hörte die Schreie der Kinder im Inneren des Hauses. Dann sah sie eine Frau, die vergeblich versuchte, sich aus den Flammen zu befreien. Sie sah diese Gestalt jetzt genau wie durch einen Zoom einer Kamera. Es war ihre Nachbarin! Sally Vargo lief herum und schrie nach einem Telefon. Der Geschäftsführer hielt sie auf, aber als er hörte, daß sie etwas von einem Brand in ihrem Nachbarhaus sagte, rief er aller Logik zum Trotz selbst die Feuerwehr an. Als die Feuerwehrleute am Schauplatz ankamen, brannte es nirgends. Im Keller jedoch entdeckten sie einen Schaden an der elektrischen Leitung, der das Haus wenige Minuten später in Brand gesetzt hätte.

Wir wissen nicht, was für jene Bewußtseinsformen verantwortlich ist, die wir als Telepathie, Hellsehen oder Vorahnung bezeichnen, und es würde über den Rahmen dieses Buches hinausgehen, die verschiedenen Erklärungsmöglichkeiten zu diskutieren. Um zu verstehen, welche Formen das Wachträumen annehmen kann, sollte man sich jedoch klarmachen, daß solche Dinge wirklich geschehen. Die Fülle an dokumentierten Fällen ist überwältigend. Selbst der große Historiker Arnold Toynbee bekennt in seinem Werk *Studie der Weltgeschichte*, daß er nicht weniger als sechs Wachträume erlebte, die sich auf den jeweiligen historischen Ort bezogen, den er gerade besuchte. Zu dieser »retrokognitiven« Wahrnehmung Toynbees gehörte es, daß er Zeuge des Selbstmordes eines verurteilten Rebellen gegen das Römische Imperium wurde und hörte, wie ein Soldat aus dem alten Griechenland seinen Versuch beschrieb, ein Mädchen vor Vergewaltigung zu retten.
Es wäre interessant, darüber zu spekulieren, wie oft Menschen wachtraumartige Visionen haben, über die sie nicht sprechen oder an die sie sich gar nicht erinnern, einfach weil der Traum keinen Bezug zur erkennbaren realen Welt hat, nicht lang genug dauert, um einen intensiven Eindruck zu hinterlassen, und/oder weil er sich in seiner Qualität oder in seinem Inhalt von seinem konkreten Umfeld nicht unterscheidet. Vielleicht ist die Empfindung des »déjà vu« (französisch »déjà« = schon und »vu« = gesehen), die wir haben, wenn wir etwas zum erstenmal erleben, aber meinen, wir hätten es schon einmal erlebt, eine Art von Wachtraum: Weil irgend etwas für irgendeinen Augenblick bewirkt, daß wir in einen traumartigen Bewußtseinszustand verfallen, haben wir einen vertieften Bezug zu der bestimmten Situation.
Strephon Kaplan Williams, Gründer des »Jungian-Senoi Institute«, eines Forschungs- und Trainingszentrums für Traumarbeit in Berkeley, Kalifornien, und Autor des *Jungian-*

Senoi Dreamwork Manual, findet es therapeutisch sinnvoll, den Ausdruck »Wachtraum« für das Einfließen jedes traumhaften Bewußtseinszustandes ins Wachleben zu gebrauchen. Das kann sich beispielsweise als ein unerklärlicher Impuls äußern, etwas zu kaufen, von dem man in der Nacht zuvor geträumt hat, es kann aber stärker bedürfnisorientiert sein. Eine außereheliche Liebesaffäre im realen Leben beispielsweise kann durch eine REM-Schlafphantasie angeregt werden, die zu intensiv war, um im Traumleben allein aufgefangen zu werden. Williams' Definition des Wachtraumes lenkt unsere Aufmerksamkeit auf die symbolische, traumhafte Qualität unserer Erfahrungen im Wachleben. Vielleicht liegt eine unbewußte Bedeutung hinter den alltäglichen Geschehnissen, die wir erleben, oder solch schicksalhaften Ereignissen wie Diebstahl, Erbschaft, Vergewaltigung, Liebe auf den ersten Blick. Vielleicht sollten wir die Synchronizität* zwischen unserem Traumleben und unserem Wachleben genauer studieren: Was sagt es Ihnen beispielsweise, wenn Sie nachts von einem türkischen Gastarbeiter träumen und dann am Tag zufällig eine Sendung über türkische Gastarbeiter sehen? Wenn wir unser Leben von solch einer atypischen Perspektive aus analysieren, kann uns das auf Kräfte, Motivationen und Muster aufmerksam machen, die uns sonst entgehen würden.

Gewöhnlich wird der Wachtraum durch einen Geisteszustand charakterisiert, den man willentlich hervorruft. Die Schamanen versuchen auf diese Weise, Visionen zu erlangen; sie haben durch Übung und Selbstdisziplin die Fähigkeit erworben,

* Der Begriff Synchronizität wurde von dem Schweizer Psychoanalytiker C. G. Jung eingeführt. Er bezeichnet das Prinzip »sinnvoller Koinzidenz« und bedeutungsvoller, akausaler Zusammenhänge. »Nach Jungs Auffassung war es durchaus nicht ungewöhnlich, daß Symbole aus dem Unbewußten in Träumen oder mystischen Erlebnissen mit Ereignissen aus dem wachen Leben in der physischen Welt zusammenfielen« (vgl. Nevill Drury, *Lexikon esoterischen Wissens*, Knaur-Tb. 4160, S. 572 f.).

durch ihre Imagination auf Ebenen der außergewöhnlichen Wirklichkeit zu gelangen. Die Reise des Schamanen gehört zu den wichtigsten Elementen einer jeden spirituellen Tradition der Menschheitsgeschichte, und die außergewöhnlichen Wirklichkeiten, in die die Schamanen reisen, sind im allgemeinen Welten psychologischer ebenso wie kosmologischer Hierarchien.
Stanley C. Krippner, amerikanischer Parapsychologe und Experte für Schamanismus, faßt zusammen, auf welchen Vorstellungen diese Schamanenreisen basieren — Vorstellungen, die einem Kenner der Genesis nicht unvertraut sein werden:

> »In den Mythen vieler primitiver Kulturen wird von drei kosmischen Bereichen — Erde, Himmel und Unterwelt — und der Leichtigkeit, mit der die Menschen von der einen in die andere überwechseln konnten, berichtet. Es gab beispielsweise keine starren Trennungen zwischen dem Wachzustand und dem Träumen; die Menschen konnten ihre Träume zu Handlungen in der Welt des Wachseins werden lassen... Nach dem ›Fall‹ der Menschheit, dessen Ursache irgendeine Art von Sünde, Hochmut oder Verletzung der heiligen Regeln war, brach die Brücke zusammen; das Reisen zwischen den verschiedenen Bereichen wurde zum alleinigen Vorrecht von Göttern, Geistern und Schamanen« (aus: Stanley C. Krippner, »Shamanism and Dreams«, *Dream Network Bulletin*, März bis April 1984, S. 14).

Wenn ein Mensch die Berufung erfährt, Schamane zu werden (meist in einem Traum), lernt er durch tugendhaftes Leben, Demut und Rituale, die Fähigkeit zum »Reisen« zu reaktivieren, die im Geist aller Menschen ungenutzt ruht. Als Vorbereitung zu solch einer Reise singt, tanzt oder meditiert der Schamane, um seinen Geist von den Sorgen und Rhythmen des gewöhnlichen Lebens zu befreien. Die Reise selbst wird gewöhnlich durch einen konstanten, monotonen Trommelschlag in Gang gesetzt, der den Schamanen in einen veränderten Bewußtseinszustand versetzt und der dem hypnagogischen Augenblick kurz vor dem Einschlafen ähnelt. Erfüllt von einer Imaginationskraft, die dem Visualisieren ähnelt, erforscht der Schamane eine außergewöhnliche Wirklichkeit, deren Charakteristika und Geschöpfe eine symbolische Beziehung zu Aspekten der gewöhnlichen Wirklichkeit haben.

Heute gibt es, abgesehen von dem klassischen Stammesschamanentum, das noch in vielen Teilen der Welt — einschließlich der Indianerreservate in den Vereinigten Staaten — praktiziert wird, eine »neoschamanische« Bewegung, zu der Menschen aus allen Schichten und Religionen gehören; sie betreiben schamanische Studien und beziehen Schamanenrituale in ihre spirituelle Einzel- oder Gruppenarbeit ein. Viele dieser Menschen beschäftigen sich zugleich mit Traumarbeit, denn zwischen beidem besteht ein natürlicher und logischer Zusammenhang.

Tom Cowan, Gründer der »Brooklyn Dream Community«, gehört einer neoschamanischen Gruppe in New York an, die von Michael Harner initiiert wurde, einem Anthropologen, der ausgiebige Feldstudien über Schamanismus betrieben hat und in den Vereinigten Staaten wie in der Sowjetunion unter der Schirmherrschaft des »Center for Shamanic Studies« in Norwalk, Connecticut, Kurse durchführt. Cowan glaubt, daß schamanische Arbeit und Traumarbeit sich auf ganz besonders sinnvolle Weise ergänzen. In einem Bericht über seine Erfahrungen mit Seelenreisen in seiner neoschamanischen Gruppe bemerkt er:

»Indem wir regelmäßig und mit Unterstützung anderer in diesen besonderen Bewußtseinszustand eintreten, bereichern wir sowohl unser Wachleben wie unser Traumleben, denn was wir in den anderen Welten lernen und erfahren, taucht oft in unseren nächtlichen Träumen wieder auf, und Bilder unserer Seelenreise manifestieren sich in einem gewöhnlichen Bewußtseinszustand in besonderen Augenblicken eines durchschnittlichen Tages.

In unseren nächtlichen Träumen betreten wir oft das Reich der archetypen Götter, Göttinnen und Geister, die uns im Gewand unserer Traumbilderwelt auf vielerlei Weise erscheinen. In unserer Traumarbeit lernen wir, diese Bilder so zu durchschauen, daß wir den Gott oder Geist darin erkennen. Die alten wie die neuen Schamanen kultivieren auf ähnliche Weise solche Erscheinungen, pflegen Freundschaft mit ihnen und machen sich ihre Kraft zunutze, sie ziehen daraus Einsicht, Nutzen und Erkenntnis, um ihr eigenes Leben und das Leben ihrer Gruppe zu bereichern.«

Eine leichter zugängliche und weniger dramatische Art von bewußtem Wachträumen kann man durch Meditation oder Visualisierung erreichen. Auch wenn Sie diese Aktivitäten nur locker strukturieren, können Sie Ihren gewöhnlichen Bewußtseinszustand so verändern, daß Sie besser gerüstet sind, an jenes außergewöhnliche Material heranzukommen, das mit Ihrem Traumleben assoziiert ist. Hier sind einige Möglichkeiten, wie Sie Meditation und Visualisierung benutzen können, um einen Wachtraum zu erleben:

1. Lassen Sie einen Traum, den Sie vor kurzer Zeit hatten, vor Ihrem geistigen Auge wieder ablaufen, und lassen Sie es da-

bei zu, daß die Bilder so spontan und unkontrolliert fließen, wie sie das im ursprünglichen Traum taten. Dabei werden Sie sich vielleicht an Einzelheiten Ihres Traumes erinnern, die Ihrem Bewußtsein entgangen waren.

2. Isolieren Sie Bilder aus einem Traum, den Sie kürzlich hatten, und konzentrieren Sie sich auf jeweils eines davon in einer eigenen Meditations- oder Visualisierungsübung. Diese Aktivität kann die symbolische Bedeutung wie das kreative Potential der Bilder freisetzen.
3. Begeben Sie sich wieder in einen Traum, den Sie kürzlich hatten, und erforschen Sie verschiedene Standpunkte oder verschiedene Entscheidungsmöglichkeiten innerhalb des Traumes. So werden Sie den Inhalt des Traumes nicht nur mit neuen Augen sehen, sondern Ihr Traumbewußtsein auch dahin gehend beeinflussen, den gleichen oder ähnliche Inhalte auf verschiedene Weise zu behandeln.
4. Begeben Sie sich wieder in einen Traum, den Sie kürzlich hatten, und setzen Sie ihn über den Punkt hinaus fort, an dem er ursprünglich endete. Diese Übung wird Ihnen eine ganze Reihe neuer Einsichten über den Traum vermitteln und Ihnen viel über Ihre innere Disposition sagen.
5. Nehmen Sie ein Thema, beispielsweise ein bedeutungsvolles Bild, eine Beziehung, ein Lebensziel, ein Problem, das Sie lösen wollen, und lassen Sie es zu, daß Ihr Geist eine Geschichte darum herumspinnt. Wie eine Traumgeschichte muß sie weder eine logische Entwicklung noch einen Abschluß haben, sondern braucht nur aus einem Strom von Bildern zu bestehen. Dadurch werden Sie mehr über das von Ihnen gewählte Thema erfahren und etwas davon nachempfinden können, wie Träume im allgemeinen Gestalt annehmen.
6. Lassen Sie sich von jemandem, dem Sie vertrauen und den Sie respektieren, durch eine Visualisierung führen. Ihr

Führer kann dafür verschiedene Wege wählen, beispielsweise:

— Er folgt einem der vielen Beispiele für Visualisierungen, die Sie in Büchern finden können.
— Er erfindet eine Geschichte, in der Sie die Hauptperson sind.
— Er erzählt einen Ihrer Träume oder eine Episode aus Ihrem Wachleben.
— Er erzählt einen seiner Träume oder eine Episode aus seinem Wachleben, in denen Sie eine zentrale Rolle spielen.

Der Vorteil einer geführten Meditation oder Visualisierung besteht darin, daß Sie noch entspannter und empfänglicher dem Fluß Ihrer Gedanken folgen können und dadurch erleben, daß Ihre Phantasie viel beweglicher ist. Wenn Sie eine der beiden letztgenannten Möglichkeiten erproben, schaffen Sie dadurch den Raum für eine vertiefte Verbindung zwischen Ihnen und Ihrem Führer in bezug auf Ihr Traumleben wie auf Ihr Wachleben.

Traumgefährten

»Wir sind so allein wie in unseren Träumen« — Jean-Paul Sartres existentielle Klage trifft vor allem Menschen, die sich danach sehnen, ihr Interesse an Träumen mit anderen zu teilen. Natürlich bieten sich Träume wunderbar für einzelgängerische Traumarbeit an, doch das kann leicht zu einer Art Klaustrophobie führen. Sie stecken Ihre Nase in Ihr Traumtagebuch und haben das Gefühl, Sie seien in einem Spiegelkabinett gefangen. Sie sehen nicht nur frustriert das gleiche alte Gesicht

in jedem Ihrer Träume, sondern merken schließlich, daß Sie immer wieder in das gleiche Fahrwasser der Interpretation und Analyse geraten.
Viele Menschen können dieses »Spiegelkabinettsyndrom« überwinden, indem sie ihre Träume und ihre Traumarbeit regelmäßig mit anderen Menschen teilen. Dann kann man Einsichten über bestimmte Bilder und Muster im Traum des anderen austauschen, sich gegenseitig auf Ähnlichkeiten und Kontraste aufmerksam machen, die man im Laufe der Zeit in den Träumen des anderen bemerkt, und diese Träume als Anregung zum kreativen Denken benutzen. Dieser Austausch kann so offen oder so strukturiert sein, wie es den beiden Beteiligten am liebsten ist, was natürlich von der Art der Beziehung und den jeweiligen Interessen und Begabungen in bezug auf die Traumarbeit abhängt.
Vielleicht versuchen Sie auch einmal, Ihre Träume gegenseitig zu übernehmen. Es ist ein sehr einfaches und lohnendes »Traumpartnerspiel«, das Sie vielleicht zum festen Bestandteil Ihrer Beziehung machen werden. Sie tun dabei jeweils so, als hätten Sie selbst den Traum Ihres Traumgefährten gehabt. Sie sagen dann, wie Sie den Traum empfunden hätten und was er im Zusammenhang Ihres Lebens bedeuten könnte. Das hilft dem wirklichen Träumer, Abstand von seinem eigenen Bezugsrahmen zu nehmen und den Traum in einem völlig anderen Licht zu sehen. Und Sie versetzt es in die Lage, etwas über mögliche Bedeutungen des Traumes zu sagen, ohne sich eine zu unmittelbare Interpretation dessen anzumaßen, was der Traum in Hinsicht auf das Leben Ihres Traumgefährten bedeuten könnte.
Eine der wichtigsten Regeln bei der Traumarbeit besagt, daß der Träumer die einzige Autorität ist, die etwas über die Bedeutung seines eigenen Traumes aussagen kann. Gewiß können andere zu einem vertieften Verständnis des Traumes beitragen;

nie jedoch sollten Sie sich anmaßen, ihn wirklich deuten zu können. Wirklich kann das nur der Träumer, der den Traum selbst hervorgebracht und erlebt hat.
Diese Übernahmetechnik ist eine Möglichkeit, sicherzugehen, daß man bei der Arbeit mit dem Traum eines anderen nicht vom Gespräch darüber in die Interpretation gerät. Wenn man jedoch den Traum des anderen als den eigenen zu erleben versucht, wird man selbst der Träumer und hat die Freiheit, so über ihn zu sprechen und ihn so zu interpretieren, wie man es möchte. Ihr Partner kann beim Zuhören dann den Bezug herstellen zwischen dem, was Sie sagen, und dem, was er selbst im Zusammenhang mit seinem Traum empfindet.
Eine weitere Möglichkeit, um sicherzugehen, daß Sie und Ihr Traumgefährte konstruktiv an den Träumen des anderen arbeiten, anstatt sich gegenseitig Interpretationen aufzudrängen, besteht darin, in einen Dialog einzutreten, wie er üblicherweise zwischen einem professionellen Therapeuten und dem Träumer geführt wird. In diesem Dialog behält der eine die Rolle des Fragenden bei und versucht, den Träumer dazu zu bringen, den Traum so vollständig und lebhaft wie möglich wieder erstehen zu lassen, seine Gefühle während des Traumes und danach zum Ausdruck zu bringen, Schlüsselbilder und Muster zu identifizieren und die Bedeutung des Traummaterials für sein Wachleben zu erklären. Erst nachdem der Träumer den Eindruck hat, den Traum selbst einigermaßen verstanden zu haben, sollte der Fragende einen Kommentar dazu abgeben.
Gayle Delaney, die in ihrem Buch *Living Your Dreams* diese Art von Fragetechnik beschreibt, betont, wie wichtig es ist, den Träumer (oder, wie sie es nennt, den »Produzenten«) dazu zu bringen, die Bilder, die in seinem Traum erschienen, zu definieren. Wenn Sie beispielsweise der Fragende sind und der Träumer Ihnen erzählt, daß er einen Fluß überquert und einen Vogelkäfig in einem Busch gefunden hat, sollten Sie ihn fragen:

»Was ist ein Fluß? Was ist ein Vogelkäfig? Was ist ein Busch?« Das zwingt den Träumer, seine ganz persönliche Vorstellung von diesen Begriffen zu artikulieren, wodurch deren symbolische Bedeutung deutlicher zutage treten kann. Dieser Vorgang geschieht meistens nur im Kontext eines Frage-und-Antwort-Spiels mit anderen. Gayle Delaney rät:

> »Der Produzent des Traumes wird eher bereit sein, Ihre Fragen (nach der Definition) zu beantworten, wenn Sie ihn zunächst bitten, anzunehmen, daß Sie von einem anderen Planeten kommen. Wenn Sie ihn dann fragen ›Wer ist Bob Hope?‹, dann wird er nicht einfach antworten: ›Aber du weißt doch, wer Bob Hope ist!‹ und so die Möglichkeit versäumen, seine eigenen Assoziationen mit dieser Person zu entdecken. Sehr häufig ist das, was der Träumer für allgemeines Wissen oder eine unbestreitbare Tatsache über eine bestimmte Gestalt oder über ein Ereignis hält, in Wirklichkeit ein sehr persönliches Gewebe von Einstellungen, Überzeugungen und Assoziationen. Bitten Sie den Produzenten des Traumes, so geduldig mit Ihnen zu sein, wie Sie es mit ihm sein werden« (aus: Gayle Delaney, *Living Your Dreams*, New York 1981, S. 52).

Die gleiche Wahrheit gilt auch für die gewöhnlichsten Gegenstände. Unbewußt statten wir sie mit allen möglichen Inhalten und Bedeutungen aus, die nie konkret zum Ausdruck gebracht werden, und so machen wir sie uns auch nie bewußt, es sei denn, wir werden dazu herausgefordert. Wir nehmen beispielsweise an, daß für uns wie für jeden anderen eine Rose eine Rose ist, obwohl eine Rose für jeden von uns etwas ganz anderes bedeutet. Einer der Hauptvorteile der gemeinsamen Arbeit an Träumen liegt darin, daß wir dadurch zu einem tieferen Verständnis unserer eigenen Traumsymbolik kommen, indem wir gezwungen werden, den Traum vom Standpunkt unseres Gesprächspartners aus zu überprüfen, und ihn darüber hinaus noch mit der persönlichen Traumsymbolik dieses Gesprächspartners vergleichen.

Wenn unser »Traumgefährte« zugleich unser Lebensgefährte oder ein Familienmitglied ist, mit dem wir zusammenwohnen — also ein Mensch, der den Ort mit uns teilt, an dem wir träumen und leben —, kann die mit gemeinsamer Traumarbeit verbrachte Zeit von besonders großem Nutzen sein. Abgesehen davon, daß Sie dadurch die Möglichkeit haben, einander durch Ihre Träume besser kennenzulernen, kann sie auch den idealen Rahmen dafür abgeben, andere persönliche Angelegenheiten zu besprechen. Manche dieser persönlichen Angelegenheiten haben möglicherweise direkten Bezug zum Traummaterial, während andere mit den Gefühlen, Bildern oder Fragen zu tun haben, die im Lauf des Gesprächs über den Traum auftreten. In beiden Fällen haben Sie dann einen vorurteilsfreien Raum in Ihrer Beziehung geschaffen, in dem das Gespräch selbst über die heikelsten Themen einfach und wesentlich produktiver verlaufen kann.

Sie werden oft bemerken, daß Sie und Ihr Lebensgefährte oder ein anderes Familienmitglied in der gleichen Nacht ähnliche Träume haben oder daß über einen längeren Zeitraum hin bei Ihnen beiden ein ähnliches Traumrepertoire zu finden ist. Im März 1985 berichtete Edward Bruce Taub-Bynum, ein Familientherapeut, in einem Artikel über derartige Familienträume im *Dream Network Bulletin* folgendes persönliche Erlebnis:

> »Nach einer Nacht im Dezember, nachdem wir lange geschlafen hatten, erzählten meine Frau und ich einander wie gewöhnlich von unseren Träumen. Ich hatte einen seltsamen Traum gehabt, in dem eine Art Großmut-

ter versuchte, nach mir zu greifen oder mich zu fangen. Sie löste gemischte Gefühle in mir aus, denn ich wußte nicht, ob sie versuchte, mich zu beschützen oder mich irgendwie zu bekommen. In demselben Traum versuchte die Großmutter, eine saure Gurke, die ich hatte, zu stehlen oder anzuschneiden! Da ich ein wenig freudianisch ausgerichtet bin, fiel mir auf, daß das einen sexuellen Aspekt hatte. Ich erwachte mit einem leicht unheimlichen Gefühl.

In derselben Nacht träumte meine Frau, daß meine Großmutter ein Halsband mit einem halbmondförmigen Medaillon hatte, das zum Teil von ihrem Hals herabfiel und sich in ein Messer oder eine scharfe Spitze verwandelte. Meine Frau fragte sich in dem Traum, ob die Großmutter homosexuell sei.«

Abgesehen davon, was der Traum oder beide Träume symbolisierten, war Taub-Bynum überrascht über die Übereinstimmungen, die es gab: die Großmutter, die mit abnormalem Sex und dem Schneiden assoziiert wurde. Er hatte einen weiteren Beweis für ein mit Träumen verbundenes Phänomen gefunden, das er schon seit Jahren beobachtet hatte. Er berichtet dazu:

»Durch ein Forschungsstipendium nach meiner Promotion hatte ich Gelegenheit, die Träume in Therapie befindlicher Familien zu untersuchen. Zu meiner Überraschung entdeckten wir, daß wiederkehrende Interaktions- und Verhaltensmuster sich in den Träumen der einzelnen Familienmitglieder widerspiegeln. Das galt besonders, wenn die Familie in einer Krise oder in einer anderen schwierigen Situation war.

Was wir entdeckten, war ein Feld gemeinsamer Bilder,

Vorstellungen und Gefühle der einzelnen Familienmitglieder. Dieses gemeinsame familiäre Feld von Emotionen, das wir das Familienunbewußte nennen, ist ein bewegtes, zusammenhängendes Energiefeld ... Es entsteht eine Art von Hologramm, in dem jedes Teil alle anderen Teile auf leicht veränderte Weise reflektieren kann.«

Gleichgültig, wie eng Ihre Beziehung zu Ihrem Traumgefährten im Wachleben nun ist, es wird sich im Lauf der Zeit etwas Ähnliches einstellen. Sie werden nicht nur Bilder, Motive und Geschichten aus den Träumen des anderen »leihen«, sondern auch von Zeit zu Zeit voneinander träumen. Das Ergebnis ist in jedem Fall ein reicheres, vielfältigeres Traumleben, auch wenn Sie einander einfach Ihre Träume erzählen und es dabei belassen.

Traumgruppen

In der gemeinsamen Arbeit mit Ihrem Traumgefährten lernen Sie rasch, daß zwei Köpfe besser sind als einer, wenn es darum geht, die flüchtigen und mehrdimensionalen Bedeutungen eines Traumes zu ergründen. Um wieviel besser sind dann drei, vier, fünf oder mehr Köpfe! Wie bei jeder Form von Theater geht es bei Träumen um die Beziehung zwischen einem Menschen und der Gemeinschaft, und so leuchtet es ein, daß eine der besten Grundlagen für die Traumarbeit, wenn nicht die beste überhaupt, eine Gruppe von verständnisvollen Träumern ist.

Sobald man beginnt, seine persönlichen Träume anderen mitzuteilen, schätzt und achtet man sie plötzlich auf ganz neue Weise. Selbst ein Traum, den Sie anfänglich für sehr albern, verwirrend oder wertlos halten, wird für alle anderen Gruppenmitglieder ein ungewohnter Einblick in die Möglichkeiten der Traumerfahrung, und indem Sie ihn selbst durch soviel verschiedene Augen sehen, werden Sie sensibel für die Erkenntnisse, die er vermitteln kann.

Sie werden bald merken, daß Sie sich deutlicher an Ihre Träume erinnern und sinnvoller träumen, da Sie nun gleichsam eine neue Verantwortung beim Träumen haben: Sie sind aus der Selbstbegrenzung ausgebrochen und haben sich in eine Gemeinschaft begeben. Durch diesen Schritt tun Sie nicht nur sich selbst, sondern auch den Menschen etwas Gutes. Nach den Worten von Dr. Montague Ullman »besteht in sogenannten zivilisierten Gesellschaften das Bedürfnis, sehr Persönliches in einem sicheren sozialen Kontext miteinander teilen zu können. In Traumgruppen lernen die Menschen, daß Mitteilung und Öffnung die ersten Schritte zur wirklichen Gemeinschaft sind.«

Als Psychiater und Psychoanalytiker, der sich innerhalb und außerhalb des Labors über dreißig Jahre lang mit Träumen befaßte, hat Ullman eine führende Rolle inne bei der Gründung und Leitung nichtprofessioneller Traumgruppen in den Vereinigten Staaten wie in Skandinavien, wo er vier Monate im Jahr lebt. Die Methode, die er zur Arbeit an einem Traum in einer Gruppe entwickelt hat, ist aus zwei wichtigen Gründen sehr populär: Erstens gibt sie jedem Teilnehmer einen flexiblen und attraktiven Rahmen für das Sprechen über seinen Traum und die gleiche Gelegenheit zur Teilnahme, wodurch der Träumer viele kreative Anregungen bekommt (Ullman nennt diesen Aspekt des Prozesses den »Entdeckungsfaktor«), und zweitens sichert sie dem Träumer das Recht, alle Kommentare, die gegeben werden, zu akzeptieren oder zurückzuweisen und den Traum auf die ihm gemäße Weise zu besprechen (Ullman nennt diesen Aspekt den »Sicherheitsfaktor«). Ullman beschreibt den gesamten Vorgang in zwei Büchern — *Working With Dreams* (mit Nan Zimmerman; New York 1979) und *The Variety of Dream Experience* (herausgegeben mit Claire Zimmer, M. S., New York 1987). Hier folgt eine kurze Zusammenfassung der wichtigsten Stadien des Vorganges:

1. Der Träumer berichtet einen Traum in der Gegenwartsform, entweder aus dem Gedächtnis oder nach einer schriftlichen Aufzeichnung. Letzteres ist im allgemeinen vorzuziehen, da es eine exaktere Grundlage für das spätere Gespräch über den Traum gibt.
   In manchen Gruppen entscheiden sich die Mitglieder dafür, den Traum Wort für Wort mitzuschreiben, so wie ihn der Träumer berichtet, damit sie sich intensiver in ihn einleben und jederzeit etwas nachlesen können. In anderen Gruppen ist es den Mitgliedern vielleicht lieber, ihre Augen zu schließen und den Traum, während er erzählt wird, zu visualisieren, so daß sie ihn gleichsam selbst träumen.
   Auf jeden Fall hören die Gruppenmitglieder schweigend zu, bis der Träumer geendet hat. Dann können sie kurze Fragen stellen, um Bilder und Ereignisse in dem Traum, die ihnen unklar sind, besser zu verstehen.
2. Die Gruppenmitglieder machen den Traum zu ihrem eigenen, das heißt, jeder tut so, als hätte er den Traum selbst gehabt, und spricht auch so darüber. Der Träumer beteiligt sich nur als Zuhörer an dem Gespräch.
   Das Gespräch hat zwei Teile. Zuerst teilen sich die Gruppenmitglieder spontan die Gefühle mit, die ihr Traum enthält und wachruft (zum Beispiel »In meinem Traum bin ich wütend, als der dicke Mann nach mir schlägt« oder »Ich finde die Farben in meinem Traum aufregend«). Dann sprechen einzelne Gruppenmitglieder über die Metaphern, Symbole und Muster, die sie in ihrem Traum sehen (zum

Beispiel »Ich bemerke, daß das Kreisen in meinem Traum eine Rolle spielt, so als ginge ich immer im Kreis herum und käme nie irgendwo an« oder »Ich glaube, der große Fremde in meinem Traum stellt meinen Vater dar, der sehr oft nicht zu Hause war«).

3. Wenn das Gespräch zu Ende ist, wird der Traum dem Träumer zurückgegeben. Wenn der Träumer etwas zu dem Traum oder zu dem Gruppengespräch sagen will, hören alle Gruppenmitglieder schweigend zu, und der Träumer äußert sich, wie er möchte.
   Oft kommt der Träumer auf Aussagen der Gruppenmitglieder zurück, die zutreffend oder nicht zutreffend waren, aber das ist nicht notwendig. Wenn der Träumer möchte, kann er über den realen Kontext des Traumes sprechen und Fragen beantworten; in diesem Stadium kann ein Dialog zwischen dem Träumer und der übrigen Gruppe stattfinden. Die Fragen sollten nicht darauf abzielen, den Traum für den Träumer zu interpretieren, sondern mehr Informationen zu sammeln, die sich auf den Traum beziehen, so daß der Träumer mehr Zugang zu seiner Bedeutung findet.
4. Um die Gruppenarbeit an dem Traum abzuschließen, kann eines der Gruppenmitglieder (im allgemeinen der Gruppenleiter des jeweiligen Treffens) eine Zusammenfassung des Traumes geben, in der er alles, was der Träumer zur Erklärung des Traumes mitgeteilt hat, Bild für Bild zu einer Gesamtinterpretation des Traumes zusammenführt. Wichtig ist dabei, daß er nur Informationen und Ideen verwendet, die der Träumer als zutreffend bezeichnet hat. Bei dieser Gesamtdeutung des Traumes ist es wichtig, sich zu vergegenwärtigen, daß das Gesagte nur eine Projektion dessen darstellt, was der Traum bedeuten kann, und nicht eine endgültige »Übersetzung«.
5. Bis zum nächsten Treffen beschäftigt sich der Träumer

noch einmal mit dem Traum und dem Gespräch darüber. Wenn er in dieser Zeit noch wichtige Gedanken oder Erkenntnisse dazu hat, kann er sie das nächstemal der Gruppe mitteilen.

Die Ullman-Methode hat zwar viele Vorteile für Neulinge wie für erfahrene Traumarbeiter, man kann mit ihr jedoch kaum mehr als einen Traum pro Stunde bearbeiten. Es gibt noch viele andere und weniger zeitraubende und weniger formelle Techniken, die für Gruppen von fünf bis acht Mitgliedern geeignet sind (fünf bis acht Mitglieder ist eine günstige Größe für eine Gruppe — sie ist dann groß genug, um Vielfalt zu bieten, und dennoch klein genug, um die Beteiligung jedes einzelnen zu ermöglichen). Sie könnten Gayle Delaneys »Interviewmethode« versuchen (ich habe sie im Abschnitt »Traumgefährten« bereits erwähnt), oder Sie vergegenwärtigen sich Träume durch Visualisierung oder irgendeine Art von Gestaltarbeit, in der die einzelnen Gruppenmitglieder einen Traum dramatisch darstellen (Anregungen finden Sie bei Ann Faraday, *The Dream Game*, New York 1973; und *Dream Power* [deutsch: *Die positive Kraft der Träume*, Knaur-Tb. 4119]). Sie können auch eine Art Traumwerkstatt einrichten, in der Sie bei jedem Treffen mit einer anderen Methode der Traumarbeit experimentieren (beispielsweise Malen der Träume, Verwendung des Tarot zum Entziffern der Träume oder Anwendung der Theorien und Methoden verschiedener Traumfachleute).
Wie ich im ersten Kapitel erwähnte, werben bestehende Traumgruppen in den USA häufig durch Anzeigen, vor allem in Zeitschriften der Universitäten, für neue Mitglieder. Manche dieser Gruppen sind umfassende, offene Netzwerke, durch die man mit kleineren Gruppen in Kontakt kommen kann. In der »Bibel« dieser Traumgruppen, dem *Dream Network Bulletin*, findet man Anzeigen von Traumgruppen aus den ganzen

Vereinigten Staaten (Herausgeber: Linda Magallon, Postadresse: 1083 Harvest Meadow Court, San Jose, California 94947, USA).

Wenn Sie eine eigene Traumgruppe gründen wollen, rät Ihnen der Spezialist Tom Cowan:

1. Versuchen Sie nicht allein, eine Traumgruppe zu organisieren. Suchen Sie sich einen Freund oder eine Freundin, die Interesse an Träumen haben und bereit sind, Ihnen zu helfen. Jeder, der sich auf solch ein Wagnis einläßt, sollte einen Partner zur moralischen Unterstützung und zur Anregung haben.
2. Machen Sie sich ein klares Bild von der Art von Mitgliedern, die Sie für Ihre Traumgruppe haben möchten. Vielleicht möchten Sie eine Gruppe von Leuten zusammenstellen, die einen ähnlichen Hintergrund und gemeinsame Interessen haben (beispielsweise eine Übereinstimmung des Alters, des Geschlechts, des Familienstandes, der Beschäftigung oder der Hobbys). Auf Long Island gibt es eine Traumgruppe von Müttern mit kleinen Kindern. In Manhattan gibt es eine Traumgruppe von Schriftstellern. In den Universitäten haben sich Traumgruppen von Studenten gebildet, die entweder das gleiche Hauptfach haben oder zusammenwohnen. Eine homogene Traumgruppe hat offensichtliche Vorteile, denn sie schöpfen beim Träumen und beim Gespräch aus gemeinsamen Erfahrungen. Andererseits kann eine Traumgruppe, die aus Menschen verschiedener Altersgruppen, Interessen und mit unterschiedlichem Hintergrund besteht, einen Traum aus neuen, überraschenden Perspektiven beleuchten.
3. Kündigen Sie Ihre Absicht, einen Traumklub zu gründen, an möglichst vielen verschiedenen Stellen an. Sie könnten Zettel in esoterischen Buchhandlungen oder Naturkostlä-

den aushängen oder am Schwarzen Brett beispielsweise der Uni, eines Altersheimes oder der Gemeinde. Veröffentlichen Sie eine Anzeige in einem Regionalblatt oder Veranstaltungsprogramm. Geben Sie dabei Ihre Telefonnummer an, damit Sie eine Vorauswahl treffen und einen Zeitpunkt für die erste Zusammenkunft vereinbaren können, der für die meisten Interessierten günstig ist.

4. Gestalten Sie das erste Treffen so offen wie möglich; stellen Sie sich vor, lernen Sie die anderen kennen, und tauschen Sie sich über Ihr Interesse an Träumen aus. Jeder einzelne sollte die Möglichkeit haben, mit allen Anwesenden zu sprechen und zu erklären, warum ihm Träume wichtig sind und welche Art von Traumarbeit er vorzieht.
5. Versuchen Sie, die Grundbedingungen Ihrer Gruppenarbeit festzulegen, bevor die erste Zusammenkunft abgeschlossen ist: wie oft Sie sich treffen wollen und was Sie sich für diese Treffen vornehmen. Haben sich etwa zehn oder mehr Menschen auf Ihre Anzeigen gemeldet, könnten Sie erwägen, zwei Gruppen zu gründen. Jedes Gruppenmitglied sollte die Möglichkeit haben, an allen geplanten Treffen teilzunehmen, damit die Gruppe das Vertrauen und gegenseitige Verständnis unter den Teilnehmern entwickeln kann, das notwendig ist für eine sinnvolle Gruppenarbeit.
6. Bei jedem Treffen sollte dann einer der Teilnehmer die Leitung übernehmen. Das kann entweder jedesmal ein anderes Gruppenmitglied sein oder auch eine bestimmte Person, die diese Funktion regelmäßig übernimmt. Der Leiter soll aber auf keinen Fall als »Experte« angesehen werden, der zur Beurteilung aufgerufen ist. In Traumgruppen sind alle Mitglieder gleich, und alle Träume haben das gleiche Gewicht. Die Rolle des Leiters besteht nur darin, die Traumarbeit in Gang zu setzen und dafür zu sorgen, daß sie gut verläuft und zu einem harmonischen Abschluß geführt wird.

7. Seien Sie nicht entmutigt, wenn nur drei oder vier Menschen auf Ihren Aufruf reagieren. Sie müssen wissen, daß manche Träumer immer noch schlafen! Wenn Sie im Augenblick niemand anders finden, der an einer Gruppe interessiert ist, haben Sie immer noch Ihren Partner und können mit ihm gemeinsam arbeiten. Wenn Sie über Ihre Erfahrungen mit der Traumarbeit mit Verwandten, Freunden, Nachbarn und Mitarbeitern sprechen, werden Sie mit der Zeit bestimmt andere Menschen finden, die Lust haben, sich daran zu beteiligen. Cowan sagt, wir sollten nicht vergessen, »daß wir nicht nur für uns selbst träumen«.

Eine Welt von Träumern

Cowans Aufforderung »Träumt weiter, und vergeßt nicht, daß wir nicht nur für uns selbst träumen!« erinnert uns an den Grundgedanken dieses Buches. Unsere Träume bilden ein zweites Leben, das unlösbar verbunden ist mit unserem Wachleben, ebenso wie mit dem Traum- und Wachleben anderer, die unsere Welt mit uns teilen. Träume können alle Menschen verbinden, und schon aus diesem Grunde sind sie es wert, daß wir ihnen als einzelner oder als Gruppe Zeit, Aufmerksamkeit und Sorgfalt widmen.

Im Jahr 1954 behauptete der Anthropologe Kilton Stewart, in den Bergen Malaysias ein Paradies gefunden zu haben. Seinem Bericht nach wurde das Leben der Temiar Senoi, eines Stammes von etwa zehntausend Menschen, dadurch bestimmt, daß sie ihre Träume der Gemeinschaft zugänglich machten, und er war davon überzeugt, diese Praxis sei dafür verantwortlich gewesen, daß es unter diesen Menschen keine ernsthaften Verbrechen oder Konflikte gab und daß geistige und physische Krankheiten nur äußerst selten auftraten.

Jeden Morgen, so sagte Stewart, erzählten sich die Familienmitglieder der Senoi ihre Träume und suchten nach Möglichkeit positiv auf das zu reagieren, was ihnen ihre Träume mitzuteilen schienen. Wenn ein Kind beispielsweise träumte, daß ein Freund es angriff, riet ihm sein Vater, besonders freundlich zu diesem Menschen zu sein und alle Spannungen, die zwischen ihnen bestehen mochten, zu klären. Wichtige Träume wurden jeden Abend in einem Gruppenrat besprochen, und die Einsichten, die man aus der gemeinsamen Besprechung dieser Träume gewann, flossen in das Alltagsleben der Senoi ein. Seit Stewarts Entdeckung haben Traumbegeisterte (wie Ann Faraday) und Anthropologen (wie Robert Knox Dentan) den Senoi-Stamm besucht und waren sehr enttäuscht, daß sich nur noch sehr wenige Spuren von institutionalisierter Traumarbeit bei ihnen fanden. Log Stewart? Hatten ihm die Übersetzer der Senio einen falschen Eindruck verschafft? Oder war die Senoi-Kultur, auf die schon zu Stewarts Zeiten Einflüsse von außen einwirkten, so weit herabgesunken, daß Träume in ihr nicht mehr einen solch hohen Wert hatten?
Wie so oft bei der anthropologischen Forschung (man denke nur beispielsweise an die umstrittenen Forschungen von Margaret Mead) und wie fast immer bei Träumen wird die Frage danach, was Wirklichkeit ist, im Grunde bedeutungslos. Entscheidend ist das Bild, das seinen unauslöschlichen Eindruck hinterlassen hat. Die Vorstellung, daß die Senoi durch das Leben mit ihren Träumen gediehen, hat etwas Stärkendes und Inspirierendes.
Ich berichte von diesen Forschungen am Ende meines Buches, da sie von etwas sprechen, was für mich die ideale Situation für Traumarbeit ist – eine ganze Gesellschaft, die nicht nur ihr Wachleben zusammen verbringt, sondern auch ihre Träume miteinander teilt. Und ich bin überzeugt davon, daß es gut wäre, wenn jede Gesellschaft auf Erden diesem Beispiel im ge-

meinschaftlichen Leben folgte. Man kann sich vorstellen, daß durch wir solch ein vertieftes Miteinander und durch die Offenbarung solch eines Reichtums an Lebensmöglichkeiten zweifellos in einer friedlicheren, produktiveren und erfreulicheren Welt leben würden. Wie Jack Kerouac einmal sagte: »Alle Menschen sind auch Traumwesen. Das Träumen verbindet die ganze Menschheit.«